깊고
붉은
사랑

깊고 붉은 사랑

지은이 | 유영갑
펴낸이 | 문창길

초판 인쇄 | 2025년 11월 27일
초판 발행 | 2025년 12월 4일

펴낸곳 | 도서출판 들꽃
주소 | 04623 서울 중구 서애로 27 서울캐피탈빌딩 107호
전화 | 02)2267-6833, 2273-1506
팩스 | 02)2268-7067
출판등록 | 제2-0313호
E-mail | dlkot108@hanmail.net

ISBN 978-89-6143-249-8 03810

* 잘못된 책은 구입하신 서점에서 바꾸어 드립니다.
* 이 책은 2025년도 인천문화재단의 창작지원금을 수혜 받았습니다.

값 17,000원

깊고 붉은 사랑

유영갑 소설집

| 작가의 말 |

필자는 연변조선족자치주 두만강의 여러 지역으로 수차례 여행을 갔었다. 그곳에서는 북한 마을이 잘 보였다. 지붕이 낮은 집 굴뚝에서 아침저녁으로 연기가 피어올랐고, 다락 밭이 되어버린 헐벗은 산이 많았다. 강을 따라 이어진 도로로 소달구지가 느릿느릿 굴러갔고, 적재함에 사람을 가득 실은 화물차가 검은 연기를 뿜어내며 지나가기도 했다.

여행 중에 만난 탈북자들의 이야기는 도무지 믿어지지 않았다. 협동농장 농장원이 가을에 분배받은 1년치 식량으로는 4, 5개월 먹으면 바닥났고, 직장인이 생활비(월급)를 받아봐야 쌀 1kg을 사기도 어렵다고 했다. 갑자기 식량 배급이 끊긴 격량 속에서 살아남으려면 어떻게 해야 할까. 협동농장 밭에 기어들어가 몰래 감자를 캐오고 논두렁을 지나가면서 맨손으로 벼 이삭을 훑어 왔다. 국경 지대에 사는 사람들은 밤마다 크고 작은 밀수품을 날랐다. 사유재산이 인정되지 않는 그 사회에서 수단과 방법을 가리지 않고 불법을 저지르는 자가 오래 살아남았다. 그러나 그것도 한계에 다다랐고 많은 사람이 굶주림 끝에 강을 건너 탈출했다.

그들에게 탈북은 목숨을 담보로 하는 삶의 마지막 선택이었다. 인간에게 있어서 살아남는 것보다 더 급하고 중요한 일이 또 있을까. 어떠한 사상이 이론상 아무리 뛰어나다고 하더라도 삶을 안전하게 영위하는 것보다 우선일 수 없다. 죽으면 모든 게 끝이니까 말이다.

　북한의 빈곤은 어제오늘 날의 일이 아니다. 계획경제의 비효율과 실정에 의해 1980년대 후반부터 배급이 줄어들기 시작했다. 1990년대 중반에 다년간 자연재해로 인한 대규모의 식량 부족 사태가 발생했고 종내에는 미공급이라는 초유의 시대로 접어들었다. 그런데도 북한에서는 이 시기를 '고난의 행군'으로 명명하면서 허리띠를 바짝 졸라매자고 다그치는 것 외에 먹는 문제 해결을 위한 뚜렷한 조처가 없었다. 어쩌면 그 어떤 정책도 미공급을 극복할 수 있는 국가의 기본적인 토대가 갖춰지지 않았던 것인지도 모른다.

　사람들은 풀을 뜯고 나무껍질을 벗겨 먹다가 벼 뿌리까지 캐서 갈아먹는 등 초근목피로 연명했다. 극심한 영양실조로 쓰러지는 사람이 늘어났고 어느 시점에 이르러서 아사자가 기하급수적으로 발생했다. 어떤 통계에서는 수백만 명이 아사했다고도 한다. 사람들은 좀비 같은 몰골로 식량을 구하러 무작정 강을 건너갔다. 탈북자들은 '깡냉이밥이나마 먹을 수' 있었다면 고향 땅을 떠나지 않았을 거라고 말했다.

　그들이 강을 건넜다고 해서 의식주 문제가 바로 해결되는 것은 아니다. 입에 풀칠하는 대신 남자들은 노예살이로 착취당했고 여자들은 인신매매되어 상품으로 팔려나갔다. 그렇게 송두리째 삶을 유린당하면서 부초처럼 떠돌다가 붙잡힌 사람이 부지기수다. 북송된 이후에는 반역자의 탈이 씌워진 채 한 줌의 인권도 보장받지 못하고 집결소와 교화소를 전전하다가 맞거나 굶어 죽었고, 병마에 시달리면서도 아스피린 한 알 먹어보지 못하고 세상을 떠났다. 기적처럼 살아남아서 풀려난 사람은 야밤에 또다시 강을 건넜다.

필자는 어느 해인가 설날 즈음에 연변의 도문시를 방문했다. 폭설이 내려 두만강 개활지에 많은 눈이 쌓여 있었다. 두만강 건너편은 함경북도 온양군이었다. 사진을 더 잘 찍으려고 개활지로 내려갔는데 눈밭 위에 자리를 깔고 두부, 월병, 돼지고기, 과일, 술 등을 푸짐하게 차려놓은 것이 보였다. 정성스레 차례상을 마련한 사람이 두만강 건너편 북한 땅을 향해 절을 한 흔적이 눈밭에 고스란히 드러나 있었다. 한달음에 건널 수 있는 두만강을 앞에 두고도 고향에 가지 못하는 그 누군가의 애절함이 느껴졌다. 필자는 무엇인가가 폐부를 깊숙이 찔러오는 먹먹함 때문에 한동안 자리를 떠나지 못했다.

통일부에서 2025년 6월 현재 탈북민은 3만4천여 명이라고 발표했다. 그들은 우리가 한민족이라는 것을 증명하는 듯이 시장경제 체제의 낯선 남한사회에서 잘 적응하고 있다. 그들 중에는 사명의식을 갖고 적극적으로 북한의 실상을 폭로하는 등 통일의 초석을 놓는 길을 묵묵히 걸어가는 사람도 있다. 장마당에서 대한민국 적십자사라고 쓰인 쌀 포대를 깔고 앉아 있으면서도 대한민국이 어디에 붙어있는 나라인지 모를 만큼 폐쇄적인 그 땅이 하루라도 빨리 밝은 세상이 되기를 기원한다.

이 소설집의 주인공은 모두 탈북민이다. 필자의 짧은 식견과 미미한 필력으로 그들의 삶을 온전히 담아냈는지 돌아보게 된다. 부족한 작품이 세상에 나올 수 있도록 도와준 출판사에 감사드리고 서슴없이 증언해 준 탈북민들께 고마운 마음 전해 드린다.

2025년 가을 강화도에서
유영갑

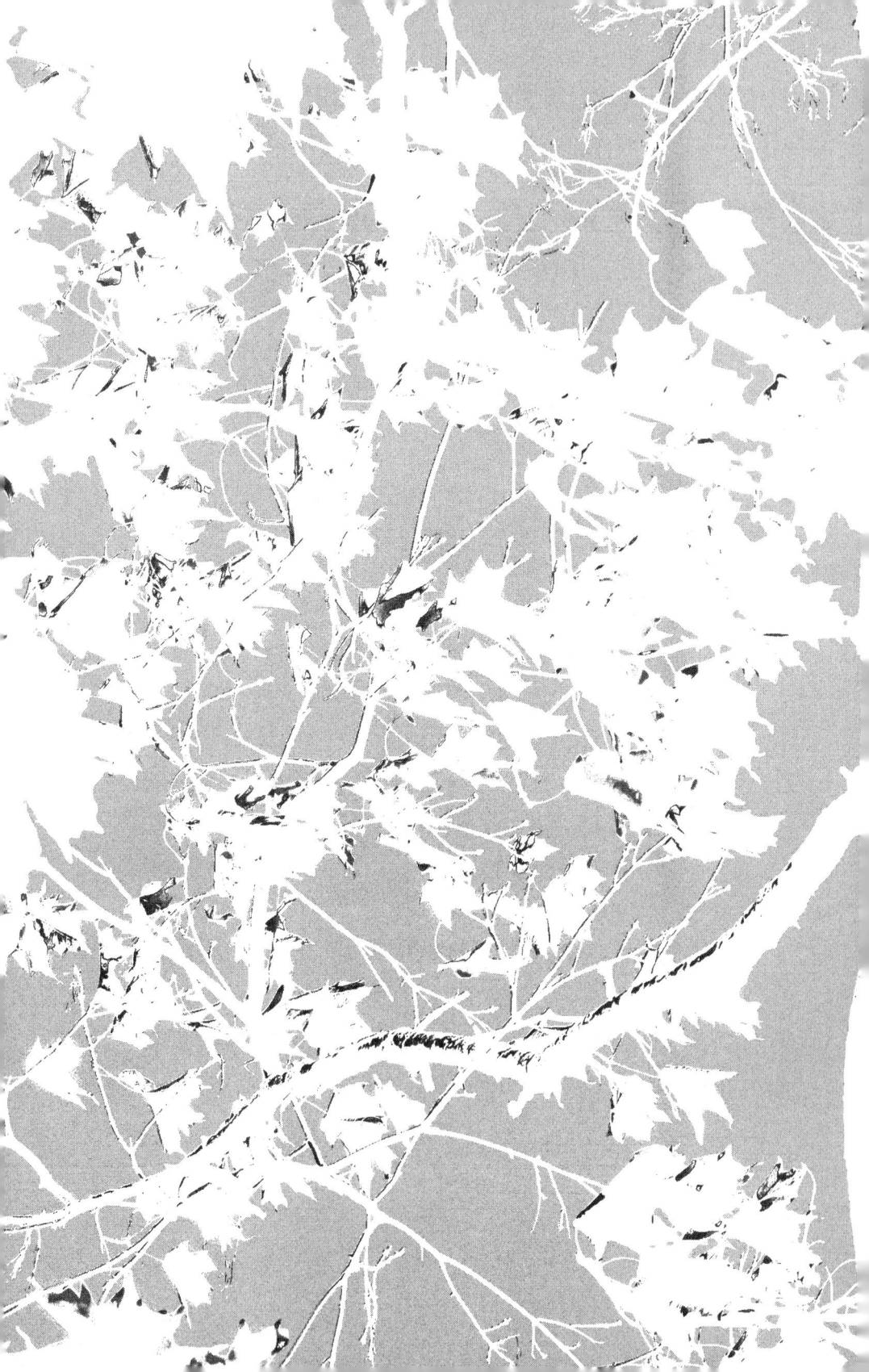

목차

작가의 말　*05*

봄비 내리는 날　*13*

기억 속의 가시　*37*

깊고 붉은 사랑　*61*

림옥의 다른 세상　*91*

붉은 길　*115*

초승달 뜨는 밤　*143*

그해 겨울의 두만강　*169*

할미꽃 피는 집　*195*

리 씨의 하루하루　*225*

해설 '탈북난민'들의 삶의 지속(가능)성 전상기　*248*

봄비 내리는 날

문득 건설돌격대가 생각났다. 새벽 5시가 되면 어김없이 기상나팔 소리가 울려 퍼졌다. 과제를 달성하기 위해 밤늦게까지 얼마나 뛰어다녔던가. 총폭탄이 되어 당중앙을 결사옹위한다는 충성심으로 모진 고통을 버텨냈다. 돌격대에 비하면 이곳에서의 막노동은 일도 아니었다. 배부르게 잘 먹을 뿐만 아니라 빨리 뛰라고 다그치는 사람도 없었다. 8시간 일하고 나면 어김없이 일당을 받을 수 있어서 일하는 맛이 났다.

봄비 내리는 날

적막한 새벽 시간에 알람시계가 요란한 소리를 냈다. 깊은 잠에 빠져 있던 동규(東奎)가 겨우 눈을 떴다. 손을 뻗어 알람을 껐지만 바로 일어나지 못했다. 두들겨 맞은 듯이 어깨가 아프고 허리가 욱신거렸다.

"오늘은 나가지 말까."

이리저리 몸을 뒤척이며 중얼거렸다.

문득 건설돌격대가 생각났다. 새벽 5시가 되면 어김없이 기상나팔 소리가 울려 퍼졌다. 과제를 달성하기 위해 밤늦게까지 얼마나 뛰어다녔던가. 총폭탄이 되어 당중앙을 결사옹위한다는 충성심으로 모진 고통을 버텨냈다. 돌격대에 비하면 이곳에서의 막노동은 일도 아니었다. 배부르게 잘 먹을 뿐만 아니라 빨리 뛰라고 다그치는 사람도 없었다. 8시간 일하고 나면 어김없이 일당을 받을 수 있어서 일하는 맛이 났다.

잠자리를 털고 일어났다. 형광등을 켜자 어수선한 광경이 드러났다. 양말과 장갑 같은 잡다한 물건들이 여기저기 흩어져 있었다. 오래된 농가여서 벽지가 누런색을 띠었다. 어디에선가 흙냄새도 났다. 여닫이 방문을 열면 바로 안마당이었다. 그래도 보일러가 잘 작동되고 있어서 방은 따뜻했다. 싱크대와 세면실 수도꼭지에서는 항상 뜨거운 물이 나왔다. 군대 막사 같은 부령군(富寧郡)의 하모니카 집에 비하면 여간 편리한 것이 아니었다. 예전에 승연(承蓮)네가 살았던 이 집은 횡성읍에서 조금 떨어진 개전리(介田里)에 있다.

윗목에 스티로폼 상자가 하나 있었다. 승연의 어머니인 부령댁을 따라 처음 이곳에 왔을 때 마루에 쌓여 있는 스티로폼 상자를 보고 무엇이냐고 물었다. 부령댁이 병아리를 까는 부화기라고 알려 주었다. 그때는 전혀 이해가 되지 않았다. 그날 이후 상자를 볼 때마다 어떤 원리로 닭알이 부화하는 것인지 궁금했다. 그렇게 지내다가 어느 날 부령댁에게 부화시키는 방법을 배웠다.

주방으로 가서 가스레인지에다 냄비를 올렸다. 입맛이 없지만 막노동하려면 뭐라도 요기를 해야 했다. 물이 끓을 때 라면을 넣고 닭알 2개를 깨뜨려 넣었다. 식사를 마치고 커피 가루를 종이 필터에 걸러서 드립 커피를 만들었다. 탈북민단체에서 지원하는 프로그램 중에 바리스타 반이 있었다. 그곳에서 커피 공부를 마치고 1년 남짓 커피전문점에서 일했었다. 그때 커피 맛을 알게 되어 하루에 몇 잔씩 드립 커피를 마셨다. 닭알처럼 갸름한 승연의 얼굴이 떠올랐다. 돌격대에서 일할 때 묻혀 있던 미모가 남한 생활 몇 년 만에 해바라기처럼 환하게 피어난 것 같았다. 그녀는 신토불이 장터에서 전동 카트에다 인스턴트커피를 싣고 다니면서 커피 장사를 했다. 갑자기 마음이 급해졌다. 인력사무소에 늦게 나가면 일을 배정받지 못할 수도 있었다. 아직 날이 풀리지 않아서 일거리가 많지 않았다.

작업복을 입고 부화기 앞으로 갔다. 백열등 주황색 불빛이 작은 사각 창으로 새어 나왔다. 마음이 포근해지는 불빛이었다. 금세라도 병아리가 껍데기를 깨고 나와 삐악삐악 소리를 낼 것 같았다. 예정대로라면 병아리가 며칠 전에 나왔어야 한다. 부령댁은 닭알을 넣어두고 21일이 되면 부화할 거라고 했다. 하지만 24일째가 됐는데도 움직임이 전혀 없었다. 그가 손을 넣어 닭알을 만졌다. 웃풍이 센 방이지만 닭알이 차갑지는 않았다. 오히려 지나칠 정도로 따뜻했다. 닭알을 꺼내 귀에 대 보았다. 아무 소리도 들리지 않았다.

밖으로 나가자 희뿌옇게 동이 트고 있었다. 풍뎅이의 커다란 날개 같은 양철지붕 너머로 중첩된 산 그림자가 보였다. 어디선가 닭 우는 소리가 났다.

이곳에 온 지 반년이 지났다. 그는 자기 집이 없다. 원주에서 살던 임대아파트를 반납하고 보증금을 돌려받았다. 그 돈은 여동생 동희(東熙)를 찾아서 연변 일대를 돌아다니느라 다 썼다. 막노동하며 화물차에서 숙식을 해결하다가 승연에게 거처할 만한 곳을 알아봐 달라고 부탁했다. 그때 승연이 이 집을 추천해 주었다.

마당 가운데에 그릇이 하나 놓여 있었다. 그것을 집어 들고 마루에 놓인 포대에서 개 사료를 퍼냈다. 검둥이를 처음 본 것은 3달 전이다. 그때 동규는 안마당에 불쑥 나타난 개를 보고 깜짝 놀랐다. 목과 등의 털이 듬성듬성 빠져 있고 뒷다리 뼈가 마른 나뭇가지처럼 앙상하게 드러나 있었다. 몰골이 어찌나 험한지 개의 유령 같다는 생각이 들었다. 빵을 하나 던져 주었는데 선뜻 다가오지 않았다. 먹고 싶어서 침을 질질 흘리면서도 코를 땅에다 대고 킁킁거리며 눈치를 살폈다. 그가 방으로 들어가서 창문으로 내다보자 잽싸게 빵을 물고 사라졌다. 그날 이후 검둥이는 자주 나타났다.

마당 앞쪽의 사철나무 울타리 옆을 지나 화물차 세워 둔 곳으로 갔다. 운전석으로 올라가 시동을 걸자마자 차를 몰아 마당을 벗어났다. 오래지 않아 읍내에 있는 인력사무소 앞에 도착했다. 사무실로 들어가자 사람들이 벌써 여러 명 나와 있었다. 그는 불청객처럼 쭈뼛거리다가 자판기에서 커피를 빼 들고 의자에 앉았다. 뜨거운 커피가 어쩐지 허하고 을씨년스러운 마음을 달래주는 것 같았다. 짧은 머리카락에 콧날이 오뚝하고 광대뼈가 도드라진 동규는 여느 20대 청년처럼 평범해 보였다. 이곳에서 그가 탈북민이라는 것을 아는 사람은 없었다.

"강동규! 이 씨랑 같이 묵계리로 가봐."

얼마 후 인력사무소장이 일자리를 배정했다. 차를 가지고 있는 사람은 직접 공사현장으로 이동할 수 있어서 유리한 면이 있었다. 동규는 50대쯤 되어 보이는 이 씨와 함께 사무실에서 나갔다.

묵계리(墨溪里)는 읍내에서 15분 거리에 있었다. 산기슭으로 난 좁은 길을 따라 올라가자 야산 중턱에 이층집 두 채를 짓고 있는 공사장이 나타났다. 동규가 공터에 차를 세우고 모자와 장갑을 챙겼다. 그 사이 차에서 내린 이 씨가 앞장서서 걸어갔다.

먼저 온 일꾼들이 모닥불을 쬐며 두런두런 잡담을 나누었다. 산 아래 섬강 쪽에서 늦겨울의 차가운 바람이 세차게 불어왔다. 하늘에 검회색 물감이 뿌려진 듯 잔뜩 흐려 있었다. 당장이라도 눈발이 흩날릴 것 같았다. 동규가 사람들 틈을 비집고 모닥불 가까이 다가갔다.

드럼통에서 폐목재가 활활 타올랐다. 손을 내밀어 불을 쬈다.

"강성대국으로 나아갈 데에 대한 장군님 방침에 따라서⋯⋯."

불현듯 귀에 익은 목소리가 들려왔다. 돌격대 중대장은 아침마다 작업 지시에 앞서 〈로동신문〉을 들고 독보회(讀報會)를 진행했다. 동규가 흠칫 놀라 뒤를 돌아보았다. 찬바람이 휘몰아칠 뿐 아무도 없었다. 돌격대를 떠난 지 꽤 오래되었건만 마치 어제 일처럼 그때 일들이 생생하게 떠올랐다. 괜히 등줄기에서 식은땀이 배어 나왔다.

"저거 소장 차지?"

누군가가 산 아래를 가리켰다. 좁은 산길을 따라 올라오던 회색 승용차가 공터에 멈춰 섰다. 공사장을 관리 감독하는 현장소장이 차에서 내렸다. 그 광경을 내려다보던 사람들이 연장을 들고 하나둘씩 작업장으로 흩어졌다.

"유로폼을 이쪽에다 쌓게."

공사장으로 올라온 현장소장이 동규에게 지시했다.

축대벽 거푸집으로 쓰였던 유로폼과 지지대로 사용된 목재와 비계 파이프가 어지럽게 흩어져 있었다. 많기도 하네. 이 씨가 중얼거렸다. 온종일 유로폼 쌓을 생각을 하니 주눅이 드는 모양이었다. 유로폼 중에서 큰 것은 무게가 19kg이나 된다. 28살의 젊은 동규에게도 보통 무거운 것이 아니다. 유로폼의 사각 틀이 철제로 되어 있어서 살짝 부딪쳐도 뼈가 아릴 만큼 아프다. 동규의 정강이는 이미 여러 군데가 시퍼렇게 멍들어 있었다.

두 사람은 기다란 비계 파이프를 먼저 정리하고 나서 유로폼을 들어다가 쌓기 시작했다. 얼마 후 양어깨가 몽둥이로 맞은 듯이 결리고 아팠다. 물에 젖은 솜뭉치처럼 몸이 무겁고 손발은 잘 움직여지지 않왔다.

"이 씨, 참 먹고 해!"

2시간쯤 지나자 현장소장이 간식거리를 가지고 왔다.

동규는 이 씨와 함께 나무판자 위에 앉아 빵 봉지를 뜯었다. 목화솜처럼 보드라운 크림빵을 베어 먹고 우유를 마셨다. 우유는 하나원에 입소했을 때 처음 맛을 보았다. 어찌나 고소한지 그저 신기할 따름이었다. 사람이 소의 젖을 먹을 수 있다는 것도 그때 알았다.

간식을 먹고 나서 담뱃갑을 꺼냈다. 이 씨와 같이 일 나온 것이 10번 정도 된다. 같은 현장에서 함께 일했다는 것은 막일꾼 동료로서의 관계가 형성됐다는 뜻이다. 그가 이 씨에게 담배를 권했고 두 사람은 함께 담배를 피워 물었다.

"자넨 고향이 어딘가?"

이 씨가 물었다.

"고향요? 아 예, 안성입니다."

안성에 있는 하나원에서 정착 교육을 마친 것이 3년 전이다. 원주에서 사회생활을 시작했지만, 직장 구하는 것이 만만치 않았다. 면접시험을 치를 때마다 북한에서 왔다고 말했는데 항상 떨어졌다. 나중에야 남쪽 사람들이 북조선에 대한 선입견이 있다는 걸 알게 되었다. 이제는 누가 고향을 물으면 안성이라고 대답했다.

〈심장에 불을 달자 가슴이 용암처럼 끓게!〉

돌격대 작업장에 늘어서 있던 간판의 붉은 글자가 눈앞에 어른거렸다.

"북두칠성 저 멀리 별은 밝은데, 아버지 장군님은 어데 계실까……."

선전대 방송 차에서 지긋지긋하게 앵앵거리던 노랫소리가 들려오는 것 같았다. 새벽 별을 보고 일어나서 도로 건설현장으로 나가면 저녁 별이 떠야 일을 마칠 수 있었다. 주어진 하루 과제를 마치지 못하면 우등불 아래에서 들것에 흙을 담아 들고 뛰었다. 돌격대에서 제대하면 조선로동당 당증이 차례질 거라던 지도원의 말을 떠올리며 참아냈다. 그는 고무산노동자구(古茂山勞動者區)의 기업소에서 일하던 중 도(道) 돌격대원으로 차출되었다. 한겨울에 얼어붙은 쮀기밥(주먹밥)을 쥐처럼 갉아 먹은 날이 얼마였던가. 영양실조로 눈이 퀭한 채 끊임없이 등짐을 졌고 쇠 메질로 바위를 까댔다. 원래는 돌격대 생활을 1년 하면 기업소에서 다른 사람으로 교대해 주기로 되어 있었는데 그것은 이루어지지 않았다. 어느 날 먹을거리를 구하러 마을로 내려갔다가 귀대하지 않고 고향 집으로 갔다.

"오빠!"

집에 들어서자 동희가 맞아주었다.

"엄마 돌아가셨어."

동희가 그의 팔에 매달렸다. 석회석광산에서 일하던 아버지가 매몰 사고를 당하는 바람에 어머니가 고생고생하며 남매를 키웠다. 그런 어머니가 앓다가 약 한번 써보지 못하고 사망했다고 하니 마른하늘에서 날벼락이 떨어진 것만 같았다. 억이 막혀서 말이 나오지 않았다. 이런 일이 벌어졌는데도 연락조차 해 주지 않은 기업소 지도원이 원망스러웠다.

"오빠, 우리도 강타기 할까?"

며칠 뒤 동희가 말했다.

"갑자기 무슨 소리야?"

강을 탄다는 것이 무슨 뜻인지 동규도 알고 있었다.

"더는 이렇게 못 살 것 같애."

동희는 친구와 함께 장마당에서 알판(CDR)을 팔았다. 남한 드라마와 영화를 담은 알판은 감시에 걸릴 위험이 크지만, 그만큼 이익이 많은 장사였다.

"이 말은 안 하려고 했는데……."

동희가 훌쩍거리며 말했다. 동규는 망치로 머리를 얻어맞은 듯 큰 충격을 받았다. 알판 장사하는 것을 눈치챈 기업소 지도원이 신고를 미끼로 돈을 뜯어 가고 겁탈까지 했다는 것이다. 그는 피가 거꾸로 치솟는 것을 간신히 참았다. 며칠 뒤 퇴근 시간에 맞춰 공장 앞에서 지도원을 기다렸다가 뒤따라갔다. 한적한 길에 들어섰을 때 지도원을 덮쳐 혼절할 때까지 두들겨 팼다. 그날 밤 배낭 하나 달랑 메고 동희와 함께 집을 나섰다. 두 사람은 열흘 뒤 무산에 도착하여 무작정 두만강을 건넜다.

현장소장이 저쪽에서 걸어왔다. 동규가 얼른 담뱃불을 끄고 일어났다. 하늘이 어두워지고 있었다. 바람은 더욱 거세어졌다. 다시 작업을 시작한 지 1시간쯤 되었을까. 진눈깨비가 쏟아졌다. 나무계단을 짜던 목수가 연장을 챙겼고, 벽돌 쌓던 사람도 틀 비계 위에서 내려왔다.

"반대가리밖에 못하겠구만."

유로폼을 옮기던 이 씨가 동규를 보았다. 날씨 때문에 일을 못 하게 되면 일당을 반만 주는데 그것이 반대가리였다.

진눈깨비 때문에 작업은 중단되었다. 동규는 소장에게 5만 원을 받아 쥐고 화물차에 올라탔다. 읍내로 돌아와서 이 씨를 내려 주고 시장 주차장에다 차를 세웠다. 차에서 내려 모자를 눌러 쓰고 농협 쪽으로 걸어갔다.

이 일대는 농민들이 직접 생산한 농산물을 파는 신토불이 장터이다. 장날이 아니어서 왕래하는 사람은 별로 없었다. 장터를 따라 올라가자 부령댁의 두부밥 가게가 나왔다. 집 한쪽을 개조해서 식탁 3개를 놓고 장사하는 곳이다. 근처에서 커피를 파는 승연은 보이지 않았다. 그가 탁자 앞에 앉았다.

"이모님, 날씨가 안 좋습다."

동규는 어머니와 가깝게 지냈던 부령댁을 이모라고 불렀다. 고무산로동자구에서 한마을에 살았기 때문에 서로 잘 알고 있었다.

"기렇구만."

부령댁이 두부밥 4개를 접시에 담아 주었다. 하나 집어서 베어 먹었다. 두부밥 모양은 북한식인데 내용물은 남한식이었다. 밥에다 곤드레나물과 버섯을 잘게 썰어 넣어서 만든 속 재료가 고소하고 담백했다. 두부밥을 먹고 나서 옥수수 쌈 1인분을 주문했다. 옥수수 쌈은 수숫가루로 만든 전에다 돼지고기와 채소를 다져 넣은 북한식이었다. 부령댁이 처음부터 두부밥 가게를 한 것은 아니다. 주방에서 일한 경험을 살려 아파트 보증금까지 빼내어 식당을 차렸는데 결과가 좋지 않았다. 그대로 포기할 수 없어서 두부밥과 옥수수 쌈을 남한식으로 만들어 팔았다. 손님들 반응이 좋았고 꾸준히 팔려나갔다.

"승연은 어데 갔슴까?"

"원주에 갔어."

승연은 바리스타 공부를 하느라 며칠에 한 번씩 원주로 갔다.

"날짜가 지났는데 부화가 아이 됩다."

"뭐이 잘못 됐구만."

부령댁은 하라는 대로 했다면 병아리가 안 나올 리 없다고 말했다. 동규는 몇 가지 보충 설명을 듣고 자리에서 일어났다.

주차장으로 가다가 동물약국을 발견했다. 검둥이가 생각났다. 약국으로 들어가서 검둥이의 증상을 얘기했다. 약사가 진드기나 옴 때문에 생긴 개선충이라며 치료하지 않으면 죽을 수도 있다고 말했다. 동규는 오늘 받은 반 일당으로 항생제 캡슐과 플라스틱 분무기에 담긴 물약 1병을 샀다.

집으로 돌아가서 차를 세우고 마당으로 갔다. 개 밥그릇에 사료가 그대로 있었다. 아직 검둥이가 다녀가지 않은 것이다. 마루에 앉아 투박하고 무거운 안전화 끈을 풀었다. 작업복을 벗어서 먼지를 털고 있는데 검둥이가 나타났다. 동규와 눈이 마주치자 그 녀석이 물고 있던 것을 내려놓고 사철나무 울타리 사이로 사라졌다. 가까이 가서 살펴보니 죽은 쥐었다. 왜 쥐를 잡아 왔지? 검둥이 행동이 이해가 되지 않았다. 먹을 것을 주니까 고마웠던가 봐. 쥐를 저 멀리 버리고 돌아오면서 혼잣말을 했다. 그 순간 왠지 따뜻한 감정이 솟구쳐 올라왔다. 검둥이가 그의 마음을 알아주는 것 같았다.

다음날 새벽에 알람시계 소리를 듣고 잠에서 깼다. 하지만 잠자리에서 일어나지 못했다. 몸살 기운 때문에 팔다리가 쑤시고 머리가 지끈거렸다. 심한 것은 아니지만 오한도 일어났다. 산기슭의 나뭇가지를 스치는 바람소리가 스산한 영화의 배경음악처럼 들려왔다. 찌뿌드드한 몸을 뒤척이다가 깊은 잠속으로 빠져들었다.

다시 눈을 뜬 것은 점심시간 무렵이었다. 피로가 많이 풀렸지만, 여전히 기운이 없고 몸에 미열이 있었다. 주방으로 가서 가스레인지에 물을 올렸다. 잠시 후 컵라면에 뜨거운 물을 부었다. 그것을 들고 밖으로 나갔다.

툇마루로 정오의 따사로운 햇볕이 비쳐들었다. 그곳에 앉아 컵라면을 먹기 시작했다. 짭조름한 국물이 깔깔한 입맛을 돋우었다. 하지만 라면 특유의 밀가루와 수프 냄새가 오늘따라 역하게 느껴졌다. 반쯤 먹은 컵라면을 내려놓았다. 고향에서 먹던 담백하면서도 쩡한 맛이 나는 동태김장김치가 그리움처럼 떠올랐다.

담배를 물고 라이터를 켜는데 마당 끝에서 걸어오는 검둥이가 보였다. 사철나무 울타리 밑에 멍하니 서 있던 녀석이 땅바닥에 앉아 목덜미를 격렬하게 긁어댔다. 목에 들러붙어 있는 옴 때문이다. 가려움을 못 참고 긁어대느라 진물이 나고 딱지 앉는 것이 반복되어 오래된 가죽처럼 피부가 딱딱해져 있었다. 그가 마당으로 내려가 항생제 알약을 사료 그릇에다 넣었다.

"검둥아, 이리 와. 이리 오라니까."

동규가 손짓하며 불렀다. 식욕보다는 경계심이 더 큰 것인지 검둥이가 두어 걸음 다가오다가 멈췄다. 검둥이 몸에 물약을 뿌려주는 것은 어려울 것 같았다. 방으로 들어가서 창문으로 내다보았다. 검둥이가 그릇으로 달려들어 사료를 씹지도 않고 엄청나게 빠른 속도로 먹어댔다. 그때 택시가 마당 초입에 와서 멈췄다. 차에서 내린 승연이 마루 쪽으로 걸어왔다. 검둥이가 울타리 사이로 냅다 도망갔다.

"오빠 있어?"

승연이 소리쳤다. 그녀 손에 까만 가방이 들려 있었다.

"어서 와."

"이 집에 오랜만에 와 보네."

"어떻게 왔어?"

"엄마가 가서 부화기를 봐주라던데."

"아, 그거……. 아무튼 들어와."

방은 채광이 잘 안 되어서 어두침침했다. 그가 형광등을 켰다. 모자를 쓰고 커피를 팔 때와는 달리 청바지에 오리털 재킷을 입은 모습이 청순해 보였다. 그녀에게서 풀 향기 같은 싱그러운 냄새가 풍겨 나왔다.

"백 와트짜리를 켜놨네."

부화기 뚜껑을 열어본 승연이 깜짝 놀랐다. 백열등의 발열량이 너무 높아서 좁은 부화기 안이 후끈후끈했다. 섭씨 45도는 될 것 같았다. 부화기 내의 온도가 39도를 넘지 말아야 한다. 그 이상이 되면 닭알의 단백질이 파괴되기 때문이다. 닭알을 꺼내 그릇에 깨뜨렸다. 어떤 알은 반쯤 자란 병아리가 죽어 있었고 아예 썩어버린 것도 있었다.

"전란도 안 해줬나 봐."

그녀가 닭알을 모두 꺼내 한쪽으로 치웠다.

"전란이 뭐야?"

"닭알 굴려주는 거. 어미 닭이 알을 품을 때 이리저리 굴려서 온도를 골고루 분산시켜 주잖아. 그것처럼 몇 시간에 한 번씩 굴려줘야 되거든."

"그렇구나, 그걸 몰랐네."

고무산로동자구의 닭 공장에서 일했던 부령댁은 이 집에서 병아리를 부화시켜 횡성장에다 내다 팔았었다. 승연은 전란 담당이었다. 닭알을 굴려주고 온도를 맞추기 위해 뚜껑 여닫기를 반복했다. 부화기가 여러 개여서 신경을 많이 써야 했다.

승연이 가방에서 온도계와 전구, 닭알 등을 꺼냈다. 60와트짜리 전구 2개를 양쪽 바닥에 설치하고 전란 틀을 들여놓았다. 그 틀 위에다 닭알을 10개 올려놓았다.

"물그릇은 여기에다 놓을게. 너무 건조하면 병아리 깃털이 내부 벽에 붙어서 껍데기를 깨지 못하고 탈수증으로 죽거든. 온도가 삼십구 도를 넘으면 뚜껑을 열어 줘야 해."

전문가다운 솜씨로 모든 과정을 마친 그녀가 손을 탁탁 털었다.

"고생했다. 커피 만들어 줄게."

동규가 주방으로 갔다. 선반 위에 가지런히 놓인 수동 커피밀, 커피 서버, 드리퍼, 주전자 등을 내렸다. 갓 볶은 커피 원두를 커피밀에 넣고 돌려서 가루로 만들었다. 드리퍼에 종이 필터를 깐 후 뜨거운 물을 부어서 필터를 한번 씻어냈다. 아주 중요한 일을 하듯이 표정이 진지했고 손놀림은 신중했다. 커피 가루를 드리퍼에 넣고 주전자로 원을 그리면서 조심스럽게 물을 따랐다. 커피 가루가 신선해서 거품이 풍성하게 부풀어 올랐다. 티스푼으로 커피가 잘 우러나게 저어주고 다시 물을 따랐다. 커피의 오묘한 향기가 퍼져나갔다.

"진짜 짱이다!"

커피를 한 모금 마시고 나서 승연이 엄지손가락을 치켜들었다.

남한 생활 3년째인 승연은 스물두 살이다. 그동안 편의점, 식당, 전자부품 공장에서 일했지만 오래 근무하지 못했다. 돌격대에 차출되어 건설현장으로 이동한 것 외에 줄곧 부령군 고무산로동자구에서 살아왔다. 그것이 세상 전부인 줄만 알았던 그녀는 너무나 큰 문화차이로 남한 생활에 적응하는 데 애를 먹었다. 한번은 직장 동료한테 북한에서는 인민회의 대의원후보자가 1명만 나오는데 여기서는 국회의원 후보자가 왜 그렇게 많이 나오는 거냐고 물었다가 망신을 당하기도 했다. 그런 중에도 함경도 사투리는 많이 순화되어 남한 젊은 이들이 쓰는 유행어를 곧잘 구사했다.

"커피 공부는 어떠니."

"오빠 말 듣길 잘한 거 같아. 커피 맛을 알아가는 게 재밌어졌거든."

전자부품 공장에서 퇴사한 후 실업자 생활을 하던 중 동규의 권유로 커피 공부를 시작했다. 커피 장사는 3달 전부터 시작했다. 처음에는 무척 쑥스러웠지만, 원점에서 다시 시작한다는 생각으로 거리에 나섰다. 그녀의 꿈은 읍에서 카페를 차리는 것이었다.

"이 커피는 어떻게 내렸는지 알겠어?"

"글쎄……."

"아라비카에다 블렌딩 한 거야."

풍미를 높이기 위해서 맛과 향이 부드러운 커피 가루에다 구수하고 쓴맛을 지닌 로부스타 종류의 커피 가루를 7 대 3 비율로 혼합해서 커피를 내렸다. 커피는 단맛으로 시작해서 입안에 쌉싸래한 맛이 길게 남았다.

"갑자기 누룽지 생각이 난다."

"누룽지?"

"오빠가 마을에 내려갈 때마다 갖다 줬잖아."

나중에 승연도 돌격대에 차출되어 동규와 같은 중대에 배치되었다. 중대는 3개의 소대로 구성되었고, 소대는 3개의 분대로 이루어졌다. 분대에는 6, 7명이 있었는데 그중에 여자가 2, 3명은 되었다. 매일같이 중노동을 해도 차려지는 밥상은 시래깃국에다 옥수수밥이었다. 어느 때는 감자 몇 알에 절인 무가 한 끼 식사로 나왔다. 여자라고 해서 특별히 더 보장되거나 일을 감해 주는 게 없었다. 무거운 들것을 남자와 똑같이 들었고 흙 마대를 등짐으로 져 날라대느라 허리가 휘었다. 동규는 돌격대가 쉬는 일요일에 마을로 내려가서 구들장이나 지붕을 수리해주고 연탄도 찍어주며 잡일을 해 주었다. 일을 시킨 사람은 품삯으로 술이나 담배를 주었다. 동규는 그것들을 누룽지로 바꿔 달라고 했다. 보관이 쉬운 누룽지는 주머니에 넣고 틈틈이 씹어 먹을 수 있어서 최고의 간식거리이자 배고픔을 덜어주는 양식이었다. 그 당시 열아홉 살이었던 승연은 고맙다는 말 한마디 못하고 누룽지를 받아먹기에 급급했다.

"근데 오빠, 동희 소식은 영 없는 거야?"

승연은 동희와 딱친구이다.

"아직은 없네."

지난겨울에 동희를 찾으러 중국 목단강시에 갔었다. 여성 탈북자들이 많다는 산골짜기 농촌까지 찾아가 봤는데 성과가 없었다. 차마 빈손으로 돌아올 수가 없어서 목단강역과 버스터미널 주변에 동희를 찾는다는 전단을 1,000장 정도 붙였다. 목단강시에서 돌아온 뒤 실제로 전화를 몇 번 받았다. 하지만 전단에 적힌 번호가 맞는지 확인한다거나 사례비를 주면 찾아주겠다고 제안하는 것들이어서 실망감이 컸다. 그렇다 하더라도 언젠가는 동희가 전화해 올 것이라는 희망을 품고 있었다.

지도원을 때려눕히고 동희와 함께 두만강을 건너서 도착한 곳이 중국 룡정시의 삼합촌(三合村)이었다. 동규는 산 쪽에 있는 어느 집의 문을 두드렸다. 다행히 집주인 노인은 조선족이었다. 노인이 일자리를 구해 주겠다고 말했다. 아무 연고도 없는 낯선 곳에서 호의를 거절할 수 없었다. 이틀 뒤 조선족 남자와 한족 남자가 나타났다. "두 사람이 같이 갈 수는 없네." 조선족 남자가 말했다. 동규가 생각하기에도 남매를 필요로 하는 일자리는 없을 것 같았다. 죽어도 오빠와 헤어질 수 없다고 하는 동희를 설득했다. 다음날 동규는 한족을 따라 눈앞에서 멀어지는 어린 동희의 쓸쓸한 뒷모습을 지켜보았다. 그 이후로 한 번도 동생을 만나지 못했다. 몇 년 뒤에 대한민국 여권을 들고 삼합촌의 노인 집을 찾아갔다. 노인이 연길에 사는 브로커의 주소를 알려 주었다. "중국 땅에서 살려면 다른 길 없슴다." 브로커를 찾아가자 변명을 늘어놓았다. 두만강을 건너온 여자는 안쪽으로 팔려 갈 수밖에 없다는 것이었다. 뻔뻔하게 둘러대는 브로커의 얼굴을 후려치고 싶은 것을 겨우 참았다. 당신을 고발하겠다고 윽박지르자 그때 같이 왔던 한족 남자가 동희를 사 갔다며 주소를 적어주었다. 주소를 들고 돈화현(敦化縣)으로 갔는데 한족 남자는 그곳에 살고 있지 않았다.

그 후 아파트 보증금을 빼내 연변에 3번이나 더 갔다. 탈북자가 많이 산다는 연길, 훈춘, 길림, 심양, 장춘 등지로 돌아보았지만, 동희를 찾지 못했다. 그렇다고 세상에 딱 하나밖에 없는 혈육을 포기할 생각은 없었다.

다음날부터 열심히 인력사무소로 나갔다. 묵계리 공사장에서 그를 계속 불러주었다. 새벽에 일어나는 것이 힘들었지만, 빠지지 않고 꿋꿋하게 나가서 일했다. 또다시 연변에 가려면 돈을 모아야 했다.

오늘은 공사장에서 오전 내내 삽질을 하고 잔디를 심었다. 오후에는 시멘트 포대와 돌계단에 쓰이는 석판을 등짐으로 져 날랐다. 일을 마치고 집으로 돌아오자마자 부화기 안의 닭알을 굴려주었다. 새로 닭알을 넣은 지 20일이 다 되어가니 얼마 있으면 병아리가 나올 터였다. 간단히 저녁 식사를 하고 텔레비전을 보다가 잠이 들었다.

온몸이 욱신거려서 깊은 잠을 자지 못했다. 이리저리 몸을 굴리며 선잠을 자다가 새벽에 깼다. 몸에서 오한이 났다. 열이 점점 심해져서 빈속에 아스피린을 먹었다. 효과가 금방 나타났다. 열이 내렸지만, 인력사무소에는 나가지 않았다. 그런 몸으로 일하는 것은 무리였다.

즉석밥 한 팩을 데워 먹고 부화기 앞으로 갔다. 온도계가 38도를 가리키고 있었다. 적정 온도였다. 승연이 가르쳐 준 대로 닭알을 꺼내 플래시로 비춰보았다. 10개의 알에서 실핏줄이 선명하게 보였다. 부화가 제대로 진행되고 있다는 뜻이다. 가슴이 두근거렸다. 손바닥으로 병아리의 온기가 전해지는 것 같았다.

커피를 타 가지고 마루로 나갔다. 텃밭 가장자리에 푸릇푸릇 새싹들이 돋아나 있었다. 마당에 놓인 개 밥그릇이 눈에 들어왔다. 검둥이는 승연이 오던 날 사료를 먹다가 도망간 후로 오지 않았다. 그 녀석은 왜 떠돌이가 되었을까. 밥그릇에 담긴 사료를 보며 중얼거렸다. 집 없이 떠돌아다니는 삶은 녹록지 않을 터였다. 연변의 삭막한 들판을 걸어가는 자신의 모습이 그려졌다. 어쩐지 그 자신이 개선충에 걸린 검둥이와 다를 바가 없다는 생각이 들었다.

아스피린 약효가 떨어지자 다시 열이 올랐다. 계속 콧물이 나고 침 삼키기가 힘들 정도로 목이 아팠다. 읍내로 나가서 병원으로 갔다. 의사가 최근에 유행하는 독감이라며 처방전을 써주었다. 약국에서 약을 산 후 신토불이 장터로 갔다. 국밥집에 들어가서 식사하고 약도 먹었다. 식당 밖으로 나가자 승연이 전동 카트를 밀고 가는 것이 보였다.

"커피 한잔 줘."

천 원짜리 1장을 내밀며 승연에게 말했다.

"오빠한테는 받으면 아이 되는데……."

지폐를 받아 쥐고 승연이 인스턴트커피를 타 주었다.

"많이 벌었어?"

"장날이 아니라서 별로야."

"맛있게 블렌딩 해주께 커피 마시러 와."

승연과 헤어지고 장터 끝에 있는 씨앗상점으로 갔다. 개전리 농가에서 얼마나 있게 될지 모르지만, 모종을 심어 두는 것이 좋을 것 같았다. 옥수수 모종이 50개 들어있는 모종판을 한 판 골랐다. 고추와 상추 모도 한 판씩 고르고 종합 복합비료도 한 포대 샀다.

다음날도 인력사무소에 나가지 못했다. 독감이 심해져서 한동안 일하기가 어려울 것 같았다. 대충 아침식사를 마치고 부화기를 살펴보았다. 플래시로 닭알을 비추자 여러 가닥의 실핏줄이 한결 굵어져 있었고 병아리의 몸체인 것이 분명한 검은 그림자도 보였다. 손바닥으로 생명체의 묘한 박동이 느껴졌다. 물그릇에 물을 보충한 후 닭알을 일일이 돌려주고 나서 스티로폼 뚜껑을 덮었다.

오후에 삽을 들고 마당 건너편 텃밭으로 갔다. 기다란 밭이랑에 비료를 뿌리고 밭을 일구었다. 날이 가물어서 삽질할 때마다 뿌옇게 흙먼지가 일어났다. 호스를 연결하여 물을 뿌린 후 어제 사 온 모종들을 심었다.

핸드드립으로 내린 커피 한 잔을 들고 마루에 앉았다. 어디에선가 진한 봄의 향기가 밀려오는 듯했다. 처마 밑으로 빗겨 드는 햇살이 눈 부시고 따스했다. 산기슭을 따라 불어오는 바람도 솜털처럼 부드러웠다. 물끄러미 마당 건너편을 보았다. 머리에 길고 노란 깃이 달린 후투티 두 마리가 텃밭 가장자리로 날아와 앉았다. 후투티는 구부러지고 가느다란 부리를 분주하게 땅속에 찔러 넣어 벌레를 잡아먹었다. 그 광경을 무심히 바라보다가 사철나무 울타리에 있는 검은 물체를 발견했다.

마루에서 내려가 그곳으로 갔다. 뜻밖에도 검둥이가 웅크린 채 죽어 있었다. 뭐가 어떻게 된 거야. 눈앞에 펼쳐진 광경을 보고도 믿기지 않았다. 털이 빠진 암회색 피부에 부스럼 딱지가 더덕더덕 붙어 있었다. 몸의 절반 이상이 그런 상태였다. 보호자 없이 야생에서 떠도는 검둥이에게 개선충은 치명적이다. 옴은 피부 깊숙이 파고 들어가서 생활하는 기생충이다. 알을 낳으면 일주일 만에 새끼가 알을 깨고 나와 피부 동굴에서 살을 파먹으며 계속 번식한다. 그러한 터에 검둥이는 치료 한번 받지 못한 채 죽고 말았다.

"이그 불쌍한 녀석……."

그가 혀를 끌끌 찼다. 장갑 낀 손으로 검둥이 뒷다리를 잡고 들어 올렸다. 워낙 말라 있어서 무겁지는 않았다. 삽을 들고 집 뒤쪽 산기슭으로 올라갔다. 자신의 처지와 동일시가 일어난 탓일까. 땅을 파는 동안 기분이 착잡했다. 다음 생에는 인간으로 태어나렴. 검둥이를 묻으며 마음속으로 빌어 주었다.

그날 밤에 독감이 기승을 부려 끙끙 소리를 내며 앓았다. 기침이 계속 나오고 근육통이 심해서 아무것도 할 수 없었다. 어깨와 허리에 파스를 덕지덕지 붙이고 시간에 맞춰 약을 먹었다. 그러고는 성장통을 겪는 소년처럼 내내 잠을 잤다. 이틀이 그렇게 지나갔다.

"오빠, 일 안 나갔어?"

오늘도 늦잠을 자다가 점심나절에 승연의 전화를 받고 일어났다.

몸이 한결 가벼웠다. 처마 끝에 있는 물받이에 낙숫물 떨어지는 소리가 들렸다. 창문으로 밖을 내다보았다. 비가 내리고 있었다. 텃밭의 모종들이 물기를 머금고 푸른빛으로 서 있었다. 그러고 보니 이틀 동안이나 식사다운 식사를 하지 못했다. 그런데도 무언가 먹고 싶은 생각이 들지 않았다. 주방으로 가서 주전자에 물을 올렸다. 물이 금방 끓기 시작했다. 물을 잔에다 가득 따랐다. 방문을 열고 앉았다. 물기를 머금은 선선한 공기가 밀려들었다. 먹다 남은 메마른 빵을 한 입 베어 먹었다. 입안이 텁텁하고 목이 메었다. 뜨거운 물을 마시며 우두커니 건너편을 보았다. 비안개가 퍼지고 있었다. 산기슭에 듬성듬성 피어 있는 진달래가 보였다. 이따금 바람이 세차게 불어왔고 빗방울이 양철지붕에 떨어질 때 요란한 소리가 났다. 그 소리 때문에 택시가 울타리 옆에 와서 멈추는 것을 알지 못했다.

"동규 오빠!"

승연이 마당으로 들어섰다.

"어서 와."

동규가 주방으로 가서 물을 끓였다. 드립 커피 두 잔을 만들어 가지고 왔다. 두 사람은 연인처럼 나란히 앉아 커피를 마셨다.

"오면서 보니까 진달래가 많이 피어 있드라. 진달래가 그렇게 고운 꽃인 줄 미처 몰랐어. 우리 동네 무릉산에도 많이 피었었잖아."

"그때는 산나물 뜯으러 다니느라 바빴지."

고무산로동자구의 깊은 산골짜기가 떠올랐다. 봄이 되면 동규도 외화벌이 나물 캐기 전투에 나섰다. 산등성이에 진달래꽃이 지천으로 피어났는데 눈에 들어오지 않았다. 부령군 5호 관리부에 말린 고사리 1kg을 가져가면 밀가루 2kg을 주었다. 하지만 말이 쉬워 말린 고사리 1kg이지 그것을 만들려면 생고사리 10kg이 있어야 한다. 사람들이 너나 할 것 없이 산으로 올라가기 때문에 고사리 따기가 쉬운 게 아니었다. 동규는 5호 관리부에 고사리를 가져가지 않았다. 며칠에 1번씩 동네로 들어오는 달리기꾼(상인)한테 넘기면 밀가루 1kg을 더 주었다. 그 시절에 밀가루 1kg이 어딘가.

비가 추적거리는 가운데 침묵이 흘러갔다. 동규는 괜한 말을 했다는 생각이 들었다. 두 사람에게 산나물은 힘하고 모진 세월을 가리키는 우중충한 기억이었다.

"어머, 병아리가 나오려는 것 같애."

잠시 후 승연이 부화기에서 나는 소리를 듣고 말했다.

동규가 스티로폼 상자 쪽으로 갔다. 닭알 껍데기가 떨어져 나간 구멍 사이로 병아리 머리가 보였다. 병아리가 잔뜩 웅크린 채 시계 반대 방향으로 움직이면서 부리를 밀어 조금씩 껍데기를 깼다. 새로운 탄생의 신호를 보내는 듯이 다른 닭알에서도 톡톡톡 소리가 났다.

그때 방바닥에 있는 동규의 휴대전화에서 벨 소리가 났다. 휴대전화를 들자 액정 화면에 중국 국가번호인 86과 목단강 지역번호 453이 보였다. 심장 박동이 갑자기 요동치기 시작했다. 얼른 통화버튼을 눌렀다. "여기는 목단강임다." 꿈속에서라도 그렇게 듣고 싶어 했던 동희의 부드러운 목소리가 전화기에서 흘러나왔다.

"오빠, 얘 좀 봐."

방금 껍데기를 깨고 나온 병아리를 승연이 손바닥에 올려놓았다. 세상의 첫 빛을 보는 것이 신기하고 놀랍다는 듯이 병아리가 머리를 이리저리 움직이며 삐악삐악 소리를 냈다.
 봄비가 양철지붕과 텃밭, 그리고 너른 대지를 촉촉이 적시며 부슬부슬 내리고 있었다.

기억 속의 가시

주유소에서 기름을 넣은 한봉수(韓鳳洙) 씨의 1톤짜리 화물차가 국도로 들어섰다. 산자락으로 투명한 아침 햇살이 퍼지고 있었다. 어쩌다 승용차가 한두 대씩 스쳐 지나갈 뿐 도로는 한산했다. 낡은 화물차의 하부에서 덜거덕거리는 소리가 났다. 한 씨는 개의치 않고 액셀 페달을 힘주어 밟았다. 좀처럼 속도가 나지 않았다. 적재함을 덮어씌운 천막 때문에 바람의 저항을 많이 받았다.

기억 속의 가시

주유소에서 기름을 넣은 한봉수(韓鳳洙) 씨의 1톤짜리 화물차가 국도로 들어섰다. 산자락으로 투명한 아침 햇살이 퍼지고 있었다. 어쩌다 승용차가 한두 대씩 스쳐 지나갈 뿐 도로는 한산했다. 낡은 화물차의 하부에서 덜거덕거리는 소리가 났다. 한 씨는 개의치 않고 액셀 페달을 힘주어 밟았다. 좀처럼 속도가 나지 않았다. 적재함을 덮어씌운 천막 때문에 바람의 저항을 많이 받았다.

지난번 정선 장날 때보다 붉게 물든 산들이 스쳐 갔다. 한 씨는 5일에 한 번씩 38번 국도에서 59번 국도로 이어지는 이 길을 왕래한다. 정선장에는 지역 특산물이 다양하고 많아서 사람들도 많이 모여들었다. 집에서 가까운 통리장이나 도계장보다 장사가 잘되었다.

왼손으로 운전대를 잡고 능숙하게 담배를 피워 물었다. 올해 50대 후반인데 얼굴의 굵은 주름 때문인지 나이가 더 들어 보였다. 코가 뭉툭하고 하관은 치맛자락같이 넓었다. 이마를 가린 머리카락 사이로 기다란 흉터가 보였다. 담배를 쥔 손가락은 흑갈색을 띠었다. 간고한 삶의 이력을 드러내듯 누런 손톱은 두꺼웠고 손등의 핏줄이 퍼렇게 불거져 있었다.

가로수의 갈색 나뭇잎들이 떨어져 앞 유리창에 부딪혔다. 창문을 열자 신선한 공기가 밀려들었다. 구름 한 점 없이 쾌청했다. 차를 운전해서 장터로 향하는 이 시간이 뭐라 형용할 수 없을 만큼 좋다. 한 씨는 온성군(穩城郡) 강안리(江岸里)의 협동농장에서 농장원 생활을 했었다. 토대(출신성분) 때문에 다른 직업을 선택할 수 없었다. 당의 방침에 따르지 않으면 반당 반혁명분자가 되는 것이기에 숙명처럼 받아들이고 꿋꿋이 농장 작업반에서 농사를 지어 왔다. 그러다가 7년 전에 두만강을 건너 미련 없이 고향을 떠났다.

땡동! 휴대전화기에서 문자 알림 소리가 났다. 폴더를 열자 '한봉수 형님, 5시에 도착합니다'라고 적혀 있었다. 정주호(鄭周浩)와 정선에서 만나기로 한 약속이 떠올랐다. 흐릿한 어떤 기억이 뇌리를 스쳐 지나갔다. 담배 연기를 폐부 깊숙이 흡입하며 먼 곳을 보았다. 땡땡땡! 어디선가 기상 시간을 알리는 종소리가 들려오는 것 같았다. 그가 귀를 비볐다. 꼬빠크(로동단련대)의 칙칙한 막사 앞에 벌겋게 녹슨 철판이 매달려 있었는데 제1 작업반장이면서 총반장이기도 한 고석배(高晳培)가 그것을 망치로 두드리곤 했다. 눈가에 경련이 일어났고 오그라든 지렁이처럼 이마의 흉터가 꿈틀거렸다. 고석배의 시커먼 뒷모습이 어른거렸다.

빵빵! 승용차 한 대가 화물차를 거칠게 몰아붙이며 추월해 나갔다. 아직 운전이 서툰 그가 반사적으로 브레이크를 밟았다. 등에 식은땀이 났다. 차를 옆으로 세우고 숨을 길게 내쉬었다. 담배를 마저 피우고 나서 다시 운전대를 잡았다.

화물차가 오르막길에 다다르자 탄력을 받기 위해 액셀을 밟았다. 엔진 폭발음이 커지고 머플러에서 시커먼 연기가 뿜어져 나왔다. 힐끗 옆자리를 보았다. 조수석에는 언제나 아내가 앉아 있었다. 하지만 감기몸살이 심해서 같이 나오지 못했다. 오늘따라 빈자리가 휑하니 커 보였다. 화물차를 운전해서 장터로 가면 장사는 아내가 맡아서 했다. 강안리에 살 때 같이 두만강을 건너다니며 밀수 장사를 했던 터라 수완이 좋았다.

쇄재터널을 빠져나갔다. 곧바로 급경사 내리막길이었다. 정선에 가까워지면서 마음이 급해졌다. 오늘은 아침밥을 늦게 먹는 바람에 시간이 많이 지체되었다. 까치재터널을 지나고 정선제1교를 건너 장터로 진입했다. 주변이 매우 혼잡했다. 노점상들이 고사리, 취나물, 뽕잎, 곤드레나물, 버섯, 한약재 등을 좌판에다 진열하고 있었다. 한씨는 장터 문화공연장 근처에다 차를 세웠다.

"강원도 금강산 일만이천 봉 팔만구 암자 유점사 법당 뒤에······."

공연장에서 정선아리랑 노랫소리가 들려왔다. 한복을 곱게 차려 입은 아리랑예술단이 정기 공연을 하고 있었다.

그가 화물차 적재함에 씌워져 있는 천막을 걷어냈다. 오징어를 비롯한 건어물 특유의 짠 냄새가 났다. 적재함에 설치된 줄에다 오징어와 문어 다리 묶음을 걸었다. 건어물 상자에 담긴 노가리와 쥐포를 정리하고 있는데 휴대전화가 울렸다.

"어마니는 일 없슴까?"

보름 전에 중국 연길시로 간 영훈(永勳)의 목소리가 들렸다.

"여긴 걱정마라. 언제 돌아오니?"

"영 늦어질지도 모르갔슴다. 돈 좀 부쳐 주셔야겠슴다."

"뭐가 잘 아이 되니?"

"그게 아니고 누굴 좀 만나야 되갔어요."

영훈은 하나원에서 나온 후 한 씨가 사는 태백시로 왔다. 1년 남짓 막노동을 하다가 시내에서 조금 벗어난 상장동(上長洞)의 농가를 구해서 거주지를 옮겼다. 그러고는 텃밭에다 비닐하우스를 짓고 표고버섯을 재배했다. 27살 청년으로서 패기를 가지고 모든 일에 열성을 다했다. 강안리에서 농장원 생활을 했기 때문에 별 어려움은 없었다. 영훈은 올해 생산된 표고버섯을 출하시키고 나서 연변에 가겠다고 말했다. 버섯을 키워 수지타산을 맞추려면 비닐하우스를 몇 동 더 지어야 하는데 여력이 되지 않으니 말린 버섯을 연변에서 사다가 팔겠다는 것이었다. 한 씨는 하나밖에 없는 아들이 하겠다는 것을 굳이 막지 않았다.

"장사가 어디 쉬운가."

한 씨가 근처에 있는 은행으로 갔다. 영훈이 대방(업자)과의 사업이 잘 풀리지 않는 거로 생각했다. 은행 단말기에다 카드를 집어넣고 영훈의 통장으로 200만 원을 이체시켰다.

화물차로 돌아와 물건 정리를 마저 끝냈다. 운전석에 앉아 담배를 피워 물고 도로 건너편을 보았다. 동강 물줄기가 햇빛을 받아 은박지처럼 반짝였다. 불현듯 두만강 연안의 옥수수밭이 떠올랐다. 일주일에 몇 번씩 중국 대방을 만나 물건을 건네받던 곳이다. 가슴이 쿵쾅거리며 뛰기 시작했다. 담배 연기를 연거푸 빨아들였다. 차 안에 연기가 가득 찼다. 공연히 눈이 감겼다. 머릿속에 각인된 꼬빠크의 스산한 풍경이 흑백 영상처럼 펼쳐졌다.

"날래날래 뛰라우!"

아침 식사시간이 끝나면 으레 고석배가 종을 쳐댔다. 아침밥이래 야, 삶은 통강냉이 한 줌에 시래기 소금국 한 그릇이니 먹는 시간이 오래 걸릴 것도 없었다. 150명이 조금 넘는 남녀 수감자들이 서둘러 막사 밖으로 나왔다. 그들은 밀랍인형처럼 무표정한 얼굴로 열을 맞춰 섰다. 땀과 먼지에 찌든 옷에서 고린내가 났지만 모두 비슷한 처지라 아무도 신경 쓰지 않았다. 인원 파악을 마치고 고석배가 노래를 시켰다. "로동자 대중에겐 해방의 은인, 민주의 새 조선엔 위대한 태양……." 이 곡은 수령님을 찬양하며 뜨거운 충정의 마음을 담아 풍부한 감성으로 불러야 하는데 수감자들은 귀찮은 듯 감정 없이 읊조렸다.

"어제와 마찬가지로 단련대생 모두 돌을 캔다. 알아들었나?"

담당 보안원(경찰)이 작업 지시를 했다. 수감자들이 삼열 종대로 단련대 정문을 빠져나갔다. 총반장인 고석배가 앞에서 대열을 이끌었다. 앞 사람들은 삽과 곡괭이를 들었고 뒷줄은 손수레를 밀고 갔다. 가마니로 만든 들것을 든 사람도 있었다. "비사회주의를 뿌리 뽑자! 사회주의를 지키자!" 고석배가 선창하면 수감자들이 따라서 소리쳤다. 두만강을 건너 중국 화룡에서 농장 일을 하다가 잡혀 들어온 고석배는 6개월 로동단련형을 받고 수감 되어 있었다.

제1작업반에 속한 한봉수는 맨 뒤에 있었다. 건성으로 구호를 외치며 힐끔힐끔 뒤를 돌아보았다. 제2 작업반 대열에서 아내가 다리를 휘청거리며 걸어왔다. 장작개비처럼 비쩍 마른 몸이 금방이라도 쓰러질 것 같았다. 한눈에 보기에도 허약병에 걸린 상태였다. 오늘 하루를 무사히 넘길 수 있을까. 대열을 따라가며 중얼거렸다. 이대로 가다가는 머지않아 앉아 있기도 힘든 허약 3도가 될 터였다. 하지만 로동단련대 안에서 아내를 도울 방법은 아무것도 없었다.

"손전화를 아이 걸었어야 하는 건데……."

그날 일은 두고두고 후회되었다. 한봉수는 중국 대방이 준 손전화기를 가지고 있었다. 서로 연락을 주고받아야 해서 밀수꾼들에게 손전화기는 필수품이었다. 그즈음 비사그루빠(비사회주의 단속반)가 떴다는 풍문이 나돌았다. 전파 추적기를 휴대한 요원들이 불법 통화를 단속하기 위해 두만강 일대를 이 잡듯이 훑고 다녔다. 강안리는 회령시나 온성군인민위원회 소재지에서 멀리 떨어진 한갓진 마을이어서 비교적 안전한 지역이었다. 그날 한봉수는 설마 하는 마음으로 손전화기를 들고 집 뒤쪽 산기슭으로 올라갔다. 청진 사람이 도자기 골동품을 팔아달라고 재촉해서 빨리 처리하고 싶었다. 3분이나 걸렸을까. 중국 대방에게 전화를 걸어 옥수수밭에서 만나기로 약속을 했다. 통화를 마치고 집으로 가고 있는데 풀숲에서 두 사람이 튀어나왔다. 사복 차림에 전파탐지기를 어깨에 멘 보위원(정보기관원)이었다. 그들은 전파가 자주 잡히는 이 지역을 오래전부터 집중적으로 감시하고 있었다.

탁탁! 어떤 아주머니가 화물차 창문을 두드렸다.

"장사 안 하세요?"

"아, 예."

한 씨가 차에서 내렸다.

"오징어가 두껍고 싱싱하네요."

"햇것이라서 맛이 좋슴다."

오징어 한 축을 4만 원 받고 팔았다.

문화공연장에서 난타 공연이 진행되고 있었다. 다듬이, 통나무, 놋그릇, 장고, 항아리 등을 신나게 두드리는 소리가 났다. 이따금 박수 소리가 터졌다. 도로에 차량이 늘어났고 사람들이 줄이어 몰려들었다. 얼마 후 점심시간이 되면서 오전 공연이 끝났다.

한 씨가 집에서 가지고 온 도시락을 만지작거렸다. 입맛이 돌지 않았다. 아내가 잘 있는지 궁금해서 전화를 걸었다. 웬일인지 전화를 받지 않았다. 3번이나 전화를 걸고서야 통화가 이루어졌다. 아내는 감기약을 먹고 잠들었었다고 말했다.

"며느리가 있으면 참 좋겠는데."

휴대전화기 폴더를 덮으며 혼잣말을 했다. 근처에 있는 노점에서 정선 특산물로 빚은 막걸리를 1통 사 왔다. 종이컵에 따라서 쭉 들이키자 가슴 속이 시원해졌다. 그런데 뭔가 이상했다. 뱃속의 오장육부가 녹아 없어지고 텅 빈 것 같은 헛헛증이 일어났다. 두리번거리며 주위를 돌아보았다. 형형색색 등산복을 입은 사람들이 왁자지껄 떠들며 장터로 가고 있었다. 그가 뺨을 만졌다. 두만강의 물안개처럼 밑바닥에서 무엇인가가 스멀스멀 올라오는 것 같았다. 다시 막걸리를 따라 마셨다. 첫 잔과는 달리 목에서 잘 넘어가지 않았다. 겨우겨우 잔을 비웠다. 괜히 이마의 흉터를 벅벅 긁어댔다. 그러자 기억의 어떤 끄나풀이 확 당겨진 듯 돌을 캐던 산자락의 우중충한 풍경이 눈앞에 떠올랐다.

그날 보위원들은 산에서 내려오는 한봉수를 단숨에 넘어뜨리고, 손전화기를 빼앗았다. 그러고는 한봉수를 앞세워 집으로 갔다.

"이 쫑간나새끼, 완전 반당분자구만!"

집안을 온통 까뒤집던 보위원들이 김치 움과 부엌 바닥 땅속에 숨겨둔 밀수품들을 찾아냈다. 밀수품은 중고 옷, 녹화기, 배터리, 맛내기(미원), 밥가마(전기밥솥), 운동화 같은 생활용품이 대부분이었는데 뜨락또르(트랙터) 적재함을 채울 만큼 양이 많았다. 한봉수는 확실한 물증 앞에서 변명 한마디 하지 못하고 아내와 함께 군(郡) 보위부로 끌려가 감금되었다.

"그동안 어떻게 밀수했는지 하나도 빠짐없이 다 적으라."

다음날 취조실로 불려 나가자 견장에 붉은 줄이 하나 있고 별이 네 개 박혀 있는 보위부 군관이 종이와 원주필(볼펜)을 건넸다. 여자 구류장에 갇힌 아내도 한날한시에 예심(취조)을 받았다. 예심은 며칠째 계속되었다.

"어제 쓴 것하고 왜 내용이 달라. 엉!"

"뭐가 다르다는 겁니까?"

"이 새끼가 어따대구 대꾸질야. 죽탕 맛을 봐야 되갔구만!"

보위부 군관이 구둣발로 옆구리를 걷어찼다. 한봉수가 맥없이 나뒹굴었다. 옆에 있던 계호원(교도관)이 그를 일으키고 나서 무릎 뒤쪽 정강이에 길고 굵은 각목을 대고 꿇어 앉혔다. 금세 살이 찢기고 뼈가 부서지는 듯한 아픔이 시작되었다. 온몸이 저릿저릿한 것이 너무나 고통스러웠다. 몸을 움직이자 군관이 발로 무릎을 짓이기고 각목으로 두들겨 팼다. 낭떠러지 저 아래 깊은 곳으로 떨어지는 듯한 느낌이 들었고 정신을 잃었다. 그는 계호원에게 질질 끌려 구류장으로 돌아갔다. 그렇게 하루돌이로 구타를 당하며 예심을 받았다.

일주일째 되는 날 또 불려 나갔다. 뜻밖에 아내가 취조실에 먼저 와 있었다. 얼마나 매를 맞았는지 아내의 입술이 터진 채 부어 있고 얼굴은 시퍼렇게 멍들어 있었다. 잠시 후 계호원이 아내를 데리고 밖으로 나갔다.

"네 안까이가 다 불었다. 솔직하게 다 까놓고 너그러운 장군님 품 안에서 용서받으라."

"장군님 배반하는 일은 아이 했습메다. 그저 먹고살기가 너무 한심해서리 물건을 몇 번 넘겨받아 좀장사나 한 것뿐이오."

"남조선 밥가마까지 들여와 놓구 뭔 개나발이야!"

"그기 남조선 건지 몰랐슴메다."

아내가 뭔가를 불었다는 것은 보위원들이 그에게서 원하는 답을 얻기 위한 거짓말이었다. 그들은 한봉수 부부를 인신매매꾼으로 특정했다. 국경지대 오지의 농장원이 120달러나 되는 손전화기를 가지고 있는 것은 흔한 일이 아니었다. 그 돈이면 옥수수 500kg을 살 수 있었다. 장마당에서 온종일 장사해봐야 이익금으로 옥수수 1kg을 사기도 힘든 판에 120달러는 결코 작은 액수가 아니다. 보위원들은 손전화기 통화 내용을 자세히 조회했다. 남조선과 통화한 기록이 없어서 정치적으로 문제 삼지는 않았다. 하지만 중국 대방과의 통화가 너무나 많았다. 이 부분을 캐 들어가면 인신매매꾼인 것을 밝혀낼 수 있으리라고 추정했다. 그들은 국경지대에서 총소리를 울리라는 당총비서의 특별 방침에 따라 인신매매꾼을 잡는데 전력을 다하고 있었다.

"되놈들한테 우리 공화국 에미나이를 몇 명 넘겼어?"

"당과 조국을 배신하는 그런 짓은 절대루 아이 했습메다."

"미꾸라지 국물 처먹고 용트림하구 자빠졌네. 이 간나새끼 당장 처넣으라우!"

계호원이 한봉수를 끌고 가서 지하 감방에다 감금했다. 너비 1m

에 높이도 1m밖에 안 되는 독방이었다. 일어서는 것은 고사하고 앉아 있기도 힘든 구조였다. 뒤쪽의 변기통에 파리가 새카맣게 달라붙어 있었다. 새벽에 기상해서 취침시간 때까지 무릎을 꿇고 앉아 있어야 하는데 몸을 움직이다 걸리면 체벌을 받았다. 수백 번의 팔굽혀펴기를 하거나 철창에 매달리는 오징어말리기 고문을 받았다. 하루하루가 지옥이었다. 체중이 쭉쭉 빠져 뼈에 가죽만 입혀 놓은 몰골이 되었다. 나중에는 정말로 견딜 수가 없어서 에미나이(나이 어린 여자)들을 팔아먹었다는 거짓 자백을 하고 그곳을 벗어나고 싶었다. 하지만 인신매매는 공개처형을 당할 수도 있는 엄중한 죄이기에 이를 앙다물고 버텼다. 그러는 사이 고등중학교 후배인 정주호가 석방 공작을 벌였다. 정주호는 한봉수를 밀수업에 끌어들인 장본인이어서 불똥이 자기에게 떨어질지도 모른다는 불안감에 사로잡혀 있었다.

"당과 인민의 최고사령관이신 경애하는 장군님을 배반하는 일은 다시는 아이 하겠슴메다"

보위부를 떠나기 전날 한봉수는 보위원 군관 앞에서 입다짐했다. 정주호가 중국 돈 2000위안을 뇌물로 고였고 그 덕에 중범죄자에게 내려지는 장기 로동교화형은 면할 수 있었다. 구류장에 갇힌 지 3달여 만에 경범죄로 처리되어 로동단련형을 받고 꼬빠크로 이송되었다.

정선장터 아리랑공연장에서 오후 공연이 시작되었다.

"개구리란 놈이 뛰는 것은 멀리 가자는 뜻이요, 이내 몸이 웃는 것은 정들자는 뜻일세……"

강원도아리랑 노랫가락이 구성지게 퍼졌다.

"아리아리랑 쓰리쓰리랑!"

사람들이 아리랑을 흥얼거리며 장터로 모여들었다. 한 씨의 화물차가 있는 맞은편에서 헌 옷을 입은 남자 각설이가 음담패설을 늘어놓으며 품바 춤을 추었다. 얼굴에 커다란 점을 찍은 우스꽝스러운 여자 각설이는 엿을 팔았다. 품바타령과 아리랑 노래가 뒤섞여 시끌벅적한 가운데 사람들은 노점상에서 필요한 물건을 샀다.

한 씨는 평소만큼 오징어와 노가리를 팔았다. 어느덧 늦가을의 짧은 해가 기울어갔다. 물건을 다 팔아치운 노점상들이 하나둘씩 짐을 쌌다. 시계를 몇 번 들여다보던 한 씨도 건어물을 정리하고 화물차 천막을 덮었다.

운전석에 올라가 시동을 걸었다. 지난번에 정주호와 만났던 식당으로 가는 동안 마음이 뒤숭숭했다. 식당 앞에 차를 세우고 안으로 들어갔다.

"형님 잘 있었소?"

오후 5시가 조금 지나서 정주호가 식당에 나타났다. 서울에 사는 정주호는 탈북민 단체에서 간사를 맡고 있었다. 최근에 회령과 온성군에서 온 탈북민을 찾는 사업을 하느라 많은 탈북민을 만나고 다녔다.

"담주에 모임이 있수꾸마."

막걸릿잔으로 건배한 후 정주호가 말했다.

"그런가?"

"형님은 시간이 되오?"

"한번 가보긴 가봐야겠는데……."

한 씨가 말끝을 흐렸다.

"보구 싶어 하는 사람이 많수다."

"나를 왜서?"

"고향 동무들이 보자는데 이유가 있어야 하는 건 아임메. 참, 고석배도 남한에 들어왔소. 사 년쯤 됐으꾸마."

"고석배, 그 놈이?"

"제천에서 고철장사 한다고 그럽데."

너무나 뜻밖의 소식이었다. 그것도 태백에서 멀지 않은 제천시에 있을 줄은 생각지도 못한 일이다. 한 씨의 안면이 한차례 실룩거렸다. 이마에 지렁이 같은 흉터를 지니고 살아온 그로서는 전혀 듣고 싶은 이름이 아니었다.

한봉수가 꼬빠크에 수용되었을 때 고석배가 반장대가리(총반장)를 하는 것을 보고 깜짝 놀랐다. 강안리 이웃 마을에 사는 고석배는 고등중학교 3년 선배였다. 더구나 협동농장에서도 고석배가 작업반장을 했기 때문에 잘 알고 있었다.

꼬빠크 수감자들은 1, 2, 3작업반으로 나뉘어 있었다. 작업반마다 반장 1명과 4명의 조장이 있었다. 보안원은 반장 3명을 내세워 수감자를 통제하도록 했다. 대체로 들어온 지 오래되고 완력깨나 쓰는 남자가 반장으로 뽑혔다. 반장은 식사를 정량으로 공급받고 작업을 하지 않는 등 각종 특혜를 받았다. 보안원을 대신해서 작업을 지시하고 체벌도 줄 수 있어서 수감자들은 반장을 무서워했다.

"일이 조는 왼쪽으로 가고 삼사 조가 오른쪽으로 간다!"

그날도 고석배는 기다란 몽둥이를 지팡이처럼 짚고 서서 수감자를 몰아쳤다. 제1 작업반 50여 명의 수감자가 각 조장의 뒤를 따라 산자락으로 흩어졌다. 땅속에 박힌 돌을 캐내어 뜨락또르(트랙터) 적재함에 싣는 것이 그들의 할 일이었다. 먼발치에서 바라보던 보안원이 고석배를 불렀다. 고석배는 어제보다 많은 양의 돌을 더 빨리 캐라는 지시를 받았다. 돌은 폭우에 유실된 강둑을 쌓는 작업장으로 보내졌다. 날이 추워지기 전에 완성해야 해서 작업에 속도를 내야 했다.

"과제를 못 마치면 다들 굶을 줄 알라!"

누구에게랄 것이 없이 고석배가 소리쳤다. 거무칙칙한 얼굴에 황소의 눈망울처럼 큰 눈을 부라리고 서 있는 모습은 마치 저승사자 같았다. 잠시 후 무언가를 발견한 고석배가 저벅저벅 걸음을 옮겼다. 들것에 올린 돌이 너무 무거워서 비틀거리는 두 사람을 불러 세웠다. "날래 못 뛰간?" 두 사람의 등을 몽둥이로 후려쳤다. 두 사람은 불화살을 맞은 짐승처럼 들것을 들고 뛰었다. 기운이 없어서 다리가 후들거렸지만 뛰는 시늉이라도 해야 했다.

먼발치에서 한봉수가 그 광경을 보았다. 악을 쓰며 날뛰는 고석배가 미친 개승냥이 같다는 생각이 들었다. 같은 단련대생끼리 너무하는 것 아니냐고 언젠가는 따져 볼 요량이었다. 하지만 한 번도 그렇게 하지 못했다. 고석배가 보안원이나 마찬가지였기 때문이다. 생사여탈권을 쥐었다고나 할까. 보안원은 단련대에서 무소불위의 권한을 가진 존재였다. 수감자들은 혹독한 노동을 통해 머릿속의 사상을 개조시켜 혁명전사로 거듭나게 해야 할 죄수일 뿐이었다. 설령 누군가를 때려죽여도 질병으로 사망했다고 보고하면 그것으로 그만이었다.

얼마 후 휴식시간이 주어졌다. 한봉수는 삽을 내던지고 땅바닥에 주저앉았다. 팔다리가 쑤시고 등허리가 시큰거렸다. 잠시 눕고 싶은 마음이 간절했지만 그럴 수 없었다. 어느결에 고석배가 득달같이 달려들어 닦달할지 모를 일이었다.

"쫌 있으면 점심시간이잰소?"

"감자에 호박 넣고 끓인 된장지지개에다 따끈따끈한 이밥 한 그릇 먹었으믄 원이 없겠꾸마."

"푹 삭은 가자미식해에다 썩썩 비벼 먹는 건 어떻고?"

"강내밥이라도 배 터지게 먹어봤음 좋겠소."

몇몇 사람이 그림의 떡과 같은 이론식사를 하며 입맛을 다셨다. 그들은 이심전심으로 어린애 주먹만한 단지밥(강냉이밥을 틀로 찍어낸 것)이나마 입에 넣을 수 있는 점심시간이 빨리 오기를 간절히 기다리고 있었다.

산 위에서 차가운 바람이 불어 닥쳤다. 한봉수가 어깨를 잔뜩 움츠렸다. 홀쭉한 얼굴에 광대뼈가 불거져 나왔고 눈자위가 창백했다. 그도 아내와 마찬가지로 허약병에 걸려 있었다. 황소처럼 일하는데 먹는 것이라고는 강냉이밥 한 줌이니 그렇게 될 수밖에 없었다. 옆에서 떠드는 소리를 들으니 더 허기가 지는 것 같았다. 단련대 생활에 나름대로 적응이 되어가는 그즈음엔 앉으나 서나 먹는 생각뿐이었다. 며칠 전에 산기슭에서 몰래 개암나무 열매를 따 먹었다. 그 고소한 맛이 지금까지 입안에 남아 있는 것 같았다. 운이 좋은 날에는 더덕도 발견할 수 있다. 하지만 캐 먹다가 발각되면 호되게 얻어맞았다. 한봉수의 눈앞에 잡어 매운탕이 어른거렸다. 마을에서 멀지 않은 냇가에는 모래무지, 꺽지, 버들치가 많았다. 그것들을 잡아서 가마솥에 몽땅 집어넣고 끓이다가 고추장을 풀면 얼큰한 매운탕이 되었다.

"작업 시작!"

고석배가 소리쳤다.

사람들이 저마다 끙 소리를 내며 마지못해 움직였다. 한봉수도 삽을 들고 일어났다. 팔다리가 천근만근이나 되는 듯이 무거웠다. 옆에 있는 사람이 곡괭이로 땅을 찍었다. 돌이 깊이 박혀서 여러 차례 곡괭이질을 했다. 한봉수가 삽을 땅에 대고 발로 힘껏 밟았다. 삽날이 잔돌에 걸려 들어가지 않았다. 삽을 옆으로 옮겼다. 이번에는 삽이 쑥 들어갔다. 흙을 떠내어 한쪽으로 던졌다. 재차 삽질하던 그때 조그마한 무엇인가가 뛰어올랐다. 겨울잠을 자려고 땅속에 들어가 있던 개구리였다. 눈을 끔벅거리며 상황을 살피던 개구리가 다시 폴짝 뛰었다. 한봉수가 재빨리 삽으로 내리쳤다. 개구리는 내장이 터졌고 즉사했다. 몸통을 발로 밟고서 뒷다리를 잡아당기자 다리가 쑥 빠졌다. 통통하게 살이 오른 그것을 망설임 없이 입에 넣었다. 힘차게 어금니로 씹자 뼈가 부러지면서 오도독 소리가 났다. 처음에는 밍밍하던 것이 씹을수록 달짝지근한 맛이 났다. 옆에 곡괭이질 하던 사람이 부러운 듯이 쳐다봤다. 혼자 먹어서 미안했던 한봉수가 계면쩍은 웃음을 지었다. "이 새끼가 뭘 처먹고 있어!" 그때 뒤쪽에서 들려오는 소리를 듣고 고개를 돌리는 순간 눈앞이 번쩍거렸다. 저쪽에서 한달음에 달려온 고석배가 몽둥이로 안면을 후려친 것이다. "일은 아이 하고 개고락지를 잡아먹고 있어!" 분노에 찬 고함과 함께 연달아 몽둥이를 휘둘렀다. 한봉수의 얼굴은 순식간에 피범벅이 되었다.

정주호가 정선에 다녀간 이후 한 씨는 장터에 나가지 않았다. 어쩐지 일손이 안 잡혔다. 머릿속으로 제천이라는 단어가 계속 떠올랐다. 생지옥 같은 꼬빠크에서 출소하고 나서 한동안 고석배를 찾아다녔다. 그때 무슨 감정이 있어서 죽도록 몽둥이를 휘둘렀는지 물어보고 싶었다. 하지만 한 씨보다 먼저 출소한 고석배는 어디로 갔는지 마을에서 자취를 감추었다. 1년 뒤에 고석배가 중국으로 뛰었다가 또다시 북송되어 꼬빠크에 갇혔다는 소문이 들려왔다.
"돈이 부족함다."
며칠 뒤 영훈이 연길에서 또 전화를 걸어왔다. 한 씨는 욕심내다가 크게 망할 수도 있다며 그냥 돌아오라고 했다. 영훈은 그제야 연길에 버섯을 사러 온 게 아니고 혜옥(惠玉)을 남조선으로 데려가기 위해서 왔다고 설명했다. 혜옥은 강안리에 사는 영훈의 딱친구이다. 브로커를 통해서 소식을 주고받던 혜옥이 두만강을 건넜다는 연락을 받고 부랴부랴 달려간 것이었다. 한 씨는 알토란 같은 돈 200만 원을 두말없이 보내주었다.

"오늘이 정선장임둥?"
아침 일찍 달력을 살펴보던 한 씨가 아내에게 물었다.
"왜요. 나가보시게?"
"모처럼 바람도 쐴 겸 나 혼자 다녀오겠소."
화물차로 올라간 한 씨가 시동을 걸고 내비게이션에 주소를 입력했다. 차를 움직여 국도로 들어섰다. 온 산이 붉게 물들었는데 하늘은 잔뜩 흐려 있었다. 검회색 구름과 단풍이 묘한 부조화의 풍경을 만들어 냈다. 그의 마음은 날씨만큼이나 착잡했다.
남면교차로에 다다르자 정선으로 가려면 우회전하라는 안내표지판이 나타났다. 내비게이션에서 직진하라는 소리가 흘러나왔다. 한 씨는 내비게이션이 알려 주는 대로 곧장 38번 도로로 내달렸다.
사실은 집을 나설 때부터 정선에 갈 생각은 없었다. 고민하고 고민하다가 제천시에 가보기로 작정한 것이다. 고석배가 어디에 사는지 알게 된 이후부터 기억의 깊숙한 갈피 속에 숨겨져 있던 어떤 가시가 가슴을 찔러댔다. 밤마다 잠을 이루지 못했다. 그 당시 한봉수 부부는 허약병에 걸려 죽기 직전에 꼬빠크에서 풀려났다. 정주호가 식량 조달을 해 주어서 간신히 몸을 추슬렀다. 그런데 협동농장 농장원들이 이마에 흉터를 달고 나타난 그를 멀리했다. 누군가는 리 담당 보위원의 안전사업을 지시받고 부부의 동향을 감시하고 있었다.

차가 영월읍을 우회하여 선돌교와 연당교 두 다리를 지나갔다. 제천시에 점점 가까워질수록 가슴이 뛰었다.

뭔 말을 먼저 해야 함둥?

제천역 앞 장터 입구에 차를 세우며 중얼거렸다. 장날이 아니어서 장터는 한가했다. 담배 한 개비를 피우고 나서 운전대를 잡았다. 액셀 페달을 천천히 밟으며 장터 주변에 있다는 고물상을 찾아 나섰다. 싸전 골목 끝까지 갔는데 고물상이 보이지 않았다. 차를 돌려 장터 중심부로 가던 중 상점 앞에 놓인 폐지를 손수레에다 싣는 남자를 보았다. 남자에게 고물상이 어디 있는지 물어보려고 가까이 다가갔다. 검은 빵모자를 쓴 남자는 땟물에 절어서 시커먼 점퍼를 입고 있었다.

"말 좀 물읍시다."

창문을 내리고 빵모자 남자에게 말을 걸었다.

"왜 그러슈?"

남자가 손수레를 잡고 굽은 허리를 폈다. 한 씨가 미간을 찌푸리는 남자를 내려다보았다. 두상이 수박같이 크고, 광대뼈가 울퉁불퉁한 감자처럼 툭 불거져 있는 그가 고석배라는 것을 금방 알아차렸다. 한 씨가 차에서 내렸다.

"안녕하시오, 고 반장님."

"아니, 이게 뉘긴가? 한 동무 아이오?"

"그렇슴둥."

"우야야, 으째 이런 일이……."

몹시 놀란 표정으로 고석배가 한 씨 옷소매를 잡았다.

"이게 얼마 만인가 응? 죽잰코 살아 있으니까니 이렇게 만남둥."

"맞소."

"이럴 게 아니라 저짝으로 가기오."

고석배가 손수레를 끌고 앞장섰다. 장터 외곽의 후미진 곳에 양철 문짝을 달아맨 고물상이 나타났다. 안으로 들어가자 폐지와 고철이 쓰레기처럼 너절하게 쌓여 있는 것이 보였다. 폐지 더미 옆에 낡은 샌드위치 패널로 얼기설기 지어놓은 움막이 있었다.

"이리 오기오."

고석배가 움막 문을 밀고 들어가면서 손짓했다. 실내에 형광등이 켜져 있었는데도 어두컴컴했다. 무엇이 썩고 있는지 퀴퀴한 냄새도 났다. 주방 쪽에 싱크대와 살림 도구가 있고 색이 누렇게 변한 냉장고가 있었다. 한 씨는 방인지 마루인지 알 수 없는 작은 공간으로 올라갔다. 그때 이불을 뒤집어쓰고 누워있던 사람이 귀신처럼 소리 없이 윗몸을 일으켰다. 고석배의 아내 김희자(金熙子)였다. 그녀 머리맡에 있는 작은 상자에 약봉지가 수북이 쌓여 있었다.

"이봐, 한 동무가 왔어."

고석배가 아내에게 말했다. 김희자가 한 씨를 올려다보았다. 머리카락이 짚더미처럼 산발이었다. 얼굴이 핼쑥했고 눈은 캄캄한 동굴처럼 쑥 들어가 있었다. 그녀가 이승의 저 건너편 어디에선가 들려오는 듯한 탁하고 쉰 목소리로 어서오라고 한마디 던졌다. 그러더니 더는 말을 잇지 못하고 콜록거리기 시작했다. 속에서 쓴 물을 게워낼 정도로 기침하다가 자리에 누웠다.

"안까이가 수술을 받았슴메."

"어디가 아프오?"

"위암이랍데."

김희자는 위 절제수술을 받고 투병 중이었다. 고석배가 작은 알루미늄 상을 펴고 냉장고에서 소주와 김치를 꺼내 왔다.

"한잔 들기요."

소주잔에 술을 따르며 고석배가 말했다. 한 씨는 내키지 않았지만 거질하지 않았다. 따라주는 대로 소주를 몇 잔 마셨다. 서로 안부를 묻는 말이 오가고 나서 침묵이 이어졌다.

"우리 탈북민단체에서 두만강엘 간답데. 고향 땅을 보자는 안까이를 데리고 한 번 가볼까 하는데 한 동무는 아이 가오?"

"글쎄요……."

한 씨가 무슨 말을 하려다가 입을 꽉 다물었다. 꼬빠크에서 왜 그렇게 몽둥이찜질을 했슴까? 그토록 따져 묻고 싶었던 말이 입 밖으로 나오지 않았다.

"난 꼬빠크 후유증으로 약을 달고 삼둥."

갑자기 고석배의 왼팔이 덜덜 떨리기 시작했다. 다발성 신경증으로 인해 근육경련이 일어난 것이다. 고석배가 오른손으로 왼팔을 힘껏 움켜쥐었다. 한참 후에 경련이 잦아들었다.

"꼬빠크에서 고생 좀 했지비? 얼굴이 마이 상했꾸마. 그때 개코 새끼가 무스개 냄새를 맡았는지 한 동무를 까라 합데……."

"뭐이라구요?"

"개코가 어찌나 볶아대는지 나도 심들었음메."

기억 속의 가시 55

꼬빠크 수감자들은 보안원이 돈 냄새를 잘 맡는다고 해서 개코라고 불렀다. 보안원은 한봉수가 밀수하다 잡혀 온 것을 알고 꾹돈(뇌물)을 고이면 아내가 식당에서 헐게 일하도록 하겠다고 은밀히 제안했다. 하지만 시 보위부 구류장과 집결소를 거치면서 꾹돈을 많이 고인 터라 쓸 돈이 없었다. 보안원은 한봉수가 말을 듣지 않자 고석배를 시켜 손을 보라는 지시를 했다. 고석배는 협동농장 작업반에서 같이 일했던 이웃 마을 후배를 차마 때릴 수 없었다. 그러다가 보안원이 생트집을 잡아 한봉수와 그의 아내를 일이 몇 곱절이나 힘든 산판으로 보내려고 하자 개구리 잡아먹은 것을 구실로 몽둥이를 휘둘렀다.

"그랬슴까……."

고석배의 설명을 들은 한 씨가 혼잣말로 중얼거렸다. 그의 얼굴이 회한과 민망함으로 인해 점차 붉어지기 시작했다. 앞에 놓인 잔을 들어 소주를 입에 털어 넣었다. 고석배가 갑자기 어색해진 분위기 속에서 두리번거리다가 담배를 피워 물었다. 뽀얀 담배 연기 너머로 쌕쌕 숨소리를 내며 누워있는 김희자의 모습이 한 씨 눈에 들어왔다. 한 씨가 그려왔던 상황은 적어도 이런 것이 아니었다. 뭔지 모르게 허탈했고, 속절없이 자괴감이 밀려들었다.

그때 휴대전화 벨이 울렸다. 폴더를 열자 영훈의 번호가 찍혀 있었다.

"지금 혜옥이랑 곤명으로 가고 있슴다."

"곤명으로?"

"거기서 하룻밤 자고 라오스로 넘어갈 건데 마지막으로 이백만 원만 부쳐주세요."

한 씨가 폴더를 닫고 허공을 바라보았다.

"한 동무. 다 내 잘못임메."

곧 울음이 터져 나올 것처럼 고석배의 얼굴이 일그러졌다.

"아, 아임다. 반장님이 잘못한 게 뭐이가 있겠슴둥? 우리가 그 땅에서 살았던 게 죄라면 죄임다."

고석배가 계속 소주를 따라 주었다. 한 씨는 은행에 빨리 가봐야 한다고 생각했지만, 왠지 일어날 수가 없었다.

깊고 붉은 사랑

늦가을 하루가 저물어갔다. 바람이 세차게 불고 쌀쌀했다. 비가 오려는지 구름이 낮게 내려와 있었다. 을씨년스러운 수성천(輸城川) 하늘이 한층 어두워졌다. 왁자지껄 떠들며 물건을 찾고 값을 흥정하던 소리도 잦아들었다. 밑천이 없어서 시장 건물 매대에 들어가지 못하고 강둑 철길을 따라 노점을 펼쳐놓았던 사람들이 하나둘씩 자리를 떴다. 그들은 청년동맹 규찰대가 뜨면 보따리를 싸 들고 사방으로 튀어 도망가는 메뚜기 장사꾼들이다.

깊고 붉은 사랑

늦가을 하루가 저물어갔다. 바람이 세차게 불고 쌀쌀했다. 비가 오려는지 구름이 낮게 내려와 있었다. 을씨년스러운 수성천(輸城川) 하늘이 한층 어두워졌다. 와자지껄 떠들며 물건을 찾고 값을 흥정하던 소리도 잦아들었다. 밑천이 없어서 시장 건물 매대에 들어가지 못하고 강둑 철길을 따라 노점을 펼쳐놓았던 사람들이 하나둘씩 자리를 떴다. 그들은 청년동맹 규찰대가 뜨면 보따리를 싸 들고 사방으로 튀어 도망가는 메뚜기 장사꾼들이다.

도명화(都明華)도 길바닥에 진열해 놓은 옷들을 주섬주섬 정리하기 시작했다. 왠지 얼굴이 어둡고 침울해 보였다. 단속반이 나타나지 않아서 도망 다니지는 않았지만 겨우 4천 원짜리 바지 하나를 팔았다. 오늘도 약을 살 수 없을 것 같았다. 그녀의 어머니 권(權) 씨는 폐결핵을 앓고 있었다.

"옷 좀 볼 수 있소?"

배낭에다 물건을 넣고 있는데 중년 남자가 다가왔다.

"어서 오시오, 아바이."

손님이 너무 반가워서 명화가 큰소리로 인사했다.

"아랫동네 잠바가 있겠는지……."

남자는 은연중에 남조선 옷이 있는지를 물었다. 명화가 말뜻을 얼른 알아차렸다. 배낭에서 군청색 잠바를 꺼내며 값을 눅게 불러야겠다는 생각을 했다. 며칠 치라도 결핵약을 사려면 어떻게 해서든지 팔아야 했다.

"이백 주시오. 국돈 말고 민폐로."

장마당에서는 북조선 원화를 국돈으로 중국 위안화를 민폐라고 불렀다. 3년 전에 느닷없이 화폐개혁이 실시되었다. 그로 인해 초인플레이션이 밀어닥쳤다. 물가가 미사일처럼 급격하게 치솟았다. 장마당에서 물건들이 사라졌고 국돈의 가치는 바닥으로 곤두박질쳤다. 장사꾼들은 이제 국돈을 믿지 못했다. 물건값으로 달러나 위안화를 요구했고 국돈은 거스름돈을 치르는 용도로 썼다.

중고 잠바가 2백 위안이면 중국산 새 옷보다 두 배나 비싼 것이다. 국돈으로 계산하면 26만 원쯤 된다. 4인 가족이 한 달간 양식을 사 먹을 수 있을 만큼 비싼 금액이다. 그런데도 남조선 옷은 인기가 많았다. 중국산 새 옷보다 남조선 중고가 더 잘 팔렸다. 재봉질이 튼튼하게 잘 되어 있고 옷감이 부드러우면서도 질겼으며 오래 입어도 변형되지 않았다. 그뿐만 아니라 입으면 옷맵시가 나고 편했다. 특히 내피를 떼었다 붙였다 할 수 있는 겨울 잠바는 오리털이 두툼하게 들어있고 방수 처리가 되어 있어서 시베리아 한파를 거뜬히 이겨낼 수 있었다.

남조선 물건은 중고 옷과 함께 화장품, 라면, 비누, 치약, 칫솔, 초코파이, 조미료, 샴푸 등등의 생필품이 밀수로 두만강을 건너왔다. 최근에 중앙당에서 자본주의 황색 바람을 숙청할 데에 대한 방침을 하달하고 비사회주의 현상을 단속하는 비사그루빠 요원을 각 지방으로 내려보냈다. 시 선전대원들도 방송 차를 타고 다니면서 비사회주의 황색 문화를 배척하고 적지 물자 괴뢰 상품을 사고파는 너절한 이적 행위를 뿌리 뽑아 내쳐야 한다고 다그쳤다. 그러나 배급이 중단된 미공급 시기부터 수많은 사람이 남조선 드라마와 영화를 몰래 보면서 부지불식간에 남조선 문화를 받아들이고 있던 터라 큰 성과가 나지 않았다.

"아랫동네 거 맞습등?"

잠바를 앞뒤로 살펴보던 남자가 말했다.

"아바이, 이걸 보시오."

명화가 주머니에서 상표를 꺼내 잘라낸 잠바의 상표 자리에 갖다 댔다. 상표가 원래 그 자리에 있었다는 것이 정확히 증명되었다.

중국 보따리 장사꾼으로부터 넘겨받은 상품은 대부분 중국산이지만 간혹 남조선 물건도 섞여 있었다. 남조선 옷을 팔다가 단속되면 보따리째 몰수당하고 벌금까지 물어야 한다. 단속반에게 밉보이면 로동단련대로 끌려가 강제노동을 할 수도 있었다. 그런 이유로 부득불 옷에서 상표를 떼어내고 팔았다.

"이거 싸 줍소."

남자가 한 푼도 깎지 않고 시원스럽게 돈을 건넸다. 명화가 옷을 반듯하게 개서 비닐봉지에 넣었다.

"한 가지 묻겠는데 동무 이름이 도명화 아님둥?"

"아니, 그걸 어째 압니까?"
"유남철 동무를 알잰소?"

옷을 남자에게 건네주던 명화가 깜짝 놀랐다. 자신도 모르게 주위를 휘둘러보았다. 환하게 웃고 있는 남철(南喆)의 얼굴이 떠올랐다 사라졌다. 가슴이 쿵쾅거렸다. 힘들고 지쳤을 때 불현듯이 떠오르는 단 한 사람. 꿈속에서라도 보고 싶은 그 사람을 생전 처음 만난 아바이가 알고 있다니. 그녀의 감정이 복잡해졌다. 안다고 할 수도, 모른다고 할 수도 없었다.

남철은 3년 전에 행방불명되었다. 그는 두만강을 건너온 중국 물건을 청진이나 함흥 쪽으로 가지고 가서 도매로 넘기는 장사를 하면서 꽤 많은 돈을 벌었다. 하지만 비사그루빠 요원들이 괴뢰 물건을 취급한다는 이유로 집 수색을 했고 얼마간 모아둔 돈을 압수했다. 하루아침에 전 재산을 빼앗긴 것이다. 한동안 방황하던 남철은 회령에 있는 외가에 다녀오겠다고 떠난 후 지금까지 나타나지 않았다.

남자가 명화에게 생각할 여유를 주려는 듯이 담배를 피워 물었다. 명화가 남자를 건너다보았다. 광대뼈가 잔돌같이 볼록 튀어나왔고 얼굴 균형을 잡아주듯이 콧대가 조금 솟아 있었다. 생활에 여유가 있는지 배가 조금 나와 있었다. 끔벅거리는 두 눈에서는 어쩐지 선량한 기운이 느껴졌다. 남자가 고개를 이리저리 돌려 주위를 살펴보았다.

"아바이, 난 그런 사람 모름다."

명화가 잡아뗐다. 섣불리 속마음을 드러낼 수 없었다. 암만 생각해봐도 보위부 정보원인 것 같았다. 그러지 않고서야 이 사람이 남철을 알 리가 없었다.

"체네 동무, 내는 남철 동무가 보내서 온 사람이오."

"아무튼, 모르겠으니까 딴 데 가서 알아보시오."

명화는 남자가 옷을 물러 달라고 할까 봐 서둘러 배낭을 꾸렸다. 그러고는 뒤를 돌아보지 않고 빠르게 걸어갔다. 공연히 가슴이 뛰고 다리가 후들거렸다.

얼마 후 시장 건물 안으로 들어갔다. 단골 쌀 매대에서 옥쌀 2kg을 산 후 약 매대 쪽으로 갔다. 다행히 약제사가 있었다. 병원 약국에서 근무했던 약제사는 배급이 끊기자 어쩔 수 없이 퇴직하고 장마당에서 약을 팔았다. 중국산 페니실린, 마이실린, 진통제, 항생제, 지사제 등이 많았다. 겉 포장지가 제거된 남조선 약도 있었다. 유엔 보건기구를 통해서 병원에 공급되던 약이 장마당으로 흘러나온 것이다. 최근에는 남조선 약이 밀무역으로 들어왔는데 약효가 뛰어나서 중국산보다 4배 정도 비쌌다. 장마당에는 전분이나 밀가루를 반죽해서 정교하게 찍어낸 가짜 약도 많이 돌아다녔다. 약제사는 사람 목숨이 달린 일이라며 그런 약을 취급하지는 않았다.

"선생님, 이소니찐 있슴까?"

명화가 약제사 앞으로 갔다. 이소니찐은 폐결핵 치료제 중의 하나인 이소니아지드를 가리키는 말이다. 하루에 두 알씩 복용해야 하는 이소니찐 값은 1,200원이었다. 어머니와 함께 옥쌀로 밥을 지어 먹으면서 살아가는 처지에 약값은 큰 부담이었다.

"콜록콜록!"

마치 감기라도 걸린 듯이 명화가 콜록거렸다.

"병원에 가얄 것 같다, 야."

명화를 유심히 살펴보던 약제사가 말했다. 폐결핵 환자인 권 씨와 한집에 기거하고 있어서 명화도 결핵에 걸릴 확률이 높았다. 약제사가 우려한 대로 명화도 감염되어 있었다. 다만 결핵균이 활동하고 있지 않아서 별다른 증상이 없고 다른 사람에게 전염도 시키지 않는 잠복 결핵의 상태였다. 그렇다 하더라도 치료를 해야만 한다. 영양결핍과 만성피로 등으로 면역력이 떨어지면 언제든지 결핵균이 왕성하게 활동할 것이기 때문이다.

이소니찐 약봉지를 들고 밖으로 나갔다. 땅거미가 내려앉아 캄캄해지기 시작했다. 얼마 후 청암동(靑巖洞) 산기슭에 있는 집에 도착했다. 판자 문을 밀고 안으로 들어가자 권 씨가 밥상을 차리고 있었다. 배낭을 내려놓고 방으로 올라갔다.

"어마이, 약 사왔어요."

명화가 약봉지에서 이소니찐을 꺼냈다. 결핵약은 식전에 먹어야 한다.

"우리 딸 고생이 많구나."

권 씨는 폐결핵 판정을 받고 한 번에 네 종류의 약을 6개월 동안 먹으면서 1차 치료를 했다. 약값이 국돈으로 30만 원이 넘게 들었다. 하지만 완치가 되지 않았다. 지금은 2차 치료를 하는 중인데 돈이 없어서 약 복용을 중단하는 날이 많았다. 그 바람에 내성이 생겼고 치료는 더욱 어려워졌다. 하루는 약제사가 남조선 약 튜비스정을 권했다. 튜비스정은 리팜피신, 이소니아지드, 피라진아미드, 에탐부톨 등의 치료제를 한 알에 담은 결핵약이었다. 이 약은 워낙 비싸고 구하기도 어려웠다.

모녀가 알루미늄 둥근 밥상 앞에 앉았다. 밥그릇에 누르스름한 옥수수밥이 고봉으로 담겨 있었다. 반찬은 무짠지 무침 한 가지에다 멀건 시래깃국이 전부였다. 그래도 이게 어디인가. 옥수수죽 한 그릇으로 하루하루를 버텨오던 때를 생각하면 여느 진수성찬 못지않았다. 명화가 숟가락으로 밥을 떠먹었다. 몇 번 씹기도 전에 목구멍으로 꿀떡꿀떡 넘어갔다. 꿀보다도 달았다. 모녀의 밥그릇은 순식간에 비워졌다.

  설거지를 마치자마자 권 씨가 이부자리를 펴고 누웠다. 피곤한지 금세 잠들었다. 명화가 등잔불 아래에 누워있는 권 씨를 보았다. 이마 주름이 깊게 패였고 눈두덩이는 쑥 들어가 있었다. 얼굴은 핏기없이 허옜다. 옷깃 사이로 가느다란 막대기 같은 빗장뼈가 도드라져 있었다. 얼마나 말랐는지 비가 오면 그 부위에 빗물이 고일 것 같았다. 숨을 쉴 때마다 얄팍한 가슴이 부풀었다가 가라앉았다. 당증을 멘 열성 충성분자 인민반장으로서 동네 살림을 힘차게 꾸려가던 기백은 어디에도 보이지 않았다. "아버지, 왜 그렇게 빨리 가셨어요." 명화가 한숨을 내쉬었다. 아버지는 어느 기업소의 부문당 세포비서로 일하다가 암으로 사망했다. 그때부터 가세가 급격하게 기울었다. 권 씨가 장사한다고 빚을 내서 이리저리 뛰어다녔다. 하지만 승냥이 같은 모사꾼이 득실거리는 장마당에서 사기를 당하고 밑천을 다 까먹었다. 아파트를 팔고 산기슭으로 이사했어도 빚은 여전히 남아 있었다.

  등잔불을 끄고 명화가 잠자리에 누웠다. 세찬 바람 속에서 종일 쪼그리고 앉았던 탓에 몹시 피곤했지만 금방 잠들지 못했다. 몸을 뒤척거렸다. 담배를 피우는 아바이 모습이 계속 어른거렸다. 남철이가 보냈다고 하는데 그것이 사실이라면 남철은 지금 어디에 있는 것일까. 뭉게구름 같은 생각이 몽글몽글 피어올랐다. 남조선으로 뛰었다는 소문이 있었지만 그럴 리가 없다고 생각했다. 그런 말은 그를 영원히 만날 수 없다는 것을 뜻하기 때문이다. 무지개가 뜨듯이 언젠가는 불쑥 그녀 앞에 나타날 것이라는 믿음을 버리지 않았다.

새벽녘에 간신히 잠이 들었다. 아침에 빗소리를 듣고 눈을 떴다. 장마당에 못 나간다는 생각이 먼저 들었다. 일요일이어서 물건을 꽤 팔 수 있을 텐데 못내 아쉬웠다. 잠자리에서 일어나 겉옷을 입었다. 부엌문을 밀고 밖으로 나가자 가랑비가 부슬부슬 내리고 있었다. 빗물이 처마 아래에 놓인 양철통으로 떨어졌다. 양철통을 들고 부엌으로 돌아갔다. 수도가 있긴 하지만 물은 나오지 않았다. 동네 아래쪽에 있는 우물에서 물을 길어다 썼는데 오늘은 수고를 덜게 되었다. 가마솥에다 빗물을 붓고 불을 지폈다. 장작이 금세 타올랐다. 옥쌀을 씻어서 냄비에 넣고 밥을 지었다. 모녀가 아침 식사로 옥수수밥을 맛있게 먹었다.

가마솥의 따뜻한 물로 모처럼 머리를 감았다. 양잿물 비누를 쓰긴 했어도 먼지와 기름때에 떡 진 머리가 풀려서 부드러워졌다. 머리카락을 고무줄로 묶고 핀을 꽂았다. 닭알처럼 갸름한 얼굴이 드러났다. 햇볕에 그을리며 장사하느라 피부가 거칠었지만 쌍꺼풀진 눈매가 고왔다. 오랜만의 휴식이어서 마음이 느긋하고 편했다. 장롱 서랍에서 예쁘게 포장된 작은 상자를 꺼냈다. 남철이 생일선물로 준 남조선 화장품인데 너무 소중해서 아직도 뜯어보지 않았다. 물 묻은 까만 구슬 같은 눈동자가 반짝였다. 화장품 상자를 내려다보는 눈빛이 그윽했다. 길고 가냘픈 손가락으로 상자를 쓰다듬었다. 가슴속 저 깊은 바닥 어딘가에서 그리움이라는 안개가 피어오르기 시작했다.

그때 판자 문을 두드리는 소리가 났다. 명화가 밖으로 나갔다. 문을 열자 어제 옷을 사 간 아바이가 서 있었다.

"너무 일찍 찾아와서 미안하오."

"무슨 일임까?"

"남철 동무가 꼭 찾아봐 달라고 해서 온 것이니까니 날 믿어야 하오."

"아바이, 그런 사람 모른다고 했잖슴까. 대체 왜 이럼까."

"이걸 보시라요. 남철 동무가 보낸 것이오."

아바이가 손전화기 자판을 누르더니 눈앞으로 들이밀었다.

"아니 이건······."

명화가 깜짝 놀랐다. 손전화기 화면에 까만 자동차 사진이 있었다. 불현듯 3년 전의 일이 떠올랐다. 그날 두 사람은 장마당 식당에서 토끼탕을 사 먹었다. 식사를 마치고 나오는데 남철이가 오늘 자기 생일이라고 말했다. 명화가 장난감 매대 앞에서 멈춰 섰다. 생일선물로 적절하지 않았지만, 장식용 자동차를 사주었다. 장난감 자동차이기는 해도 건전지를 넣으면 바퀴가 잘 굴러갔다. 세상에 그걸 아직도 가지고 있다니. 명화가 앞뒤 생각할 것도 없이 아바이를 문 안으로 끌어들였다. 그가 설령 보위부 정보원이라 할지라도 찾아온 이유를 알아봐야 할 것 같았다.

"내는 안 씨라 하오. 용건만 간단히 말하겠소. 남철 동무가 통화하고 싶어 하오."

안(安) 씨는 탈북민 부탁을 받고 전화 통화를 연결해주거나 현금도 전달해주는 브로커였다. 그가 몸을 돌려 뒤를 살펴보았다. 보위부에 잡혀 들어가면 곧바로 인생이 끝나는 것이어서 매사에 조심하지 않으면 안 되었다.

"남철 동무는 어딧슴까."

"그건 말할 수 없소. 통화할라믄 회령까지 가야 하오."

"회령요?"

"맞소. 써비차 빌려 놨으니까니 당장이라도 떠날 수 있소."

그가 지금 가지고 있는 손전화기는 북조선 내에서만 사용할 수 있었다. 국제전화를 하려면 전파가 잘 잡히는 두만강에서 중국 번호를 가진 전화기라야 가능했다. 안 씨는 중국 손전화기를 자기만 아는 장소에다 숨겨놓고 필요할 때 꺼내 썼다.

얼마 후 명화는 안 씨를 따라나섰다. 다행히 빗줄기가 약해지기 시작했다. 청암역 근처에서 손님들을 기다리고 있는 승리58 화물차의 적재함으로 올라갔다. 이 화물차는 어떤 돈주가 기업소에다 등록해놓고 운영하는 벌이차였다. 안 씨는 려행증이 없는 명화를 무사히 데려가기 위해서 운전사에게 운임을 두 배나 더 많이 주었다. 어느 초소든지 간에 뇌물을 고이면 별일 없이 통과했다. 적재함에 먼저 올라온 사람들은 배낭을 하나씩 끌어안고 있었다. 해가 저물어 갈 즈음 회령청년역 앞에 도착했다.

"내를 친친히 따라오오."

차에서 내린 안 씨가 역 광장을 벗어나 위쪽으로 걸어갔다. 장군님의 어머니인 김정숙 동상과 인민도서관을 지나고 고등중학교를 돌아서 산자락에 있는 어느 집까지 갔다. 안으로 들어가자 할머니가 그들을 맞아들였다. 반백의 할머니는 안 씨의 어머니였다.

"예서 하룻밤 지내소."

안 씨가 한마디 하고 돌아서서 나갔다. 이런 일에 익숙한 듯 별말 없이 할머니가 밥상을 차리기 시작했다. 안 씨는 누군가를 중국으로 보내거나 전화 통화를 시키기 위해서 사람을 데려오면 이 집에 머물게 했다.

다음 날 오전에 안 씨가 왔다. 낡고 누런 인민복을 입고 있었다. 그가 색바랜 바지와 해진 작업복을 명화에게 주며 갈아입으라고 했다. 지게를 지고 집을 나선 안 씨가 동남쪽의 산기슭으로 올라갔다. 명화는 구멍 난 목장갑을 끼고 머리에 수건을 두른 채 그의 뒤를 따랐다. 두 사람은 영락없이 나무를 하러 가는 사람들 같았다.

가을걷이가 끝난 산기슭 밭에서 몇몇 사람들이 옥수수 이삭을 줍고 있었다. 완만하게 이어지는 산등성이를 따라 한참 올라가던 안 씨가 멈춰 섰다. 산기슭 저 아래로 회령시의 그만그만한 건물들이 보였다. 실낱처럼 흘러가는 회령천(會寧川)과 팔을천(八乙川)이 회령시를 지나 두만강과 합류했다. 명화는 중국 물건을 받으러 몇 번 와봤던 터라 회령시가 낯설지 않은데 산기슭으로 올라온 것은 처음이었다. 안 씨가 근처에 있는 바위 뒤편으로 가서 지게를 벗었다. 명화도 그쪽으로 갔다. 안 씨 얼굴에 긴장감이 배어 있었다. 몸을 돌려 사방을 훑어보았다. 사람은 하나도 보이지 않았다. 그가 품속에서 중국 번호로 등록된 손전화기를 꺼냈다.

"동무요? 목화솜을 가지고 왔으니 받아보기오."

그는 남철과 약속된 은어로 통화를 했다.

명화가 떨리는 손으로 전화기를 건네받았다. 무슨 말을 먼저 꺼내야 할지 몰라서 전화기를 귀에 대고만 있었다. 바람 소리 같은 잡음이 들렸다. 왠지 호흡이 가빠지고 있었다. 얼굴이 경직되어가고 목이 말라왔다.

"목화니?"

차분하고 부드러운 예의 그 다정다감한 음성이 짧게 흘러나왔다. 얼마 만에 듣는 목소리인가. 아득히 멀고 높은 저곳에서 들려오는 천

상의 소리 같았다. 온몸을 옥죄던 긴장감이 확 풀어져 나갔다. 목화는 그녀가 목화솜같이 따뜻하고 포근한 사람이라는 뜻으로 남철이가 불러주던 애칭이다.

"철이 오빠야?"

"그래 나다. 잘 지내지?"

명화는 대답을 이어가지 못했다. 목이 꽉 메어 왔다. 죽도록 보고 싶은 마음. 그것을 어떻게 표현할 수 있을까. 가슴 저 밑바닥에서 열풍 같은 뜨거운 감정이 북받쳐 올라왔다. 한순간 눈물방울이 흘러내렸다. 곧이어 어깨를 들썩이며 울음을 터뜨렸다. 목화야! 남철이 여러 차례 불렀다. 그녀 귀에는 아무 말도 들리지 않았다. 구슬픈 울음소리가 산기슭으로 퍼져나갔다.

"체네 동무. 이러믄 아이 되오."

언제 울음을 그칠지 몰랐다. 초조하게 바라보던 안 씨가 결국 손전화기를 낚아챘다. 통화를 시작한 지 벌써 10분이 넘었다.

근래에 보위부 27국에서 외국의 첨단 장비를 들여와 불법 통화 감시를 강화하고 있었다. 휴대용 독일제 전파탐지기는 도시락만 했다. 담당 보위원들은 탐지기를 어깨에 메고 굶주린 들개처럼 먹잇감을 찾아다녔다. 어디선가 수상한 전파가 감지되어 위치가 파악되면 오토바이를 몰고 가서 현장을 덮쳤다. 압수된 전화기의 통화 기록에서 한국 번호가 나오면 간첩 혐의가 들씌워져서 무시무시한 심문을 받았다. 두만강 국경 마을에서 활동하는 브로커들은 그런 상황을 잘 알고 있었다. 그들은 중국 손전화기를 사용할 때 절대로 3분을 넘기지 않았다.

"오늘은 여까지 합세."

안 씨가 손전화기 덮개를 벗기고 유심칩을 다른 것으로 바꿔 넣었다. 만에 하나 불심 검문에 걸려서 보위원에게 전화기를 뺏기더라도 통화 내용을 알아볼 수 없게 하기 위해서다. 매사 불여튼튼이었다. 미리 대비해서 안 좋을 것은 없었다.

두 사람이 산기슭을 내려가기 시작했다. 명화는 자신이 너무 바보 같고 원망스러웠다. 묻고 싶은 게 얼마나 많은데 아무 말도 못 하고 울기만 하다니. 안 씨가 명화를 할머니 집으로 데려다주고 갔다. 할머니 집은 마을과 조금 떨어진 외딴곳에 있었다.

점심때 할머니가 이밥에 개장국으로 밥상을 푸짐하게 차렸다. 남철은 명화가 회령에 다녀가는 동안 발생하는 비용을 이미 안 씨에게 보내 주었다.

"장마당에 갔다 오겠으니까니 꿈쩍 말고 있기오."

할머니가 대문에다 자물쇠를 채우고 장마당으로 갔다. 할머니 혼자 사는 집에 정체 모를 사람이 드나드는 것이 알려지면 분주소에서 인민반장을 앞세워 숙박 검열을 할 것이었다. 그렇게 되면 명화는 뇌물을 잔뜩 고이지 않는 한 필시 보안서로 끌려가 곤욕을 치를 터였다. 려행증 없이 두만강 인근에 나타난 사람은 잠재적 도강자로 취급되었다.

명화는 방에 누워서 생각에 잠겼다. 아무래도 남철은 남조선에 있는 것 같았다. 그러지 않고서야 브로커를 보낼 이유가 없었다. 중국에 있다면 얼마든지 강을 건너 청진까지 올 수가 있는 것이다.

두 사람은 한동네에 살았다. 당연히 학교도 같은 곳에 다녔다. 이목구비가 뚜렷하고 키가 큰 남철은 어디에 있어도 눈에 띄었다. 전교 1등을 놓치지 않는 우등생이어서 인기도 많았다. 남철은 1년여 동안 명화에게 과외 수업을 했다. 명화는 2년 선배인 남철을 짝사랑했다. 어느 날 아버지가 과외를 못 하게 했다. 남철이 월남자 가족이라는 것을 뒤늦게 알았기 때문이다. 오래전 당에서 주민재등록사업을 실시한 적이 있었다. 그때 남철의 할아버지가 남조선 괴뢰 군대를 도와 치안대로 활동하다가 남쪽으로 간 것이 밝혀졌다. 그로 인해 월남자 가족이 되었고 평양에서 청진으로 추방되었다. 한순간에 집안 토대가 최하층으로 내려앉은 것이다. 당에서는 악덕 지주와 자본가의 토지를 무상몰수 무상분배를 하면서 계급이 없는 평등사회를 만들었다고 선전했다. 그러나 계급은 엄연히 존재했다. 남철의 계급은 완전 적대계층이었다. 뇌물을 엄청나게 고이면 모를까 뛰어나게 성적을 올려도 대학은 물론 군대에 나가지 못했다. 고등중학교를 졸업한 후 탄광으로 직장 배치를 받아서 떠났다. 그는 낙심하지 않았다. 광부 일을 하다가 오로지 당원이 되겠다는 일념으로 자원해서 건설돌격대로 나갔다. 그곳에서 7년여 동안 뼛심을 다해 헌신하며 젊음을 온전히 당에 바쳤다. 그러나 그토록 간절하게 원했던 낭증을 메지 못했다. 출신성분이 적대계급 잔여분자였기 때문이다. 그는 청진으로 돌아와 남조선 영화와 드라마가 저장된 알판을 팔았다. 남조선 바람이 불어서 불티나게 팔렸다. 이익이 많이 남는 대신 위험도가 높았다. 불법 영상물을 단속하는 109상무와 규찰대원들이 장마당에 나타나 하이에나처럼 어슬렁거렸다. 그들에게 붙잡히면 인생은 그야말로 끝장났다. 공개처형을 당할 수도 있는 것이었다. 알판 장사를 접고 그동안 모은 돈으로 두만강에서 중국 밀수업자에게 중고 옷을 받아왔다. 그것을 수남시장의 장사꾼들에게 도매로 넘겼다.

    그 당시 명화는 배급이 일절 나오지 않는 기업소를 그만두고 장사를 했다. 집에서 인조고기밥을 만들었다. 그것을 작은 양동이에다 담아서 장마당으로 나갔다, 온종일 길바닥에 앉아서 팔아봐야 이익이라고는 하루 끼니나 해결할 정도밖에 안 되었다. 어느 날 커다란 옷배낭을 짊어진 남철이 그녀 앞을 지나갔다. 그녀가 번개같이 뛰어나가 소매를 잡았다. 두 사람의 재회는 그렇게 시작되었다.

다음 날 안 씨가 할머니 집으로 왔다.

"오늘은 얘기를 빨랑 끝내야 함둥."

안 씨는 늘 긴장 상태에 있었다. 브로커 일이라는 게 큰돈을 만질 수 있어도 언제 잡혀갈지 아무도 몰랐다. 사람을 국경 너머로 보내고 남조선 돈을 배달하는 행위는 용서할 수 없는 최악의 반역질이었다. 몇 달 전에도 브로커 2명을 시장 공터에서 공개 처형한 적이 있었다. 안 씨는 이번만 하고 그만해야 한다는 생각을 해 왔다. 그러나 부탁하는 사람의 사정을 차마 거절할 수 없어서 또다시 일을 맡곤 했다.

두 사람은 장사꾼처럼 배낭을 메고 집을 나섰다. 안 씨가 앞장서서 경공업전문학교와 회령소학교를 지나 오봉다리를 건넜다. 어제와는 전혀 다른 길이었다. 덕흥리(德興里) 야산 기슭으로 올라갔다. 야산 정상 부근에 작은 분지가 있었다. 산 아래쪽이 잘 내려다보였다.

"이걸 먼저 보기오."

배낭을 벗어놓고 안 씨가 손전화기 화면을 보여 주었다. 남철이가 종이에다 글을 쓴 후 사진을 찍어 보낸 것이었다. 현재 남조선에 살면서 낮에 대학교에 다니고 밤에는 아르바이트한다고 쓰여 있었다. 남조선에서 대학생의 꿈을 이루었다니. 왠지 목이 메어 왔다. 편지 마지막에 목화가 언제든지 여기로 오고 싶다면 도와주겠다는 글과 전화번호가 적혀 있었다. 남조선에 오라고? 편지 내용에 감명받고 그리움이 부풀어가는 중에 찬물을 확 뒤집어쓴 것만 같았다. 나보고 반역자가 되라는 말인가? 마음이 냉랭해졌다. 남조선이 잘 산다는 얘기를 들어서 알고 있었지만, 그곳에 가고 싶은 생각은 추호도 없었다. 부모가 당원이고 자신도 열성 당원으로서 혁명 전선에 앞장서왔다고 자부하고 있는 터에 괴뢰도당 적성 국가로 오라는 것은 도저히 받아들일 수 없는 제안이었다. 안기부의 첩자가 된 남철이가 자신을 꼬드겨서 이용하려고 하는 것은 아닌가 하는 생각도 들었다.

"체네 동무, 할 말만 하고 끊기오."

전화 연결이 되자 안 씨가 말했다.

"목화니? 내가 너무 늦게 연락했지?"

남철이 남조선 말투로 말을 했다.

"철이 오빠가 잘 살고 있다니 다행야."

"너도 잘 지내고 있는 거지? 목화한테 아무 말도 안 하고 떠나서 미안하다……."

남철이 말끝을 흐렸다. 명화는 애틋함과 서러움과 원망이 뒤섞인 묘한 감정에 휩싸였다. 할 말이 생각나지 않았다. 갑자기 두 사람 사이에 정적이 흘렀다. 흑흑! 잠시 후 남철의 울음소리가 들렸다. 철이 오빠! 몇 번 소리쳐서 불렀는데 그녀 귀에는 울음소리만 들렸다. 10분 정도 지났을까. 안 씨가 전화기를 가져갔다. 그녀가 멍한 눈으로 하늘을 올려다봤다. 그때 전화벨이 울렸다. 전화가 다시 연결되었다.

"목화야, 내가 다 도와줄 테니까 꼭 여기로 왔으면 좋겠어. 여기서는 뭐든지 하고 싶은 거 다 할 수 있어,"

"난 못 가. 어마이가 결핵에 걸려서 옆에 있어야 하거든. 그리고 뭣보다 당을 배신하고 반역자가 될 순 없어."

더는 통화를 하지 못했다. 초조하게 산기슭을 내려다보던 안 씨가 전화기를 가져갔다.

당의 방침에 따라 점심시간이 지나야 장사를 할 수 있었다. 수남시장 건물 안으로 사람들이 들어가기 시작했다. 1만2천여 개의 매대가 운영되는 이곳은 장사꾼과 물건을 사려는 사람들로 매일같이 북적거렸다.

명화는 집에서 싸 온 점심밥을 먹고 나서 매대를 정리했다. 매대라야 폭이 세 뼘 정도밖에 안 되는 좁은 공간이어서 크게 정리할 것도 없었다. 중국산 기성복을 앞에다 진열했다. 뒤쪽으로 가공복을 놓았다. 가공복은 재봉틀을 가진 사람들이 만들어서 파는 옷인데 남조선 옷을 흉내 낸 것이 많았다. 남조선 중고 옷들은 매대 아래쪽 배낭에 넣어두었다. 남조선 옷을 공공연하게 드러내놓고 팔 수는 없었다. 회령에서 남철과 전화 통화한 지 벌써 1년이 넘었다. 그 당시 브로커가 남철 동무가 보낸 거라며 민폐 5천 위안을 주었다. 그 돈으로 지금의 매대를 샀다. 장사하는 것이 훨씬 수월해졌고 수입도 늘어났다. 사람들은 이제 우리를 먹여 살리는 당은 로동당이 아니라 장마당이라면서 수익 창출에 열중했다. 명화도 그런 분위기를 따라가느라 접이식 손전화기를 샀다. 비싸기는 했지만, 남들보다 더 빨리 좋은 물건을 확보할 수 있어서 손전화기가 돈값을 한다고 생각했다.

"언니, 일찍 나오셨네요."

옆 매대에서 화장품을 파는 지현(智賢)이 다가왔다. 명화보다 세 살 어렸는데 사회생활을 일찍부터 해서 이런저런 경험이 많았다. 지현은 두만강을 건너 중국 연길시까지 갔다가 붙잡혀서 북송된 적이 있었다. 가끔 연길시 얘기를 했다. 전깃불이 항상 들어오고 언제든지 수돗물을 쓸 수 있다고 했다. 개한테 이밥을 줘도 먹기 싫어서 안 먹는다고도 했다. 무엇보다 믿을 수 없는 말은 조선족 아바이 아주마이들이 돈을 벌러 남조선으로 간다는 것이었다. 남조선이 얼마나 잘 살기에 그런 일이 벌어지는지 이해할 수 없었다.

"난 또 갈 거야요."

지현은 믿을 만하다고 생각하는 명화에게 속마음을 숨기지 않았다.

"언니, 아랫동네에선 수도꼭지를 오른쪽으로 틀면 차가운 물이 나오고 왼쪽으로 틀면 뜨거운 물이 나온대."

"니 또 정신 나간 소리 한다. 그걸 진짜로 믿니? 그게 다 남조선 괴뢰도당 것들이 우리를 속히려고 지어낸 말이다."

명화는 장마당에 떠도는 소문을 사실이라고 믿는 지현이 철부지처럼 보였다. 사회주의 혁명정신이 약해져서 적국이 퍼뜨린 유언비어에 휘둘리는 것으로 생각했다.

2달 전에 안 씨가 찾아왔었다. 남철 동무가 보냈다며 남조선 결핵약 튜비스정과 민폐 3천 위안을 건넸다. 그 순간 자신에 대한 남철의 애틋한 마음을 다시 확인했다. 안 씨는 떠나고 싶으면 언제든지 연락하라며 남철의 전화번호를 적어주고 돌아갔다. 남조선으로 간 사람이 너무 많아서 그 가족을 험지로 추방 보내지 않는다는 소문이 장마당에 떠돌아다녔다. 명화도 마음이 흔들렸었다. 하지만 지금까지 당과 수령의 세심한 배려로 아버지가 부문당 세포비서를 하면서 잘 살아왔는데 조금 어려워졌다고 하루아침에 당을 배반하고 개승냥이 미국놈들이 살판 치는 아랫동네로 갈 수는 없었다. 그녀에게 남조선은 썩고 병든 자본주의 나라이자 미제 식민지로 각인되어 있었다. 안기부의 조종을 받는 남철이 옛정을 미끼로 자기를 첩자로 이용하거나 남조선으로 유인하려는 거로 생각했다. 10일 전에 세포당원 강연회가 있었다. 강사는 안기부로 끌려가면 온갖 고문을 동원하여 비밀을 빼내고 나서 피를 뽑아 죽인다고 말했다. 그런 것을 생각하면 남철이 측은하고 불쌍했다.

오늘은 조금 일찍 매대를 정리했다. 옷 배낭을 시장관리소에서 운영하는 보관소에 맡기고 나서 아침에 맡긴 자전거를 찾았다. 장마당이 집에서 너무 멀어서 얼마 전에 중고자전거를 마련했다. 자전거를 끌고 장작 파는 곳으로 갔다. 잘 다듬어진 장작 세 단을 사서 자전거에 실었다. 무 조청을 만들려고 며칠 동안 장작을 사다 놨기에 부족하지 않을 것 같았다. 집에 도착하자마자 장작을 내리고 자전거를 집 안으로 들여놨다.

아침에 먹다 남은 이밥과 돼지고기 찌개를 데워서 저녁 식사를 했다. 지금 이밥에 고기를 먹을 처지는 아니지만, 어머니가 너무 야위어서 뭐든 음식을 잘해 드리려고 애썼다. 남철이 보낸 민폐가 있었기에 가능한 일이었다.

설거지를 마치고 부엌 한쪽에 쌓여 있는 무를 채 썰 듯이 잘게 잘랐다. 며칠 전에 약제사가 무 조청이 폐에 좋다는 말을 해주었다. 명화는 뭐든 해야 했다. 가만히 손 놓고 앉아서 어머니가 낫기를 바랄 수는 없었다. 김장철이 지나긴 했어도 무는 얼마든지 구할 수 있었다. 잘게 썬 무를 가마솥에 한가득 넣고 아궁이에 불을 지폈다.

"쿨럭쿨럭!"

갑자기 권 씨가 기침하기 시작했다. 흉통이 심해서 손으로 가슴팍을 두드렸다. 한번 시작된 기침은 좀처럼 멈추지 않았다. 눈물이 찔끔 나오고 구역질이 났다. 남철이 보낸 튜비스정을 먹으면서 차도가 있는 듯했으나 다제내성 결핵이 심화 되어 약이 잘 듣지 않았다.

"어마낫!"

명화 얼굴이 굳어졌다. 권 씨 손바닥에 선홍색 피가 묻어 있었다. 처음은 아니었다. 격렬하게 기침하는 횟수가 늘어났고 기침 끝에 각혈하곤 했다. 식은땀을 흘리던 권 씨가 아랫목에 쓰러져 누웠다. 이불을 덮어주자 곧 잠이 들었다.

"명화 언니!"

가마솥이 한창 끓고 있을 때 밖에서 부르는 소리가 났다. 문을 열자 작은 배낭을 멘 지현이 정주간으로 들어왔다.

"이 밤에 뭔 일이니?"

"언니랑 드라마 보려고 왔지."

"드라마?"

"응, 아랫동네 거."

"야야, 오늘 밤에 바빠."

명화가 손사래를 쳤다. 지현의 배낭에는 노트텔과 〈별에서 온 그대〉 드라마가 저장된 알판이 있었다. 노트텔은 영상을 재생하는 중국산 전자제품이다. 지현은 일주일에 한 번씩 노트텔과 알판을 가지고 왔다. 명화도 드라마와 영화를 여러 편 봤다. 볼 때는 그런대로 재미가 있었다. 그러나 드라마 속의 물질적으로 풍요로운 장면들은 가공된 것이고 이야기도 다 극적으로 꾸며진 괴뢰의 선전물일 뿐이라고 생각했다. 지현은 드라마를 보며 감정이입이 고조되어 감격하며 눈물을 흘리기도 했다. 그럴 때의 눈빛은 백마 탄 왕자를 만난 듯이 신비롭게 반짝였고 알 수 없는 환희에 빠져 있었다.

"마침 잘 왔다. 같이 일 좀 하자."

명화가 무명천 자루를 가져왔다. 거기에다 끓인 무를 넣고 즙을 짜냈다. 즙을 다시 가마솥에 넣고 약한 불로 졸이기 시작했다.

두 사람은 밤늦게까지 무 조청을 고느라 드라마를 보지 못했다.

"태어나서 지금까지 한 일을 하나도 빠짐없이 여기다 적으라!"
"네?"
"이 간나가 귀때기를 장식으로 달구 있나. 니가 한 일을 다 적으란 말이다."

보위원이 한 번 더 윽박지르고 밖으로 나갔다.

조사실은 어두컴컴했다. 명화는 황망하고 어안이 벙벙했다. 무슨 영문인지 전혀 알 수가 없었다. 어제 한밤중에 문 두드리는 소리가 나서 문을 열자 건장한 남자 두 명이 들이닥쳤다. 무어라고 항변할 사이도 없이 다짜고짜 손전화기를 압수하고 그녀를 끌어내 까만 승용차에 실었다. 그러고는 곧장 시 보위부로 달려갔다.

명화가 정신을 가다듬고 상황을 정리해봤다. 보위부는 사상과 정치적인 사안을 다루는 당 기관이었다. 그들이 납치하듯이 끌고 온 것은 자신도 모르는 어떤 사건에 연관되었다는 생각이 들었다. 그들 요구를 무시할 수 없어서 언제 태어나고 어느 학교를 졸업했으며 현재 시장 매대에서 옷 장사를 하고 있다는 일반적인 내용을 종이에 적었다. 아침이 밝을 무렵 보위원이 돌아왔다.

"이것밖에 못 쓰나 엉?"

"다른 건 더 쓸 게 없슴다."

그 말이 끝남과 동시에 보위원이 두툼한 주먹으로 머리통을 후려쳤다. 악 소리와 함께 의자에서 떨어져 나뒹굴었다. 그가 쫓아와서 옆구리를 걷어찼다. 숨이 막혔다. 통증이 엄청나게 밀려들었다. 아픈 것은 참을 수 있었지만, 이유도 모른 채 무차별 폭행당하는 것에 대한 모멸감은 견딜 수 없었다. 자신의 존재가 땅바닥에서 꿈틀대는 벌레 같다는 생각이 들었다.

똑같은 일이 며칠 동안 반복되었다. 얼굴이 시퍼렇게 멍들고 찐빵처럼 부었다. 입술이 터져 피딱지가 앉았다.

"당증 멘 간나가 역적질하면 되갔어? 버텨봐야 소용없어. 안종철 놈이 다 불었으니까니 헛심 쓰지 말라. 이자라도 사람질 하겠으면 인정할 건 인정하고 당에 용서를 빌라."

브로커 안 씨는 회령 보위부의 감시 대상이었다. 보위부에서 정보원을 동원하여 끈질기게 안 씨를 미행했고, 두만강으로 사람을 넘겨보내는 현장에서 붙잡았다. 안 씨는 살이 찢어지고 뼈가 으스러지는 고문을 받던 끝에 도명화에게 돈을 전달했다는 것까지 털어놓았다. 보위부는 명화가 안기부의 검은 돈을 받고 간첩질한 것으로 몰아가고 있었다.

온갖 고문이 이어졌다. 명화는 이를 악물고 버티면서 아무것도 인정하지 않았다. 말 한마디 잘못하면 사상범이 되어 죽을 때까지 나올 수 없는 특별독재대상구역으로 가게 될 터였다. 조사는 몇 달 동안 이어졌다. 이미 당에서 출당되었고 반혁명 종파분자로 낙인이 찍혔다. 좁은 방에 가두고 잠을 안 재웠다. 끼니때마다 주는 거라고는 삶은 옥수수 한 줌뿐이었다. 몸무게가 반으로 줄어들었다. 사지가 마비

되는 각기병 환자처럼 겨우 걸음을 옮겼다. 미공급 시기에도 사회주의를 지키고자 충성을 다해 받들었던 당은 이제 아무 의미가 없게 되었다. 오히려 당에서 내쳐졌다는 것 때문에 자괴감과 함께 분노가 깊어갔다. 허약병 3도에 이르러 죽는 날만 기다리는 상황이 되자 조사를 멈추고 풀어주었다.

명화의 몸은 만신창이가 되어 있었다. 간신히 집에 도착했을 때 아무도 없었다. 권 씨가 폐결핵을 극복하지 못하고 생을 마감한 것이었다. 그나마 다행이라고 해야 할까. 며칠만 더 늦었더라면 다른 사람에게 집을 뺏길 뻔했다. 어머니의 부재를 슬퍼할 겨를이 없었다. 당장 몸부터 추슬러야 했다. 다음 날 지현이 찾아왔다.

"언니, 어찌 된 거야요?"

"나중에 얘기해 줄게."

"이거 먹어보오."

명화는 생두부를 들고 목이 메도록 꾸역꾸역 먹었다.

지현은 이틀에 한 번씩 두부밥, 인조고기, 찐빵 등을 사 왔다. 비싼 돼지고기도 사 왔다. 걸신들린 것처럼 아무리 먹어도 양이 차지 않았다. 먹고 돌아서면 배가 고팠다. 하루 이틀 시간이 지나면서 살이 꽤 올랐다. 눈이 초롱초롱해지고 정신도 말개졌다. 그렇다고 마냥 좋아할 것만은 아니었다. 보위원이 언제 들이닥쳐 다시 끌고 갈지 알 수 없었다.

1달쯤 되는 어느 날 장롱에서 화장품 상자를 꺼냈다. 포장지를 뜯고 상자를 열었다. 예쁜 병 3개가 들어있었다. 로션 병을 꺼내 뚜껑을 땄다. 미백색 액체를 몇 방울 따라서 얼굴에 발랐다. 감미로운 꽃향기가 방 안으로 퍼졌다. 그녀의 눈이 감겼다. 그 향기는 어린 시절 냇가에서 헤엄치다가 물 밖으로 나와 뜨거운 태양 아래에서 하얀 이를 드러내고 해맑게 웃으며 다가오던 남철의 싱그러운 몸 냄새 같았고, 장마당의 캄캄한 어느 골목에서 입맞춤할 때 맡아지던 아카시아꽃 향기 같기도 했다. 철이 오빠. 그녀가 가만히 불러보았다. 갑자기 어떤 그리움이 폭풍처럼 밀려들었다. 두 눈에 수정 같은 눈물방울이 맺혔다.

"여기로 오고 싶다면 도와줄게."

남철의 목소리가 귓가에 맴돌았다.

"나랑 사귀지 않아도 상관없어. 목화가 천국 같은 이 세상에서 살았으면 좋겠다."

그런 말도 들은 것 같았다.

오후에 삽을 들고 뒤뜰로 갔다. 김치 움 옆쪽 땅에다 삽날을 박아 넣었다. 흙을 몇 삽 들어내자 작은 플라스틱 통이 나왔다. 그녀가 주위를 한 번 돌아본 후 뚜껑을 열고 비닐에 싸인 물건을 꺼냈다. 비닐을 벗겨 내자 붉은색 인민폐가 보였다. 조금 축축해진 100위안짜리 지폐 20장을 꺼내 확인했다. 남철이 보낸 돈 중에서 일부를 비상금으로 묻어 둔 것이었다. 그것을 다시 통에 넣고 파묻었다.

저녁밥을 먹고 있는데 비가 내리기 시작했다. 날이 후텁지근했다. 어느새 초여름이 되었다. 어디서인지 소쩍새가 구슬피 울어댔다. 어두워져서 등잔불을 켰다. 얼마 후 지현이 대문을 열고 들어왔다.

"오늘은 몸 상태가 어떠오."

"니 덕분에 좋아지고 있다."

"언니, 내 말 새겨들으오. 우리 삼춘이 시 보위부에서 일하고 있소. 근데 낸데 대고 언니랑 가까이하지 말라 하오. 왜 그럼까 하고 물어

보니 언니를 다시 잡아들일 거라 합디다."

명화는 별로 놀라지 않았다. 언젠가는 그렇게 될 것이라는 사실을 알고 있었다. 그녀가 잠시 생각에 잠겼다. 방 안으로 침묵이 흘렀다. 비바람이 세차게 몰아쳤다. 창문이 들썩거렸다. 등잔불이 일렁거렸고 두 사람의 그림자가 흔들렸다.

"너 중국 가고 싶다고 했지?"

"지금 도강비가 없어서 떠나 못 가고 있소."

"그게 얼만데?"

"하나당 인폐로 삼만은 줘야 하오."

"내가 댈 테니까 같이 갈래?"

"네? 언니가요? 둘이면 육만이나 되는데……."

도강자들을 싹 다 잡아들이라는 당 방침이 떨어진 지 1년이 넘었다. 철조망이 여기저기 설치되었고 경비대 초소가 촘촘하게 늘어났다. 도강자는 물론 브로커까지 많이 잡혀갔다. 소나기는 피해 가야 한다며 브로커들이 활동을 멈추고 자취를 감추었다. 그러다 보니 브로커가 부르는 대로 도강비를 줘야 하는 상황이 되었다. 6만 위안은 남조선 돈으로 1000만 원이 넘는 금액이었다.

그날 밤 명화는 땅에 묻어두었던 2천 위안을 꺼냈다. 다음 날 아침 일찍 배낭을 메고 집을 나섰다. 청진역 앞으로 가자 지현이 벌써 나와 있었다.

두 사람은 회령까지 1천 위안을 주기로 하고 택시를 탔다. 려행증 없이 기차를 타면 단속에 걸려서 로동단련대로 끌려갈 수도 있었다. 택시 운전사가 검문초소를 지키는 보위원이나 보안원에게 뇌물을 고이고 있어서 검문을 피할 수 있었다. 회령역까지 3시간이 조금 더 걸렸다.

"언니, 따라와요."

택시에서 내린 지현이 팔을천 인근의 금생리(金生里) 쪽으로 걸음을 옮겼다. 지현이 예전에 두만강을 건너갈 때 도움을 받은 하(夏) 씨 집이 그곳에 있었다. 어제 청진에서 하 씨에게 전화를 걸어 만나기로 약속해 두었다. 명화는 지현의 뒤를 천천히 따라갔다. 오후 늦게 하 씨 집에 도착했다.

"어서들 오기오."

50대 중반쯤 되어 보이는 하 씨가 두 사람을 안으로 데리고 들어갔다.

명화가 1천 위안을 꺼내 주었다. 강을 건너기 전까지 들어가는 생활비용을 미리 내는 것이었다. 하 씨는 두 사람 도강비로 남조선 돈 1200만 원을 요구했다. 단속이 워낙 심해서 뇌물 액수도 커졌다고 한다. 명화는 중국 손전화기를 가지고 있는 하 씨가 함께 산으로 올라가서 남철에게 전화를 걸었다. 지금 두만강 앞에 와 있는데 강을 건너가려면 1200만 원이 필요하다고 말했다. 남철은 두말없이 보내겠다고 했다.

일이 일사천리로 진행되었다. 남철은 용정에 사는 조선족 브로커에게 돈을 보냈다. 하 씨는 두 사람을 데리고 강을 건너면 그때 사례비를 받기로 했다. 그는 안면 있는 국경경비대 초소장을 찾아가서 평소보다 두 배나 되는 민폐를 찔러주었다. 안전을 담보 받으려면 그게 가장 확실한 방법이었다. 공교롭게도 거사 날을 하루 앞두고 온종일 비가 내려 강물이 불어나 있었다. 그렇다고 일정을 미룰 수는 없었다.

마침내 운명의 날이 밝았다. 점심밥을 든든하게 먹고 길을 나섰다. 하 씨가 북쪽으로 방향을 잡았고 두 사람은 적당한 간격을 두고 따라갔다. 얼마 후 도로를 벗어나 산길을 탔다. 검문이 심하기로 소문난 보위부 10호 초소를 피해야 했다. 도로로 가게 되면 국경경비대나 규찰대가 불시에 나타나 검문을 했다. 두만강 너머 중국의 산들이 보였다. 산기슭 다락 밭의 옥수수가 어른 키만큼 자라 있었다. 몸을 숨기기에 안성맞춤이었다. 해가 저물어갈 무렵 고령진역(高嶺鎭驛)과 신학포역(新鶴浦驛) 중간 지점의 산등성이에 도착했다. 그들은 주먹밥으로 저녁 끼니를 때웠다.

"저짝으로 건너갈 거니까 잘 봐두기오."

하 씨가 산기슭 아래 한 지점을 가리켰다. 두만강 건너편은 중국의 삼합촌(三合村) 마을이었다. 강을 건널 시간에 조선족 브로커가 차를 몰고 오기로 했다. 어두워지자 불빛이 하나둘 보였다. 반달이 떠올라 희끄무레한 빛을 뿌렸다.

명화는 숨죽이고 두만강을 내려다보았다. 검은 강물이 구불구불 흘러내려 갔다. 어제 남철과 통화했다. 조선족 브로커는 믿을 만한 사람이니까 두만강만 무사히 넘어가면 된다고 했다. 근무교대를 하는지 총을 멘 군인들이 도로를 걸어갔다. 밤이슬이 내려 옷이 축축해졌다. 한 장소에 꼼짝하지 않고 앉아 있으니 몸이 굳는 것 같았다.

자정이 가까워지고 있었다. 하 씨가 조용히 몸을 일으켰다. 명화가 뒤를 따랐다. 산기슭을 한 걸음씩 조심스럽게 내려갔다. 산자락 끝에 도로가 있었다. 그 길을 재빠르게 건넜다. 곧바로 강기슭에 다다랐는데 급경사를 이루고 있었다. 거의 미끄러지듯이 기슭을 내려갔다. 다행히 철조망은 없었는데 강물이 많이 불어나 있었고 유속이 너무 빨랐다. 하 씨도 예상하지 못했던지 잠시 머뭇거렸다. 하지만 여기까지 와서 포기할 수는 없었다.

"절대로 내 손을 놓지 마오."

하 씨가 명화와 지현의 손을 꽉 쥐었다. 어느 순간 그가 두만강 속으로 뛰어들었다. 몇 걸음 움직이자 벌써 강물이 가슴까지 올라왔다. 강 중심부에 이르렀을 때 발이 땅에 닿지 않았다. 명화는 허우적거리다가 하 씨 손을 놓쳤다. 헤엄친다고 양팔을 휘저었지만 거센 물살에 휩쓸려 갔다. 두만강이 그녀의 작고 가녀린 몸을 집어삼켰다. 정신을 잃고 속절없이 떠내려가다가 모래톱에 걸렸다.

"체네 동무, 정신채리라!"

먼저 모래톱에 도착한 하 씨가 널브러져 있는 명화를 찾아냈다. 그가 곧 인공호흡을 하기 시작했다.

희뿌연 달빛이 두만강 개활지에 떨어지고 있었다.

림옥의 다른 세상

림옥(林玉)은 보위부 건물 3층 취조실로 들어서자마자 고꾸라졌다. 건장한 보위원이 발로 걷어차고 각목을 휘둘렀다. 그녀는 중국 곤명(昆明)으로 가는 기차 안에서 공안원에 체포되어 북송되었다. 공안원이 작성한 문건에 남조선행이라는 붉은색 도장이 찍혀 있었다. 탈북자에게는 목숨이 걸린 무시무시한 죄목이다. 보위원이 험악하게 인상을 찌푸렸다. 동무의 죄를 인정하면 너그러운 어머니 당에서 따뜻하게 품어줄 거라고 말했다. 림옥은 정신이 가물가물한 상태에서도 시인하지 않았다. 사실대로 말하는 순간 조선을 배반한 반역자가 되어 살아서 나올 수 없는 곳으로 끌려갈 것이 뻔했기 때문이다. 이를 악물고 버텼다. 그럴수록 구타와 고문이 이어졌다.

림옥의 다른 세상

"아악, 헉!"

림옥(林玉)은 보위부 건물 3층 취조실로 들어서자마자 고꾸라졌다. 건장한 보위원이 발로 걷어차고 각목을 휘둘렀다. 그녀는 중국 곤명(昆明)으로 가는 기차 안에서 공안원에 체포되어 북송되었다. 공안원이 작성한 문건에 남조선행이라는 붉은색 도장이 찍혀 있었다. 탈북자에게는 목숨이 걸린 무시무시한 죄목이다. 보위원이 험악하게 인상을 찌푸렸다. 동무의 죄를 인정하면 너그러운 어머니 당에서 따뜻하게 품어줄 거라고 말했다. 림옥은 정신이 가물가물한 상태에서도 시인하지 않았다. 사실대로 말하는 순간 조선을 배반한 반역자가 되어 살아서 나올 수 없는 곳으로 끌려갈 것이 뻔했기 때문이다. 이를 악물고 버텼다. 그럴수록 구타와 고문이 이어졌다. 주먹으로 얼굴을 맞아서 입이 헐고 이가 빠졌다. 찢어진 입술에서 피가 흘러나왔다. 바닥에 쓰러진 채 벌레처럼 꿈틀거렸다. 때리다가 지친 보위원이 밖으로 나갔다. 림옥은 차라리 죽는 것이 낫다고 생각했다. 작은 창문으로 기러기가 떼 지어 날아가는 것이 보였다. 자유로이 날고 있는 기러기들이 참으로 부러웠다. 그녀가 의자에 올라서서 주먹으로 유리창을 깨뜨렸다. 창문에 매달리자 초인적인 힘이 솟구쳤다. 창틀에 올라선 후 망설임 없이 허공으로 몸을 던졌다. 새처럼 훨훨 나는가 싶더니 땅바닥으로 곤두박질쳤다. 갑자기 날카로운 호각 소리가 울렸다. 일어나려고 애썼지만, 다리가 부러져서 꼼짝도 하지 못했다. 양팔을 움직여 벌레처럼 기어갔다. 그때 검은 옷을 입은 남자가 나타나 커다란 손으로 그녀의 목을 졸랐다.

"으윽! 윽!"

단말마 비명을 내지르던 림옥이 부지불식간에 눈을 떴다. 식은땀이 흘러나와 옷이 축축했다. "또 꿈을 꿨네." 그녀가 중얼거렸다. 소름이 돋으면서 몸서리가 쳐졌다. 꿈이 너무나도 생생했다. 그녀는 실제로 양식을 구하러 중국에 갔다가 북송되어서 혹독하게 대가를 치른 적이 있었다. 태국의 이민국 수용소에 있다가 인천공항으로 입경한 후 관계기관에서 조사받고 하나원에서 정착 교육을 받는 동안에도 악몽은 이어져 왔다.

그녀가 잠자리에서 일어나 식탁 의자에 앉았다. 맥이 빠지고 기운이 없었다. 컵에 수돗물을 받아서 몇 모금 마셨다. 정신이 조금 맑아지는 것 같았다. 컵을 잡은 손가락이 짧고 뭉툭했다. 손등이 돌의 표면처럼 거칠했다. 손톱무좀 때문에 두껍고 누런 손톱이 몇 개 있었다. 오른손의 다섯 손가락이 무슨 갈고리처럼 약간 구부러져 있었다. 호미와 낫자루를 움켜쥐고 일을 많이 한 탓이다. 그녀가 투박한 양손을 펴서 손바닥을 보았다. 지문이 반들반들하게 닳아 있고 손금은 제대로 보이지 않았다. 험난했던 삶의 이력인 양 여기저기 굳은살도 박여 있었다. 스물여섯 살의 림옥은 아직 미혼이다. 그녀가 한숨을 폭 내쉬었다. 이런 손을 아무도 좋아하지 않을 것 같았다. 그녀는 직행으로 왔다. 두만강을 건넌 이후 곧바로 중국에서 벗어나 태국을 거쳐 입국한 것이다. 중국에서 살다가 온 사람들은 볼살이 꽤 부풀어 오르고 머리 모양이나 옷차림이 세련되어 있었는데 림옥은 백암군(白岩郡) 서두리(西頭里)에서 농장원으로 살던 모습을 그대로 지니고 있었다. 그녀가 물 한 모금 마셨다. 자세히 보면 광대뼈가 완만히 솟아 있고 하관이 닭알 형으로 매끈했으며, 입이 작고 입술은 도톰하여 여성스러운 면이 있었다. 하지만 그녀의 미모는 깡마른 황톳빛 얼굴과 사포 같은 거친 피부에 가려져서 마치 세파에 찌든 중년 여인처럼 보였다.

식탁 위에 낡은 철제 머리핀이 놓여 있었다. 그녀가 손으로 머리카락을 쓸어 넘기며 그것을 보았다. 조잡한 꽃장식이 붙어 있고 까만 칠이 여기저기 벗겨져 있었다. 손가락만 한 핀을 만지작거리다가 머리에 꽂았다. 한순간 목이 콱 메어 왔다. 허리가 굽고 노쇠한 어머니 얼굴이 떠올랐다. 집 떠나는 날 어머니가 동네 어귀까지 쫓아오며 눈물을 훔쳤다. 림옥이 두 번째 탈북 길에 나서는 것이어서 걱정을 많이 했고 안쓰러워했다. "어데 가서든지 잘 살라." 어머니가 당신의 머리에 꽂힌 핀을 뽑아 주며 했던 말이 귓가에 맴돌았다.

림옥의 집은 서두리의 험준한 괘상봉(掛上峯) 기슭에 있었다. 어디를 둘러봐도 산봉우리밖에 보이지 않는 그 오지에도 고난의 행군이라는 광풍이 휘몰아쳐 미공급이 시작되었다. 1년 내내 협동농장에서 감자 농사를 지었으나 가을에 분배받는 양은 턱없이 적었다. 몇 개월 먹고 나면 식량이 바닥났다. 고등중학생이었던 림옥은 학교에 나가지 않고 남동생과 함께 산에서 머루, 다래, 참나물, 들쭉, 도라지, 개암 등을 채취했다. 그것들을 짊어지고 장마당으로 가서 옥수수와 바꿔 왔다. 그렇게 해서 겨우겨우 풀죽을 끓여 먹으며 살아왔다. 시간이 흘러 당에서 고난의 행군이 끝났다고 선전했다. 하지만 여전히 식량 배급은 제대로 이루어지지 않았고 현실은 점점 더 어려워졌다. 그러는 사이 남동생이 군대에 나갔고 아버지가 허약병에 걸려 시름시름 앓다가 세상을 떠났다. 가장이 된 림옥은 농장 밭에서 감자와 옥수수를 훔쳐 오는 등 전사처럼 혁명적으로 살림을 꾸려갔다. 그러나 근본적인 대책은 아니었다. 더는 버틸 수 없는 한계에 다다랐고 그녀는 두만강 도강을 선택했다. 어떻게 해서든지 먹고 살아야 한다는 대명제 앞에서 못할 일은 없었다.

날이 밝기 시작했다. 림옥이 베란다로 가서 커튼을 열었다. 가양대교를 비추는 노란 조명과 검회색으로 반짝이는 한강이 보였다. 벌써 자동차가 몰려들어 올림픽대로를 가득 메웠다. 빨간 후미등을 켠 차들이 불개미 떼처럼 꼬리를 물고 조금씩 움직였다. "무시기 차가 저리 많지?" 그녀가 사투리 섞인 말로 중얼거렸다. 도로가 정체되는 광경을 직접 보고도 믿을 수 없었다. 산에 나는 것들을 뜯어서 읍에 내다 팔려면 60리 길을 걸어야 했다. 비포장도로는 언제나 한산했다. 어쩌다 승리58 화물차나 목탄차가 먼지를 뽀얗게 일으키며 지나갔다. 그러나 뇌물로 담배나 술을 주어야 탈 수 있어서 차를 세우지 못했다. 농장 트랙터나 소달구지를 얻어 타면 정말 운이 좋은 날이었다.

림옥은 어제 하나원에서 퇴소했다. 초기 정착과 생활 안정을 지원하는 하나센터에서 정착 도우미로 활동하는 정(丁) 선생과 신변보호 담당관(형사)이 마중 나와 있었다. 차를 타고 가양동 주민센터로 가서 주민등록증을 신청하고 임시 신분증을 받았다. 전입신고를 마치고 기초생활 수급자와 의료급여도 신청했다. 그런 다음 배정받은 임대 아파트 관리사무소로 가서 임대차 계약서를 작성했다. 림옥은 그들을 따라다니면서 서류에 도장을 찍었다. 그때마다 뭐라고 설명해 주었는데 알아들을 수 있는 말은 별로 없었다.

업무를 마친 담당 형사가 돌아갔고 관리사무소 직원이 아파트로 안내했다. 림옥은 정 선생과 함께 12층으로 올라갔다. "이거 받으세요." 직원이 아파트 문 앞에서 열쇠를 건넸다. 림옥의 가슴이 벅차게 뛰기 시작했다. 여기가 내 집이라는 것이 믿어지지 않았다. 떨리는 손으로 열쇠를 꽂고 문을 열었다. "오늘부터 여기 주인이시니까 먼저 들어가세요." 정 선생이 말했다. 50대 중반의 정 선생은 성품이 차분하고 친절했다. 림옥이 안으로 천천히 발을 들여놓았다. 조금 어두웠다. 정 선생이 거실 형광등을 켰다. 주위가 환해지면서 11평의 임대 아파트 실내가 한눈에 들어왔다. 어린아이처럼 림옥의 눈이 신비롭게 반짝이더니 곧 감격의 눈물방울이 구슬처럼 맺혔다. 서두리의 오래된 땅집은 울퉁불퉁한 벽체에서 흙가루가 떨어졌다. 사시사철 퀴퀴한 냄새가 났고 벼룩 튀는 소리가 들릴 만큼 해충이 많았다. 여름에 비가 샜고 겨울에는 주전자에 담긴 물이 꽁꽁 얼었다. 이 아파트는 그런 집과 완전히 차원이 다른 신세계 공간이었다. 벽이 반듯하고 깔끔했다. 연갈색 천연무늬의 목질 바닥재가 깔린 거실 바닥에서 은은한 분위기를 풍겼다. 새로 도배한 벽지가 화사했고 숲속인 양 상쾌한 냄새가 나는 것 같기도 했다.

"낮에도 불이 옴까?"

림옥이 형광등을 올려다보며 혼잣말을 했다. 물로 씻어 낸 듯이 실내가 깨끗한 것은 둘째 치고 이 시간에 전기가 온다는 건 그녀에게 놀라운 일이었다. 서두리에서는 해가 지면 암흑 세상이 되었다. 하루에 두어 시간씩 공급되던 전기가 완전히 끊긴 지 오래되었다. 림옥네는 석유 살 돈이 없어서 등잔불을 켜지 못했다. 소나무 관솔가지에 불을 붙여서 초저녁에 잠깐씩 사용하는 것이 전부였다.

그녀가 싱크대 쪽으로 갔다. 거기에 하나센터에서 보내 준 커다란 생활용품 상자가 놓여 있었다. 어제는 정신이 없어서 자세히 살펴보지 못했다. 상자 뚜껑을 열자 전기밥솥, 냄비, 프라이팬, 식기를 비롯하여 쌀, 식용유, 고추장, 간장, 된장, 고춧가루 그리고 세제와 행주 등의 식료품과 생활용품이 들어있었다. 림옥의 눈이 휘둥그레졌다. 이 많은 걸 그냥 주다니. 어떤 따뜻한 감정과 함께 그녀만의 감동이 폭풍처럼 밀려들었다. 하마터면 남조선 만세!라고 외칠 뻔했다. 백암군에서는 양식이든 식료품이든지 간에 어쩌다 쥐꼬리만큼 배급을 주긴 했다. 그럴 때마다 장군님 만세!를 목청껏 외쳐댔다. 당 선전부에서 장군님 배려로 은혜를 베푸는 것이라고 강조했기 때문이다.

라면을 끓이려고 냄비를 가스레인지에 올렸다. 출입구 쪽에 정 선생이 선물로 가져온 라면 상자가 놓여 있었다. 백암읍 장마당에 가면 장사꾼들이 라면을 팔았다. 하지만 옥수수보다 비싸서 사 먹지 못했다. 그런 라면을 상자째 선뜻 주는 걸 보니 정 선생이 큰 부자라는 생각이 들었다. 라면이 다 끓자 냄비를 들고 식탁 의자에 앉았다. 라면 가락이 쫄깃쫄깃했고 국물은 짭조름하면서 매콤했다. 이런 맛은 난생처음이었다. 라면을 거의 다 먹어갈 무렵 불현듯이 동작을 멈췄다.

등 뒤에 누군가가 서 있는 것 같았다. 뒤를 돌아보자 어머니의 너절하고 추레한 모습이 어른거리다 사라졌다. 그녀가 젓가락을 놓았다. 맛있는 음식을 혼자 먹는 것에 대한 죄책감이 밀려들었다. 지금쯤 어머니는 말린 나물을 불려서 옥수숫가루 한 줌 넣고 쑨 죽을 먹고 있을 터였다. 사실은 풀죽이라도 먹을 수 있으면 다행이었다. 미공급 시기에는 정말 먹을 것이 없었다. 굶주리고 굶주리다 허약병에 걸려 세상을 등진 사람이 얼마인지 모른다. 자고 일어나면 누구네 집 아바이가 쓰러졌다는 흉흉한 소문이 들려 왔다. 손수레에 시신을 싣고 산길로 올라가는 행렬도 어렵지 않게 볼 수 있었다.

어느 날 림옥은 장마당에서 거적때기 같은 옷을 걸친 광희(光熙)를 보았다. 먼지를 뒤집어쓴 머리카락이 개떡처럼 뭉쳐 있고 얼굴은 막장에서 걸어 나온 광부처럼 시커멨다. 광희 어머니는 양식을 구하러 길을 떠났는데 오랫동안 아무 소식도 보내오지 않았다. 광희는 같이 살던 할머니가 허약병으로 사망하자 집을 나와 꽃제비 아이들과 떠돌아다녔다. 그날 림옥의 눈앞에서 예상치 못한 일이 벌어졌다. 다른 아이와 함께 어슬렁거리던 광희가 노점 좌판에 놓인 찐빵을 양손에 움켜쥐고 뛰었다. 찐빵 주인이 냅다 뒤쫓아갔다. 광희는 도망가면서 찐빵을 입속에 욱여넣고 씹어 먹었다. 주인이 붙잡았을 때 찐빵은 하나도 남아 있지 않았다. "어쩨 이런 일이……." 림옥은 너무나 깜짝 놀랐다. 다음 날 광희에게 주려고 풀떡을 넉넉하게 싸 들고 갔다. 장마당 모퉁이에서 그 애를 만났다. 광희가 계면쩍게 웃었다. 얼마 전까지만 해도 한마을에 살면서 함께 웃고 떠들던 딱친구였는데 그런 상황이 되고 보니 서로가 민망했다. 풀떡 봉지를 건네자 광희가 재빨리 낚아챘다. "야, 다른 애들한테 말하기 없기다." 광희가 일그러진 표정으로 한마디 내뱉고 저 멀리 뛰어갔다. 그날 이후 몇 번 더 장마당에서 만나 풀떡을 건네주었다. 그 당시 광희 어머니는 두만강을 건너갔다가 인신매매를 당해 왕청현(汪淸縣)의 한족에게 팔려 갔다. 그곳에서 노예 같은 생활을 하게 되면서 광희에게 소식 한 줄 보내지 못했다. 그러다가 선교사를 알게 되었고 그의 도움을 받아 남한으로 왔다.

베란다의 너른 창으로 아침 햇살이 비껴들었다. 림옥이 창가에 서서 밖을 내다보았다. 이파리를 다 떨군 나무들이 아파트 단지 곳곳에 서 있었다. 자동차가 하나둘씩 주차장을 빠져나갔다. 림옥은 하나원에서 12층 아파트를 배정받고 걱정을 많이 했었다. 백암읍의 아파트처럼 아궁이에 장작을 때서 밥을 짓고 물통을 이고 계단을 오르내려야 하는 줄 알았다. 정 선생이 작은 스위치를 눌러 온수 순환시키는 방법을 알려 줄 때 의구심이 들었다. 얼마 후 실내가 훈훈해지기 시작했다. 림옥은 어떤 원리로 거실에 온기가 도는지 아무리 생각해 봐도 알 수 없었다. 그저 어안이 벙벙하고 신기하기만 했다.

실내는 따뜻했다. 지극히 조용하고 평화로웠다. 그런데 림옥은 왠지 불안했다. 지금 여기에 서 있는 게 꿈은 아니겠지. 그녀가 읊조렸다. 괜히 등골이 서늘해졌다. 배낭을 메고 두만강 지역으로 가던 자신의 모습이 어른거렸다. 처음 탈북한 후 북송되었다가 3년이 지난 어느 날 광희가 보낸 브로커가 손전화기를 들고 나타났다. 그때 광희와 통화했다. "니 아직 거기 있구나. 남조선에 올 생각 없니?" 광희가 대뜸 물어보았다. 광희는 어머니의 도움을 받아 한국에 와 있었다. 그 후 여러 차례 통화하면서 광희가 브로커 비용을 빌려주면 림옥이 갚기로 약속하고 탈북 길에 올랐다.

그녀가 화장실로 들어갔다. 변기와 욕탕이 한눈에 들어왔다. 어제 처음으로 이 공간을 살펴보고 깜짝 놀랐었다. 하나원에서 생활할 때 이와 같은 화장실을 사용하긴 했지만, 그때는 공공시설이니까 그러려니 했다. 그런데 개인 살림집에도 이런 시설이 되어 있다니. 너무나 뜻밖이었다. 더불어서 신기한 것은 수도꼭지를 우측으로 돌리면 찬물이, 좌측으로 돌리면 뜨거운 물이 나오는 것이었다. 자기가 직접 불을 때는 것도 아닌데 어떻게 이런 일이 생기는 것인지 도무지 이해할 수가 없었다.

"띵동띵동!"

림옥이 욕실에서 세수를 마치고 나오는데 인터폰이 울렸다. 문을 열자 정 선생이 작은 상자를 들고 서 있었다.

"잘 잤어요?"

"어째 또 왔습까?"

"이거 받으세요."

정 선생이 안으로 들어서며 상자를 건넸다. 림옥이 상자를 열자 플라스틱 김치통이 들어 있었다.

"우야야, 이거 김치 아임까?"

"내가 담근 건데 입에 맞을지 모르겠네요."

림옥은 어제 만난 사람이 왜 이렇게 잘해 주는 것인지 이상한 생각이 들었다. 혹시 나를 감시하는 게 아닐까. 거미줄 같은 감시 체제 속에서 살다 온 탓인지 그런 의구심이 생겼다. 하지만 잠시 후 가슴 밑바닥에서 뜨거운 기운이 솟아올랐다. 정 선생의 마음 씀씀이가 고맙고 감격스러웠다.

"오늘은 카드를 만들고 핸드폰도 삽시다."

"네?"

"꼭 필요한 것들이니까 필수적으로 갖고 있어야 해요."

정 선생이 밖으로 나가자 림옥이 따라나섰다.

하나원에서 만들어준 은행 통장에 아파트 계약금을 내고 남은 정착금이 3백만 원 들어 있었다. 림옥은 자기에게 돈이 있다는 게 실감 나지 않았다. 이 땅에서 흙 한 삽 뜨지 않았고 벽돌 한 장 만든 적도 없는데 조건 없이 아파트에 살도록 지원하고 생활비까지 주다니. 아무리 같은 민족이라고 하지만 그녀의 관점에서 보면 의아하기만 했다. 태국에서 비행기를 탈 때까지만 해도 남조선이 아니라 다시 북쪽으로 가는 것은 아닌지 의심했고 무척 긴장했었다. 그러나 인천공항에 내렸을 때 마중 나온 인솔자가 "여러분, 그동안 고생 많으셨습니다. 대한민국에 오신 것을 진심으로 환영합니다."라고 말했을 때 눈물이 왈칵 쏟아졌다. 오랫동안 객지를 떠돌다가 집으로 돌아갔을 때 어머니가 따뜻하게 품어주는 듯한 느낌이 든 것이다.

두 사람이 아파트 인근에 있는 은행으로 갔다. 하나원에서 발급받은 통장은 실명확인을 거쳐야 한다. 정 선생이 림옥을 데리고 창구로 가서 주민등록등본과 주민등록발급확인서를 보여 주었다. 절차를 밟아 실명확인을 마친 다음 체크카드를 신청했다. 림옥은 여러 장의 서류에다 주소와 이름을 쓰고 도장을 찍었다. "비밀번호를 정하세요." 은행직원이 말했다. 림옥이 무슨 뜻인지 몰라서 두리번거리자 정 선생이 번호 4개를 눌러서 자기만 아는 비밀번호를 만들어야 한다고 설명했다. 0227. 하나원을 퇴소한 어제 날짜를 비밀번호로 정했다. 얼마 후 카드가 발행되어 림옥의 손에 쥐어졌다.

"카드 만들었으니까 핸드폰 사러 갑시다."

정 선생이 앞장서서 걸었다. 핸드폰 대리점은 가까운 곳에 있었다. 대리점 안으로 들어서자 셀 수 없이 많은 핸드폰이 진열되어 있었다. 림옥의 눈동자가 커졌다. 서두리에 있을 때 제일 갖고 싶은 것이 핸드폰이었다. 그러나 형편상 가질 수 있는 물건이 아니었다. 아리랑이나 진달래 같은 신형 터치폰은 너무나 비쌌다. 단순하게 통화만 할 수 있는 접이식 단말기도 100달러가 넘었다. 그 돈이면 쌀을 220kg쯤 살 수 있었다. 어머니와 함께 반년 넘게 양식을 해결할 수 있는 양이었다. "이쪽으로 걸어봐요." 핸드폰이 개통되자 정 선생이 자기 핸드폰 번호를 알려주었다. 림옥이 두근대는 가슴을 억누르며 버튼을 눌렀다. 여보세요. 정 선생이 전화를 받았고 잠시 대화를 나누었다. 림옥은 첫 통화를 마치고 나서 정 선생과 담당 형사, 그리고 하나원에서부터 외우고 있던 광희의 번호를 핸드폰에 저장했다.

"림옥 씨, 점심밥 먹으러 갑시다. 뭐 먹고 싶은 거 있어요?"

대리점을 나서면서 정 선생이 말했다.

"짜장면 먹고 싶습다."

식당 음식에 대해서 아는 것이 없는 림옥이 주저주저하다가 말했다. 탈북하기 전에 남조선 드라마와 영화를 여러 편 봤다. 그때 등장인물들이 짜장면 먹는 장면을 많이 보았고 저것은 무슨 맛일까 하는 궁금증을 갖게 되었다.

두 사람이 수타면 전문이라고 쓰인 중화요리 식당으로 들어갔다. 정 선생이 간짜장 2개를 주문했다. 잠시 후 종업원이 2그릇을 식탁으로 가져왔다. 수타면에서 김이 모락모락 났다. 양파, 애호박, 양배추, 감자, 돼지고기를 볶다가 춘장과 갖은양념을 넣어서 만든 짜장소스가 군침을 돋우었다. 림옥은 어떻게 먹어야 할지 몰라서 가만히 있다가 정 선생이 짜장을 면에 섞는 것을 보고 따라 했다. 수타면을 한 젓가락 입에 넣자 쫄깃쫄깃 씹히는 면발에 고소하고 향긋한 춘장이 어우러져 미각을 마비시킬 정도의 환상적인 맛이 났다. 침샘이 폭발했다고나 할까. 림옥이 순식간에 한 그릇을 싹 먹어치웠다. "곱빼기 시킬 걸 그랬나 봐요." 정 선생이 림옥의 입술에 춘장이 묻어 광대같이 우스꽝스러워진 모습을 보았다. 림옥은 곱빼기가 뭔지 물으려다가 그만두었다. 왠지 북에서 굶주리다 왔다는 게 밝혀지는 것 같아서였다.

"오늘은 여기까지 도와드릴게요. 내일은 삼일절 공휴일이니까 모레 만납시다. 무슨 일이 생기면 언제든지 전화해요."

식사를 마치고 밖으로 나가자 정 선생이 말했다.

두 사람은 아파트 근처에서 헤어졌다. 림옥이 저만치 걸어가는 정 선생의 뒷모습을 보았다. 정 선생은 자상하고 세상 물정에 밝은 큰이모 같았다. 림옥은 낯선 문화에 대해서 실수하고 버벅거려도 친절하게 설명해 주는 것이 참으로 고마웠다. 하지만 자기를 감시하는 사람일지도 모른다는 생각이 다시 떠올랐다. 담당 보위부원으로부터 더러운 남조선 안기부 놈들이 어르고 꼬드겨서 정보를 빼내고 피를 뽑아 서서히 말려 죽인다는 정치학습을 무수히 받아온 터였다. 그뿐만이 아니었다. 그녀가 10여 명의 탈북민과 함께 무리로 잡혔을 때 일행 중에 보위부에서 파견한 첩자(감시자)가 있었다는 걸 나중에 알게 되었다. 자기 자신 외에는 그 누구도 믿을 수 없는 체제에서 살아온 그녀는 고질병처럼 사람을 의심했다. 정 선생이 보이지 않자 비로소 감시에서 벗어나 자유로워진 기분이 들었다.

그녀가 아파트 단지 쪽으로 걸음을 옮겼다. 얼마 후 대형 할인점

홈플러스 건물이 나타났다. 그러지 않아도 생필품을 사려고 했는데 마침 잘 됐다는 생각이 들었다. 그녀가 돈을 찾기 위해 은행으로 들어갔다. 하나원에서 배운 대로 카드를 꺼내 들고 현금인출기 앞에 섰다. 그런데 갑자기 호흡이 가빠지고 가슴이 두근거리기 시작했다. 현금인출기에서 돈을 뽑는 건 난생처음이어서 너무나 긴장되었다. "어서 오십시오. 카드를 투입구에 넣어주십시오." 어디에서인지 사람 목소리가 들려 왔다. 은행원이 기계 뒤쪽에 앉아서 안내하는 중이라고 생각한 림옥이 카드를 투입구에 넣었다. 모니터에 예금인출, 예금거래 등의 안내문자가 떴다. 그녀가 예금인출 버튼을 눌렀다. "타인이나 불법 카메라에 노출되지 않도록 비밀번호 입력 시 손이나 책 등으로 가리고 입력하시기 바랍니다." 현금인출기 뒤쪽에서 다시 안내 말이 흘러나왔다. 림옥은 하나원에서 비밀번호는 그 누구에게도 알려주면 안 된다고 교육받은 것을 떠올렸다. "공이이칠" 그녀가 현금인출기 쪽으로 상체를 바짝 기울인 다음 다른 사람이 듣지 못하도록 손나발을 만들어 작은 목소리로 말했다. 그런데 1분 넘게 시간이 흘러가도 현금인출기에서 아무 반응이 없었다. "공이이칠." 은행원이 못 들은 것 같아서 재차 비밀번호를 불렀다. 어쩐지 등에서 진땀이 배어 나왔.

"뭐가 잘 안 되는가 봐요."

가까운 곳에서 림옥을 살펴보던 은행안내원이 다가왔다.

잠시 후 림옥이 지폐를 손에 쥐고 은행 밖으로 나왔다. 안내원이 도와주어서 간신히 현금을 인출할 수 있었다. 그러지 않았더라면 끝내 돈을 찾지 못하고 은행에서 전부 떼어먹었다고 불평했을 터였다. 그녀 얼굴이 붉게 상기되어 있었다. 그렇게 간단한 것도 모르다니.

너무나 창피했다. 탈북민이라는 걸 알리고 싶지 않았는데 안내원이 북쪽에서 왔냐고 물어봐서 하는 수없이 그렇다고 말했다. 이 지역 임대아파트 단지에는 탈북민이 많이 거주했다. 그래서인지 안내원은 현금인출기를 사용할 줄 모르는 탈북민을 여러 차례 본 적이 있었다.

공휴일 전날이어서 사람이 많았다. 림옥이 할인점 정문을 지나 안쪽으로 갔다. 그녀에게 당장 필요한 것을 사려고 식자재와 생활용품이 전시된 지하 1층으로 내려갔다. 에스컬레이터를 타고 매장에 도착한 순간 입이 벌어졌다.

"세상에나!"

그녀의 입이 좀처럼 다물어지지 않았다. 축구장만큼 넓은 공간에 온갖 다양한 물건이 꽉 차 있었다. 천국이 있다면 이런 곳이 아닐까 하는 생각이 들었다. 비좁은 매대에다 변변치 않은 상품 몇 가지 올려놓은 시장이나, 땅바닥에다 알량한 물건을 깔아놓은 장마당 풍경과는 비교할 수 없는 광경이었다. 림옥은 정신을 가다듬고 다른 사람들이 하는 것을 눈여겨보다가 카트를 밀고 매장 안으로 들어갔다. 곧바로 과일 매대가 나타났다. 딸기, 수박, 바나나, 사과, 파인애플 등이 종류별로 수북이 쌓여 있었다. 이 계절에 딸기와 사과가 있다는 게 놀랍고 신기했다. 색깔이 붉고 알이 굵은 사과가 먹음직스러웠다.

갑자기 그녀의 눈시울이 붉어졌다. 뾰족한 턱에 눈이 퀭한 아버지 얼굴이 떠올랐다. 허약병에 걸린 아버지는 종일 누워 있었다. 하루는 뼈가 드러나 보이는 앙상한 손을 들어서 그녀를 불렀다. "고저, 달고 션한 사과 한 알 먹어봤으문 원이 없갔다." 아버지는 그때 자신의 삶이 얼마 남지 않았다는 걸 알고 있는 듯했다. 그러지 않고서야 쌀밥이 아니라 사과를 먹고 싶다고 할 리가 없었다. 다음날 그녀는 씨

감자를 배낭에 넣었다. 봄이 되면 뙈기밭에 심을 목숨과도 같은 귀한 종자였다. 장마당에는 중국에서 밀수로 들어온 과일을 파는 노점이 있었다. 그곳에서 사과 3개를 감자와 맞바꿨다. 그러나 먼 길을 걸어서 집에 도착했을 때 모든 게 글러 있었다. 아버지는 홀연히 생을 마감했다. 농장원으로서 당에 열렬한 충성과 젊음을 다 바쳐서 농사일에 헌신해 온 아버지는 자기가 지은 감자와 옥수수도 제대로 분배받지 못하고 굶주리다가 그렇게 속절없이 세상을 떠나고 말았다.

매장에 사람들이 밀려들고 있었다. 아버지 생각에 잠겨 있던 림옥은 이리저리 떠밀려 다니다가 라면 매대에 다다랐다. 맨 아래 진열대에서부터 키를 훌쩍 넘긴 진열대에 이르기까지 각종 라면이 가득했다. 이게 다 라면인 거야? 입이 벌어졌다. 백암군에서는 너무 귀해서 구경조차 쉽지 않았던 라면이 첩첩이 쌓여 있었다. "서른셋, 서른넷……." 그녀가 라면 종류가 몇 가지인지 세다가 그만두었다. 어림짐작으로 봐도 100가지가 넘는 것 같았.

그녀가 걸음을 옮겨 주방기구 진열대로 갔다. 백암군에서는 듣지도 보지도 못한 고기 분쇄기, 돌솥, 채칼, 채소 탈수기 등의 요리 기구들이 빼곡히 나열되어 있었다. 허리를 굽혀 가며 진열대 구석구석을 살펴보았다. 참 이상하네. 그녀가 혼잣말했다. 아무리 찾아봐도 쌀함박(함지박)이 보이지 않았다. 백암군에서는 필수용품이었다. 쌀에 워낙 돌이 많아서 쌀함박으로 일어 골라내지 않으면 밥 먹을 때 돌을 씹을 수밖에 없었다.

"쌀함박은 어딨슴까?"

림옥이 카트에 물건을 싣고 진열대를 정리하는 직원에게 갔다. 오늘부터라도 밥을 지어 먹으려면 꼭 필요한 물건이었다.

"쌀함박이라뇨?"

직원이 생뚱맞은 표정을 지었다.

"쌀 씻을 때 돌 골라내는 거 있잖슴까."

"예? 쌀에 무슨 돌이 있다고 그러세요?"

"돌이 없단 말임까?"

"그럼요. 쌀에 돌 있다는 소린 처음 듣네요."

림옥의 얼굴이 벌겋게 달아올랐다. 쌀에 돌이 없다니. 황망한 표정을 지으며 서둘러 자리를 떴다. 직원의 말이 전혀 이해가 되지 않았지만 믿지 않을 수 없었다. 그녀는 카트를 밀고 곡물 매대로 갔다. 쌀이 이렇게나 흔한가? 20kg짜리 쌀 포대가 키 높이만큼 쌓인 것을 보고 혼잣말을 했다. 가격은 왜 그리 싼지 한 포대에 4만5천 원이었다. 백암군에서 20kg을 사려면 북한 돈으로 9만 원이 넘었다. 화폐 가치의 차이도 있겠지만 엥겔지수가 높아서 일 년 치 수입을 털어 넣어도 그 정도의 쌀을 사지 못했다. 당 간부이거나 장사를 크게 해서 돈이 많지 않은 한 쉽게 살 수 있는 양이 아니었다. 그녀가 쌀 한 포를 카트에 넣고서 부자가 된 마음을 안고 걸음을 옮겼다.

곡물 매대를 벗어나자마자 기절초풍할 만한 상황과 맞닥뜨렸다. 30개들이 닭알판이 그야말로 산더미같이 쌓여 있었다. 그 어디에서도 보지 못한 광경이었다. "이게 전부 닭알이란 말야?" 그녀의 눈이 커졌다. 서두리에 살 때 닭알은 생일이나 되어야 한두 개쯤 맛보는 고급 음식이었다. 그녀가 닭알을 매만졌다. 닭알은 사람도 먹기 힘든 알곡을 닭이 먹고 낳은 것이어서 비싸고 귀했다. 집 떠나기 전날 어머니가 어디서 구해 왔는지 닭알 2개를 삶아 주며 닭알처럼 데굴데굴 잘 굴러서 가라는 말을 했다. 어머니의 간절한 바람 때문이었을까. 그녀는 무탈하게 남조선으로 왔다.

　림옥은 쌀 한 포대와 닭알 다섯 판을 샀다. 아파트로 돌아오자마자 가스레인지에 냄비를 올리고 닭알을 열 개 넣었다. 할인점에서 받은 충격과 흥분이 쉽게 가라앉지 않았다. 백암군 장마당에 떠도는 말이 있었다. 아랫동네(남조선)에서는 기름이 너무 흔해서 반찬을 기름에서 건져 먹고 국물도 기름으로 양을 맞춘다는 것이었다. 김치를 3년씩 묵혀서 묵은지로 먹고 개한테 고기를 삶아 준다고도 했다. 서두리에서는 김장김치 다 먹으면 그다음부터 김치를 구경할 수 없는데 어떻게 3년씩 묵혀 먹고 사람도 못 먹는 고기를 개 먹이로 준단 말인가. 도저히 믿을 수 없는 얘기들이었다. 하지만 오늘 매장을 둘러보고 나서 그런 소문들이 전혀 근거가 없는 건 아니라는 생각이 들었다.

　닭알이 다 익자 그녀가 식탁에 앉아서 껍데기를 벗겼다. 닭알을 소금에 살짝 찍어서 입안에 넣었다. 목이 조금 메었지만 담백하고 고소한 맛이 났다. 껍데기를 까는 손이 바삐 움직였고 우적우적 씹어 삼키는 속도가 점점 빨라졌다. 닭알 10개가 순식간에 없어졌다. 너무나 맛있어서 열 개를 더 삶아 먹었다. 그런데 아직도 배가 차지 않고 이상한 허기증이 생겼다.

　아직 저녁때가 되지 않았지만 쌀 포대를 풀고 쌀을 퍼냈다. 서두리에 살 때 말하는 밥가마가 있다는 걸 알고 있었지만 한 번도 본 적이 없는 림옥은 전기압력밥솥을 사용해 보고 싶은 마음이 굴뚝 같았다. 싱크대에서 쌀을 씻으면서 유심히 살펴보았다. 아무리 쌀을 뒤적이며 찾아보아도 돌은 보이지 않았다. 쌀알 하나하나가 굵었다. 어찌나 투명하고 깨끗한지 광택이 났으며 깨진 쌀알이 거의 없었다. 그녀가 백암군에서 봐 왔던 싸라기가 많고 벼 껍질이 섞여 있는 쌀과는 질적으로 달랐다. 압력밥솥에 쌀을 넣고 스위치를 눌렀다. "뚜껑 결합 손잡이를 압력으로 돌려주세요." 그녀가 밥솥을 살펴보았다. 풍문으로만 들어왔던 그 밥가마가 사람처럼 말을 했다. 뚜껑을 이리저리 돌렸다. "백미 취사가 시작되었습니다." 뚜껑이 제대로 결합 되자 다시 말소리가 났다. 10분이 지났을까. 증기 배출이 시작되면서 압력추가 흔들렸다. 그러더니 딩동댕 소리가 났고 취사가 완료되었다는 소리가 들렸다. 정말로 신기하고 신통했다. 밥이 이렇게 쉽게 되다니. 그녀가 중얼거렸다. 서두리 땅집에서는 밥 짓는 일이 간단하지 않고 시간도 오래 걸렸다. 부엌 한편에 나뭇가지나 석탄 같은 땔감을 항상 준비해 두어야 했다. 아궁이에다 불을 때서 밥을 했기 때문이다. 비 오는 날에는 나무가 축축해서 불이 잘 붙지 않았고 어떤 때는 연기가 역류하여 눈이 매웠다.

 그녀가 밥솥에서 밥을 펐다. 밥알이 탱글탱글하고 기름을 부은 듯이 윤기가 흘렀다. 저절로 군침이 돌았다. 정 선생이 준 김치를 그릇에 덜어 담고 식탁에 앉았다. 밥을 한 숟가락 떠서 입안에 넣자 식감이 부드럽고 고슬고슬했으며 밥알에서 찰기가 느껴졌다. 씹을수록 단맛이 났다. "내가 지금 꿈속에 있는 건 아니겠지?" 밥을 먹다 말고 주위를 두리번거렸다. 거실은 조용했고 그녀 외에는 아무도 없었다. 그녀가 안도의 숨을 내쉬었다. 서두리에서는 쌀밥을 먹을 때 이웃의 눈치를 봤다. 배급을 안 주는데 저 집은 무슨 수로 쌀을 사 먹을까 하며 의심했기 때문이다. 실제로 아랫마을에 사는 석 씨가 보위부에 붙잡혀 간 적이 있었다. 장마당에서 쌀과 돼지고기를 사 먹었는데 누군가가 신고를 한 것이다. 심문 결과 남조선으로 간 큰딸이 보내 준 돈으로 풍족하게 살아온 것이 밝혀졌다. 나중에 석 씨가 보위원에게 큰 돈을 주고 풀려났다는 말이 돌았다.

"광희니?"

림옥이 식사를 마치고 광희에게 전화를 걸었다.

"림옥이구나. 하나원 졸업했니?"

"어저께 나왔다."

"그랬구나, 아파트 어디로 받았니?"

"서울 가양동야."

"낸데 문자로 주소 찍어 보내줘."

광희는 김포에 살았다. 오랫동안 식당 종업원으로 일하면서 악착같이 돈을 저축했다. 그러다가 최근에 어머니와 함께 작은 분식점을 열고 북한식 농마국수, 옥수수 국수, 찹쌀순대 등을 팔고 있었다.

"딩동딩동!"

밤 9시쯤 인터폰이 울렸다. 문을 열자 손에 자동차 열쇠를 쥔 광희가 서 있었다. 장사를 일찍 마치고 차를 운전하여 한달음에 달려온 것이다. 광희는 짙은 감청색 청바지를 입고 단발머리에 하얀 모자를 쓰고 있었다. 목걸이가 반짝였고 가느다란 금팔찌가 손목에서 찰랑거렸다. 림옥은 완전히 달라져 있는 광희를 보고 어찌할 바를 몰랐다. 처음엔 광희가 아닌 줄 알았다. 백암읍 장마당에서 마지막으로 보았던 꼬질꼬질하고 꾀죄죄했던 꽃제비 모습은 어디에도 없었다. 한순간 두 사람이 얼싸안았다. 코흘리개 때부터 한동네에서 살아온, 세상에 둘도 없는 자매 같은 친구였다.

"림옥아, 이렇게 좋은 날 그냥 지나갈 순 없잖겠니?"

광희가 핸드폰으로 치킨과 맥주를 시켰다. 두 사람은 맥주를 나눠 마시며 밤새 대화를 나누었다. 화제가 끊이지 않았다. 서로 떨어져 지낸 시간이 긴 만큼 궁금한 일과 물어볼 것이 많았다. 그런 중에도 장마당에서 풀떡을 주고받던 일에 관해서는 한마디도 하지 않았다. 사실은 말하지 않아도 이심전심으로 알고 있었다. 밥 한 덩어리에 생사가 갈리던 냉엄하고 엄혹했던 시절이었다. 그 땅에 살았던 사람이라면 누구라도 겪었을 법한 깊고 슬픈 상처를 구태여 끌어낼 필요는 없었다.

"광희야, 브로커 비용 얼마 들었니?"

새벽이 다가오는 시간에 림옥이 물었다.

"야, 니 허턱대지 마라. 그거 안 갚아도 된다."

"무시기 소리야."

"너도 여기서 정착하면서 어머이도 모셔 오려면 돈 많이 필요할 거야."

"그래두 약속한 건 갚아야지."

"일없다구, 이년아!"

광희가 버럭 소리를 질렀다. 그러더니 훌쩍이기 시작했다. 10여 년 전 그 당시 백암읍 장마당에서 받은 풀투성이 개떡은 시나브로 꺼져가던 삶을 일으켜 세운 대단한 양식이었다. 아니, 어쩌면 양식 이상의 그 무엇이었다.

"림옥아, 그때 너 아니었음 난 벌써 죽었을지도 몰라."

광희는 결국 마음속 깊이 간직했던 그 말을 꺼냈다. 그러고는 림옥의 팔을 잡고 아이처럼 흐느껴 울었다.

"야, 언제 적 일을 가지고 그러니."

림옥이 광희를 와락 끌어안았다. 그녀 눈에도 어느새 굵은 눈물방울이 맺혔다.

　림옥이 가양동의 임대아파트에 입주한 지 어느덧 1년이 지났다.
　오늘은 아침 일찍 인천공항에서 연길행 비행기를 탔다. 그동안 밤낮없이 일해서 브로커 비용을 마련했고 이제야 어머니를 탈북시키려고 출발한 것이다. 연길공항에 도착한 후 버스를 타고 화룡시로 갔다. 여관에 숙소를 정하고 나서 소개받은 브로커에게 연락했다. 바로 브로커를 만났는데 협의가 잘 되어서 3일 후에 어머니를 데려오기로 했다. 그날 밤늦게 누군가가 여관 문을 두드렸다. 문을 열자 건장한 남자 2명이 다짜고짜 밀고 들어왔다. "이 반역자 간나새꺄!" 낮에 만났던 브로커가 철판을 긁는 것처럼 카랑카랑한 목소리로 소리쳤다. 그는 브로커로 위장한 보위부 첩자였다. 남자들이 달려들었다. 집기를 내던지며 저항하던 림옥이 화장실로 뛰어 들어가 문을 잠갔다. 이대로 끌려가면 모든 게 끝이었다. 남자들이 화장실 문을 발로 찼다. 림옥은 샤워기로 화장실 창문을 깨고 창틀에 매달렸다. 화장실 문을 부순 두 남자가 뛰어들었다. 남자의 주먹이 옆구리를 강타했다. 헉! 뼈가 부서지는 고통이 있었지만, 필사적으로 버텼다. 림옥이 마침내 창틀에서 새가 날아오르듯이 허공으로 몸을 던졌다. 천 길 낭떠러지라도 되는지 밑으로 한없이 추락했다. 쿵! 그녀 몸이 땅바닥에 처박혔다. 어찌 된 일인지 그곳에 남자가 있었고 그가 곧장 달려들어 목을 졸랐다.
　"윽! 으윽!"
　허공으로 양팔을 휘젓던 림옥이 한순간 눈을 번쩍 떴다.
　"무궁화 삼천리 화려강산 대한 사람 대한으로 길이 보전하세……."

텔레비전에서 아침 시작 방송을 알리는 애국가가 울려 퍼지고 있었다. 불면증에 시달리는 림옥이 밤새 뒤척거리다가 새벽녘에 잠이 들었었다. 지독한 가위눌림 속에서 간신히 빠져나온 그녀가 가슴을 쓸어내렸다.

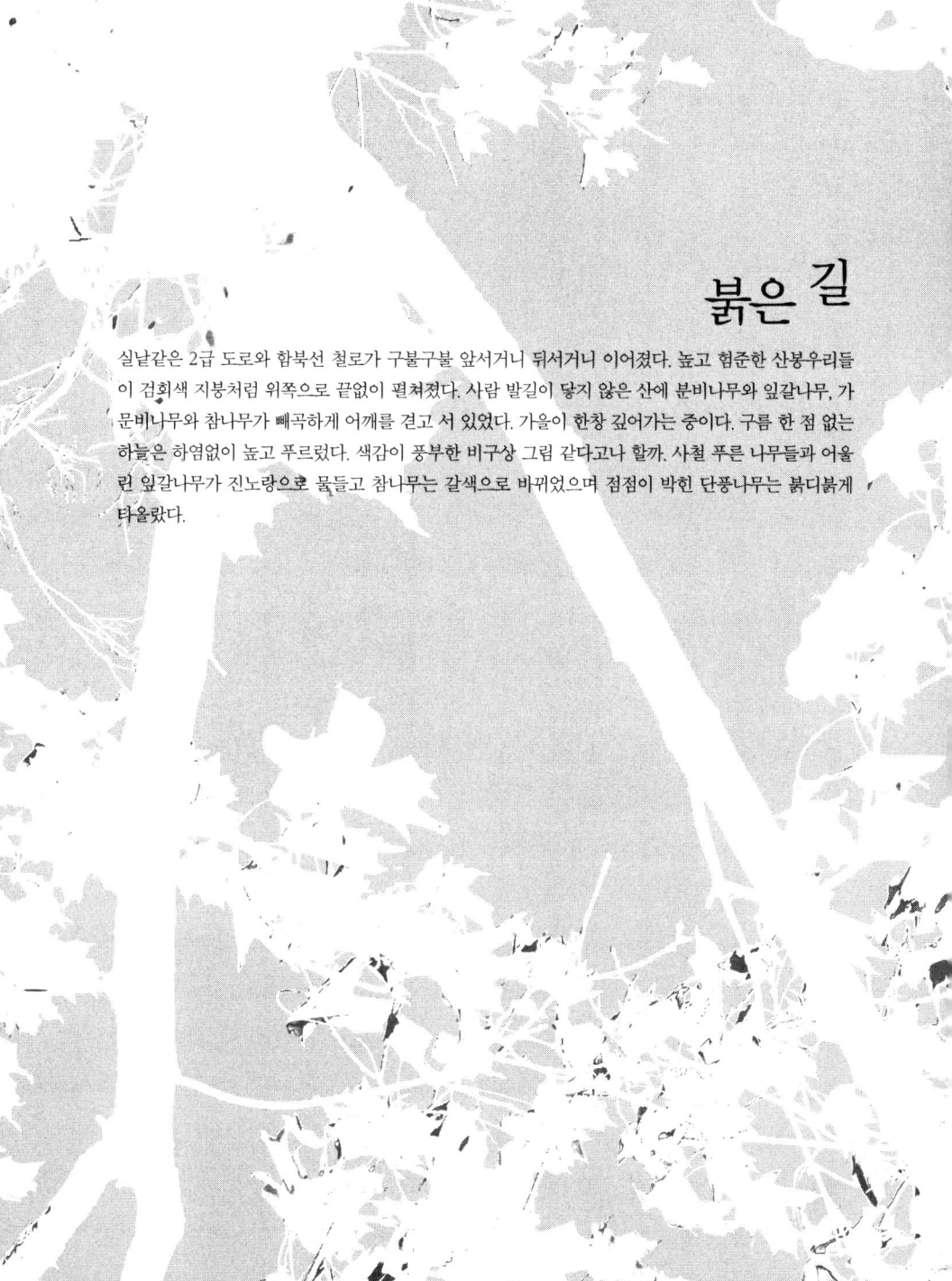

붉은 길

실낱같은 2급 도로와 함북선 철로가 구불구불 앞서거니 뒤서거니 이어졌다. 높고 험준한 산봉우리들이 검회색 지붕처럼 위쪽으로 끝없이 펼쳐졌다. 사람 발길이 닿지 않은 산에 분비나무와 잎갈나무, 가문비나무와 참나무가 빼곡하게 어깨를 겯고 서 있었다. 가을이 한창 깊어가는 중이다. 구름 한 점 없는 하늘은 하염없이 높고 푸르렀다. 색감이 풍부한 비구상 그림 같다고나 할까. 사철 푸른 나무들과 어울린 잎갈나무가 진노랑으로 물들고 참나무는 갈색으로 바뀌었으며 점점이 박힌 단풍나무는 붉디붉게 타올랐다.

붉은 길

　정오의 햇살이 눈부시게 쏟아졌다. 고대 동물의 등뼈 같은 함경산맥과 황소 등판 같은 철근령(鐵芹嶺) 산줄기 사이에 형성된 넓은 계곡이 남북으로 길게 뻗어 나갔다. 차유령(車踰嶺) 일대의 깊은 숲속에서 발원하여 청진까지 흘러가는 수성천(輸城川)이 하얗게 반짝였다. 실낱같은 2급 도로와 함북선 철로가 구불구불 앞서거니 뒤서거니 이어졌다. 높고 험준한 산봉우리들이 검회색 지붕처럼 위쪽으로 끝없이 펼쳐졌다. 사람 발길이 닿지 않은 산에 분비나무와 잎갈나무, 가문비나무와 참나무가 빼곡하게 어깨를 겯고 서 있었다. 가을이 한창 깊어 가는 중이다. 구름 한 점 없는 하늘은 하염없이 높고 푸르렀다. 색감이 풍부한 비구상 그림 같다고나 할까. 사철 푸른 나무들과 어울린 잎갈나무가 진노랑으로 물들고 참나무는 갈색으로 바뀌었으며 점점이 박힌 단풍나무는 붉디붉게 타올랐다.
　매바위북산 3부 능선 기슭에서 길수(吉秀)가 걸음을 멈추었다. 아침 일찍 청진시 근동리(芹洞里)의 땅집에서 길을 떠난 뒤 한나절은 되었다. 그는 10여 년의 기나긴 군 복무를 마치고 8개월 전에 제대했다. 아직은 군인정신이 살아 있는 것인지 머리카락이 짧고 눈빛은 이따금 날카롭게 번뜩였다. 당과 조국을 위해 총폭탄이 되겠다는 군인선서를 할 때처럼 꽉 다문 입술에 어떤 결기가 배어 있었다. 그의 충성심을 확고히 드러내는 듯이 수령님과 장군님 초상화가 박혀 있는 쌍상배지가 왼쪽 가슴에서 붉은빛으로 반짝거렸다. 하지만 삶이 그다지 순탄치 않은 것일까. 낯빛이 매우 어두웠다. 얼굴에 살집이 없었다. 양쪽에서 누른 것처럼 뺨이 홀쭉했다. 광대뼈가 자갈처럼 도드라졌고 눈이 쑥 들어가 있었다. 지하족(노동화)은 너무나 낡아서 발가락이 천을 뚫고 밖으로 삐져나올 것 같았고 인민복 옷소매가 해져서 실밥이 드러났다. 그 행색이 어찌나 너절한지 비루먹은 개처럼 추레했다.

　길수가 배낭에서 수지(플라스틱) 물병을 꺼냈다. 물을 마시면서 골짜기를 내려다보았다. 마을 주변으로 옥수숫대를 베어낸 뙈기밭들이 있었다. 여기저기 흩어져 있는 땅집 지붕에 호박과 나물을 널어놓은 것이 보였다. 배낭을 멘 수많은 사람이 참나무숲에서 움직였다. 보나 마나 도토리를 줍고 있을 터였다. 도토리는 술을 담가서 팔거나 묵을 쑤어 먹을 수 있어서 아주 귀중한 식자재이다. 길수도 도토리를 주우며 이곳까지 왔다. 하지만 배낭에 도토리는 몇 알 들어있지 않았다. 군 복무할 때 도토리를 주워 오라는 과제가 떨어져서 산을 헤맨 적이 있지만 지금 그의 목적은 도토리가 아니다. 도토리를 줍는 척하면서 국경지대까지 가는 것이었다. 두만강을 건너려면 우선 회령시까지 가야 했다. 그곳에 군대 동기인 준식(俊殖)이 살고 있었다. 얼마 전에 준식과 통화했는데 회령에 오면 며칠 동안은 같이 지낼 수 있다고 했다. 려행증명서가 없어서 보위원이나 보안원, 그리고 규찰대의 눈에 띄면 안 되었다. 차를 타고 움직이는 것은 위험했다. 공민증과 려행증명서를 검사하는 검문소를 피할 수 없기 때문이다. 보위부에서 운영하는 10호 초소는 한층 더 철저하게 검문했다. 어지간한 뇌물은 통하지 않았다. 그는 어쩔 수 없이 산길을 선택했다.

배낭을 다시 둘러메고 한 걸음씩 앞으로 나갔다. 산기슭에 길이 있는 것이 아니어서 속도가 느렸다. 덩굴 때문에 돌아갈 때가 있고 발을 헛디뎌 넘어지기도 했다. 얼마쯤 가자 부령군(富寧郡)의 석막로동자구(石幕勞動者區)에서 수성천과 합류하는 옥련천(玉蓮川)이 나타났다. 개천 근처에서 걸음을 멈추었다. 배낭에서 비닐봉지와 양은그릇을 하나 꺼냈다. 비닐봉지에 옥수수를 곱게 빻아서 만든 속도전가루가 있었다. 가루를 몇 줌 꺼내 양은그릇에 넣었다. 거기다 물을 붓고 손으로 치댔다. 금세 먹음직스러운 노란 떡이 되었다. 그것을 5개로 잘라놓았다. 한 개를 입에 넣고 씹자 쫀득거리면서 달짝지근한 맛이 났다. 휴대하기 편한 속도전가루는 도중식사용으로 그만이었다. 떡을 다 먹고 나서 개천가로 내려가 물병에 물을 가득 채웠다. 거기에다 돌소금처럼 생긴 사카린 알갱이를 몇 개 넣었다.

어느새 해가 많이 기울었다. 어두워지기 전에 최대한 위로 올라가야 했다. 그는 기운이 빠지고 지칠 때마다 사카린 탄 물을 마셨다. 그러면 허기진 몸에 반짝 생기가 돌았다. 길을 떠나기 전에 속도전가루와 사카린을 준비하려고 제대할 때 가지고 온 군복을 팔았다.

길수가 입대했을 때 외화벌이 사업소의 당 일꾼인 아버지가 돈을 몇 번 보내 주었다. 그 돈으로 뇌물사업을 했다. 군 생활은 모범적이었고 당과 상관에 대한 충성심도 높았다. 혁명사상이 투철한 열성분자로서 당에 충성을 다하며 살아온 아버지의 영향이 컸다. 그런 덕에 일찍이 상관 추천을 받아 하사관 양성연대에서 교육받고 하사로 근무했다. 동기들보다 먼저 진급했고 그렇게 원하던 로동당원도 되었다. 제대할 무렵에 사관장으로서 중대 창고장을 지냈다. 배급이 부족하기도 했지만, 떼어먹는 상급자가 많아서 중대의 식의주 문제가 항상 어려웠다. 자력갱생과 조절사업(도둑질)을 하면서 버텨 왔다고나 할까. 양식과 피복 등을 관리하면서 일부분을 빼돌려 장마당에 팔아서 중대 살림을 꾸려나갔다. 이번 명절에 뭐 없냐며 넌지시 물어보는 중대장에게 상납도 했다. 장교들도 월급이 없다시피 해서 그럴 수밖에 없었다. 그런 와중에 제대 준비를 나름 잘했다. 그가 제대할 때 지하족 4켤레와 군복 여러 벌을 가지고 나온 것이다. 물론 현금도 어느 정도 챙겼다. 그것이 나중에 목숨을 부지시켜 준 생활 밑천이 될 줄은 몰랐다.

    산 그림자가 짙어갈 즈음 금강리(金降里)에 다다랐다. 맞은편에 있는 장흥(章興) 기차역이 보였다. 주변에 땅집들이 여러 채 있었다. 줄곧 3부 능선으로 걸어가던 그가 5부 능선으로 올라갔다. 만에 하나 사람들과 맞닥뜨릴 수도 있어서 더 깊은 숲속으로 들어간 것이다. 잠자리를 만들 수 있는 평평한 지대를 찾아냈다. 무거운 배낭을 벗고 잎갈나무 낙엽을 긁어모았다. 그것을 평평하게 펼치고 위에다 비닐을 깔아놓았다. 물통을 들고 실개천이 흐르는 계곡으로 가서 물을 떠왔다. 양은그릇에다 속도전가루를 담고 치대서 떡을 만들어 먹었다. 땅거미가 내려앉고 기온이 뚝 떨어졌다. 추위가 온몸을 조여 왔다. 바싹 마른 잔 나뭇가지들과 주먹만 한 돌을 몇 개 주워 왔다. 나뭇가지에 불을 붙이고 돌을 올려놓았다. 양은그릇에다 물을 붓고 올려놓자 금세 끓었다. 뜨거운 물을 한 모금씩 마셨다. 몸이 더워지면서 피로가 풀리는 듯했다. 연기가 나지 않도록 불꽃이 사그라질 때 나뭇가지를 한두 개씩 던져 넣었다.

어디에서인지 늑대가 울었다. 시커먼 숲속에서 커다란 산짐승이 뛰쳐나올 것만 같았다. 반달이 떠올라 뿌연 달빛이 떨어졌다. 그가 뜨거워진 돌멩이를 낙엽 속에 던져 넣었다. 비닐을 이불처럼 덮고 그 위로 낙엽을 올려놓았다. 곰이라도 된 양 머리를 내민 채 낙엽 속에 파묻혔다. 몸이 점점 따뜻해졌고 너무나 피곤하여 금세 잠이 들었다.

새벽에 눈이 떠졌다. 여명이 밝아 왔다. 돌멩이는 차갑게 식었고 몸이 으슬으슬 추웠다. 이슬이 내려 낙엽과 나뭇가지들이 축축했다. 연기가 안 나게 간신히 불을 붙이고 물을 데웠다. 뜨거운 물을 한 잔 마시고 속도전 떡을 만들어 먹었다.

주변을 정리했다. 비닐을 둘둘 말아서 배낭에 넣었다. 오늘은 좀 더 많이 걸을 생각을 하고 있었다. 배낭을 메고 힘차게 발걸음을 내디뎠다.

〈우리 당과 인민의 위대한 령도자 김정은 동지 만세!〉

저 아래 장흥역사 건물에 붙어 있는 간판이 보였다. 최근에 설치한 것인지 글씨가 짙은 붉은색을 띠었다. 청진시 곳곳에서도 익히 보아 왔던 구호이다. 길수는 한 달 전에 당원들이 참가하는 분기당생활총화에 참가했었다. 그때 독보회를 주관한 초급당비서가 우리국가제일주의에 대해서 강조했다. 초급당비서는 로동신문을 들고 "중앙당에서 우리국가제일주의는 부강 조국 건설에서 위대한 승리와 특출한 성과를 이룩해놓은 인민만이 가질 수 있는 숭고한 사상 감정으로 전면적 국가부흥시대의 새로운 이념이자, 사회주의 조국의 위대성에 대한 긍지와 자부심이며, 나라의 전반적 국력을 최고의 높이에 올려 세우려는 강렬한 의지라고 규정했슴다. 혁명과 건설에서 나서는 모든 문제를 철두철미 우리 식, 주체 식으로 풀어나가려는 경애하는 김정은 원수님의 철석같은 의지가 맥박치는 거임다."라고 말했다. 길수는 전적으로 공감했다. 당과 젊은 지도자 동지에 대한 기대와 믿음은 누구 못지않게 컸다. 지금은 비록 도움을 받으려고 중국 룡정시(龍井市)에 사는 외삼촌을 찾아가는 길이긴 해도 언젠가는 나라 살림이 불처럼 일떠설 것으로 생각했다.

해가 중천으로 떠올랐다. 형제리(兄弟里)에 이르자 산기슭을 개간해서 만든 뙈기밭과 하모니카 집이 많이 보였다. 5부 능선으로 올라가서 걸어갔다. 개울가에서 배낭을 풀고 속도전 떡을 만들어 먹었다. 물통에 물을 새로 담고 다시 길을 걸었다. 한참 걸어가다가 배낭을 멘 두 여자와 갑자기 맞닥뜨렸다. 전혀 예기치 못한 일이었다. 두 사람은 할머니라고 불러도 될 만큼 나이가 들어 보였다.

"도토리 주우시나 봅니다."
"동무는 많이 했슴까?"

머리에 수건을 두른 여자가 말했다. 도토리가 들어있는 배낭이 무거운지 손으로 무릎을 짚고 그를 바라보았다. 옷차림이 꾀죄죄했고 몹시 말라 있었다. 길수는 인사치레로 몇 마디 더 건네고 얼른 자리를 떴다. 불현듯이 어머니가 떠올랐다.

길수가 제대해서 청진시 청암구역(靑岩區域)에 있는 집으로 갔을 때 다른 사람이 살고 있었다. 인민반장이 그의 식구가 근동리로 이사 갔다고 알려주었다. 근동리 땅집으로 찾아가자 어머니 혼자 살고 있었다. 그는 슬픔에 빠졌다. 외화벌이 기업소의 당 일꾼이었던 아버지가 목표를 달성하지 못해서 퇴출당한 후 암으로 사망했고, 어느 날 집을 나간 여동생이 지금까지 감감무소식이라는 말을 어머니에게 들었다. 하늘이 무너진 것 같았다. 도무지 믿을 수 없는 소식이었다. 어머니는 장마당을 전전하며 국수 장사하다가 늑막염이 생겨서 그마저도 중단한 상태였다. 흉통이 심했고 자주 기침을 했다. 그날 저녁에 어머니가 옥수숫가루에 나물을 잔뜩 넣고 죽을 끓여 왔다. 그것을 먹을 수가 없었다. 맛이 없어서가 아니었다. 풍비박산된 집안을 생각하니 너무나 억이 막혔다. 이튿날 장마당으로 가서 쌀을 사 왔다. 어머니가 옥쌀을 사면 분량이 많아서 오랫동안 먹을 수 있다고 해서 그다음부터는 옥쌀을 사 왔다. 어머니의 치료 약도 사야 해서 제대할 때 가지고 돈은 금방 바닥났다. 시 노동과에서 기계제작 기업소로 직장을 배치했다. 출근했지만 원자재가 없어서 노동자들이 거의 일손을 놓고 있었다. 식량 배급이 나올 리가 없었다. 생활비(월급)를 주었는데 쌀 1kg 살 정도밖에 되지 않았다. 그나마 당비와 충성자금을 제하면 받을 돈이 한 푼도 없었다. 처음에는 지하족을 내다 팔았다. 군대 지하족은 8·3지하족(개인이 만든 신발)보다 질기고 튼튼해서 비쌌다. 그래 봤자 옥쌀 20kg도 못 샀다. 지하족을 다 팔고 군복을 팔기 시작했다. 나중에는 옥수수밥이 아니라 죽을 끓여 먹기 시작했다. 급기야는 입고 있던 군복도 내다 팔았다. 경제적으로 막바지에 이른 것이다.

"외삼촌 집에 다녀와야겠어요."

그가 입대하기 전에 외삼촌이 집에 온 적이 있었다. 그때 선물로 중국산 생필품을 많이 가지고 왔다. 길수는 외삼촌을 찾아가면 조금이라도 도움받을 수 있을 것으로 생각했다. 상황이 상황인지라 어머니는 말리지 않았다.

　얼마 후 작은련대봉 기슭에 도달했다. 배낭을 벗고 아무 데나 앉았다. 산 아래쪽을 살펴보는데 야생화 무리가 눈에 들어왔다. 연보라색으로 활짝 핀 바위구절초였다. 바위구절초는 오후 햇살을 받아 처녀의 수줍은 미소처럼 곱게 웃고 있었다. 길수가 일어나 가까이 다가갔다. 가을 냄새라고 해야 할지, 아니면 자연의 숨결이라고 해야 할지 말로 표현할 수 없는 신묘한 향기가 품어져 나왔다.

　"나는 지금 왜 이 산속에 있는 거지?"

　잠시 꽃향기에 취해있던 그가 벌렁 누워서 하늘을 보았다. 가슴이 답답했다. 제대 배낭을 메고 기차에 오를 때 한껏 희망에 부풀었다. 그의 꿈은 대학에 진학하는 것이었다. 군사복무를 마치고 당원도 되었으니 대학을 졸업하고 사회로 진출하면 아버지처럼 당 간부가 될 수 있었다. 그런데 전기 공급이 제대로 되지 않아서 기차가 가다 서기를 반복했다. 그의 앞길이 험난하다는 것을 암시하는 듯했다. 늦어도 이틀이면 집에 도착할 줄 알았는데 보름이나 걸렸다. 입대하기 전에 미공급 시기가 시작되었다. 모든 배급이 딱 끊겼고 사람들이 무리로 굶주림에 시달렸다. 10여 년 만에 고향에 돌아왔는데 별로 달라진 것이 없었다. 한 가지 변한 게 있다면 수많은 사람이 장마당으로 나가서 날품을 팔거나 장사를 했다. 장사는 무엇인가를 팔아서 이익을 추구하는 시장경제와 자본주의가 아닌가. 사회주의나 주체사상과는 거리가 먼 행위였다. 그런데도 강하게 단속하지 않았다. 당에서 부분적이나마 재화의 사적 소유권을 인정한다는 뜻이기도 했다. 길수는 그러한 변화를 받아들이는 것에 적극적이지 못했다.

물 한 모금을 마시고 힘내어 일어났다. 얼마쯤 걸어갔을 때 푸른 열매가 다닥다닥 붙어 있는 다래나무를 발견했다. 그의 눈이 번쩍 떠졌다. 곧장 달려들어 덩굴을 잡고 정신없이 열매를 따 먹었다. 그렇게 달 수가 없었다. 몇 개월째 옥수수죽을 먹어온 그에게 농익은 다래는 특식 중의 특식이었다.

해가 기울어 갈 무렵 함경산맥의 지맥인 부춘산(富春山) 기슭에 이르렀다. 저 멀리 부령읍 시가지가 보였다. 더러 공장 굴뚝이 서 있었고, 땅집과 하모니카 집이 많았다. 돼기밭과 부춘산 계곡을 지나 북쪽으로 올라가다가 산속으로 들어갔다. 어제처럼 낙엽을 긁어모았다. 바싹 마른 잔 나뭇가지로 불을 피웠다. 속도전 떡을 만들어 먹고 뜨거운 물을 마셨다. 인민복 안쪽으로 손을 넣었다. 비상금으로 쓸 중국 돈 2천 위안이 만져졌다. 고등중학교 동창이자 딱친구인 영석(營晳)에게서 빌린 돈이다.

"길수야, 장사할 생각 없니? 배급이 끊겼는데 뭐, 이런 판국에 각자도생하는 수밖에 없어. 인제는 로동당보다 장마당 힘이 더 세다구."

며칠 전에 영석을 만났을 때 그런 말을 들었다. 영석은 집안 토대가 안 좋다. 전쟁 때 얼굴도 모르는 할아버지가 남조선으로 내려갔다고 해서 월남자 가족으로 낙인찍혔다. 그는 태어나자마자 체제에 반하는 적대계층이 되었고 군에 입대하지도 못했다. 집에 먹을 것이 없어서 어린 나이에 길거리로 내몰렸다. 꽃제비가 되어 한동안 역 앞에서 구걸로 연명했다. 그러다가 남의 짐을 날라주는 짐꾼 일을 시작했다. 시간이 지나 장사에 눈을 뜨면서 장작, 석탄, 양곡 등을 지방에서 사다가 청진 장마당에서 되파는 되거리장사를 했다. 보안원에게 잡히면 처형당할 수도 있는 알판을 팔기도 했다. 그렇게 악착같이 장사해서 이제는 어느 정도 부를 축적했다. 정치학습 때마다 황색 바람 자본주의에 물들면 정신이 황폐해진다는 말을 한두 번 들은 것이 아니었다. 하지만 영석은 사회주의 혁명사상이 배고픔을 해결해 주지 못한다는 것을 일찍 깨달았다. 배급이 없는 상황에서 손에 쥔 것이 없으면 어떻게 되는지를 수없이 보아 왔다. 돈이 있어야 알량한 죽이라도 끓여 먹을 수 있었다.

　길수가 달구어진 돌멩이를 낙엽 속으로 던져 넣었다. 비닐을 덮고 누워서 밤하늘을 보았다. 수많은 별이 반짝거리고 있었다. 별들이 쌀알 같다는 느낌이 들었다. 속도전 떡을 몇 덩이 먹기는 했지만, 속이 텅 빈 것처럼 헛헛했다. 낙엽 속에서 뒤척거렸다. 몸은 몹시 지쳐 있었는데 잠이 오지 않았다. 제국주의의 사상 문화적 침투와 자본주의 황색 바람을 배척하는 것이 사회주의를 지키는 것으로 생각해 온 길수는 영석의 말에 공감할 수 없었다. 비록 배급을 받지 못하는 상황이 되었더라도 어버이 수령님과 장군님에 대한 존경심은 사그라지지 않았다. 젊은 지도자 원수님과 당에 대한 믿음도 컸다. 조선이 없는 지구는 있을 수 없다고 세계를 향해 일갈한 영명하신 김정일 장군님의 말씀을 떠올리면 가슴이 벅찼고 충성심이 저절로 우러났다. 지금은 적대 국가들의 제재와 봉쇄로 경제가 어렵지만, 만리마처럼 지축을 차고 내달려서 단박에 역경을 뚫고 나아가 반드시 잘 사는 날이 올 것으로 생각했다. 그러나 그런 신심을 굳건히 하기에는 당장 먹고 사는 일이 너무나 바쁘고 어려웠다. 가도 가도 언제 끝날지 모를 가시밭길이었다. 그것이 길수에게는 딜레마였다.

길수가 집을 떠난 지 3일째 되는 날 회령시 외곽지대에 도착했다. 땅거미가 내려앉기 시작했다. 준식의 집은 오봉리(伍峯里)의 작은 마을에 있었다. 하모니카 집이 모여 있는 곳에서 외따로 떨어져 있어서 찾기 쉬웠다.

"야, 이게 얼마 만이냐."

두 사람은 만나자마자 얼싸안았다. 친형제처럼 서로가 반가워했다. 10년 동안 같은 부대에서 군 복무를 했으니 그럴 만도 했다.

"길수야, 너 얼굴이 많이 빠졌다."

준식이 안쓰러운 표정을 지었다. 길수가 창고장을 할 때 준식은 여러모로 도움을 받았다. 군 생활에서 절대적으로 필요한 비누, 치약, 칫솔, 발싸개, 양말 등을 몰래 가져다주었다. 어떻게 보면 사소한 것일 수 있겠지만, 공급이 제때 이루어지지 않는 상황에서는 엄청나게 큰 혜택이었다. 어떤 때는 술을 나눠 마셨고 가끔 담배도 한 갑씩 받아 피웠다.

"우선 저녁밥을 먹자."

집안으로 들어가자 준식이 식사 준비를 했다. 준식은 혼자 살고 있었다. 제대해서 회령으로 돌아와 보니 연로한 부모가 사망했고 여동생은 시집가고 없었다.

밥상이 푸짐했다. 이밥에다 김치와 나물, 그리고 돼지고기볶음이 있었다. 돼지고기는 너무 비싸서 먹기 힘든 음식이었다. 길수는 국경 지대 사람들은 두만강을 넘나들며 밀수를 할 수 있어서 살림살이가 괜찮다고 알고 있었는데 이 정도일 줄을 몰랐다. 염치 불고하고 이밥을 두 그릇이나 먹었다.

식사를 마치자 희끄무레하게 들어왔던 전등불이 꺼졌다. 회령시라고 해서 전기 사정이 좋을 리가 없었다. 준식이 등잔불을 켰다. 그러고는 돼지고기 안주에다 농태기를 한 병 꺼내 술상을 차렸다.

"너 사는 거 보니 빨리 여자 데려와야겠다."

"하하, 에미나이들이 나보고 석기라고 하네."

결혼 적령기에 있는 처녀들은 갓 제대한 남성들을 10년 석기라고 불렀다. 사회를 너무 모르고 시대에 뒤떨어졌다는 뜻이다. 예전에는 당증을 멘 제대군인이라면 모두가 환영했는데 지금은 그렇지가 않았다. 세상이 변하고 있었다. 회령시의 장마당이 활성화되었다. 시장 건물이 새로 지어졌고 시장관리소에서 매대의 자릿세를 받았다. 형식상으로는 관권 개입이 약해진 시장경제 체제였다. 돈이 상전이라는 말이 돌았다. 뇌물을 고이면 원하는 것을 할 수 있었다. 준식은 시류에 금방 적응했다. 제대해서 회령시에 오자마자 두만강 건너편에 사는 조선족 친구를 통해서 밀수업을 시작했다. 당연히 보위원과 경비대 군인들에게 많은 뇌물을 고였다.

"근데 어쩐 일로 여기까지 온 거냐?"

"그냥 뭐, 바람 쐬려고 왔어."

준식이 그게 아닌 것 같은데 하는 의미심장한 표정을 지었다. 국경지대에 거주하지 않음에도 이곳을 찾아온 사람은 장사꾼이 아니면 도강자였다. 준식은 길수의 차림새를 보아 장사꾼은 아니라는 것을 한눈에 알아봤다.

"혹시 중국에 가는 방법 좀 알고 있나?"

농태기를 몇 잔 마신 길수가 속마음을 털어놓았다.

두 사람은 두만강을 어떻게 건널 것인지에 대해서 의견을 나누었다. 준식은 내일이라도 당장 건너갈 수 있는데 룽정시까지 무사히 가려면 3천 위안은 있어야 한다고 말했다. 2천 위안은 경비대 초소장에 주고, 1천 위안은 두만강을 건넌 다음 룡정시에 데려다줄 조선족 브로커에게 주는 비용이었다. 길수가 2천 위안밖에 없다고 하자 준식이 나머지 돈을 해결해 주겠다고 약속했다. 생사고락을 같이한 십년지기 군대 동기로서 그 정도는 도와줄 수 있다고 생각했다. 준식은 곧바로 브로커에게 전화해서 상황을 설명하고 만나는 시간과 장소를 정했다.

다음 날 점심밥을 든든하게 먹고 두 사람이 집을 나섰다. 회령시 길을 잘 알고 있는 준식이 앞장섰다. 도강 지점은 인계리(仁溪里)였다. 그곳까지 가까운 거리는 아니었다. 회령천(會寧川) 위에 놓인 오봉교(伍鳳橋)를 건너서 공설운동장과 김정숙교원대학을 지나 아랫길로 내려갔다. 비교적 사람이 많이 다니지 않는 길이었다. 중국과 두만강을 사이에 두고 맞닿아 있는 회령시는 혁명의 성지로서 검문검색이 수시로 이루어지기 때문에 조심해야 했다.

"어이, 거기 두 사람 이리와 봐!"

팔을천(八乙川)의 금생교(金生橋) 쪽에 다다랐을 때 어디선가 부르는 소리가 났다. 준식이 고개를 돌리자 팔에 붉은 완장을 찬 청년 두 명이 서 있었다. 시 보안서에서 제대군인 당원을 위주로 조직한 규찰대원들이었다. 그들은 언제 어디서든지 불법 영상물, 비사회주의 행위, 적대국 물품 소지 등을 단속할 수 있는 권한을 가지고 있었다. 이들을 피해서 한적한 길로 돌아왔는데 딱 걸려들고 말았다. 길수는 어찌할 바를 몰랐다. 려행증명서를 보자고 하면 그대로 걸려들 판이었다. 그때 준식이 부드럽게 미소를 띠었다. 천만다행으로 키가 조금 큰 규찰대원이 고등중학교 동창이었다.

"야, 동무 여기서 또 만나네."

준식이 악수를 청하자 그를 알아본 키 큰 규찰대원이 손을 잡았다. 두 사람은 당원 세포 모임 때 가끔 만나곤 했다.

"장사는 잘되는가?"

"뭐 그럭저럭하고 있어."

준식은 배낭을 벗고 안에서 담배 2갑을 꺼냈다. 뇌물용으로 최고급인 고양이 담배였다. 그것을 두 사람에게 나눠 주자 얼굴에 화색이 돌았다.

"자, 고생들 하시고 다음에 또 보자구."

준식은 그들에게 어떤 틈을 주지 않고 재빨리 걸음을 옮겼다. 멍하니 바라보고 있던 길수가 그 뒤를 따랐다.

"이런 데서 떼뚜놈들을 만날 줄은 생각도 아이 했는데."

금생다리를 건너고 나서 준식이 한마디 내뱉었다. 장사꾼들은 규찰대원이 떽떽거리면서 어떻게 해서든지 뜯어먹으려고 한다고 해서 떼뚜라고 불렀다.

두 사람은 길을 벗어나 산기슭으로 올라갔다. 회령시에서 외곽으로 빠지는 길목에 자리 잡은, 악명 높은 보위부 10호 초소를 피해야 했다. 그뿐만이 아니다. 국경경비대 군인이나 또 다른 규찰대를 만날 수도 있어서 도로로 걸어가는 것은 매우 위험했다.

해가 뉘엿뉘엿 기울어 갈 무렵 인계리 도강 지점에 도착했다.

"여기서 기다리고 있어."

준식이 산등성이의 바위를 가리키며 말했다. 그러고는 산 아래로 내려갔다. 도로에 내려서더니 곧장 국경경비대 초소가 있는 곳으로 걸어갔다.

바위 뒤에 몸을 숨긴 길수가 건너편을 보았다. 회령에서 온성으로 가는 도로를 따라 철로가 나란히 이어졌고 낙조가 떨어져 두만강이 주황빛으로 반짝거렸다. 그 너머가 중국이었다. 두만강이 생각만큼 넓지 않았다. 막 뛰어가면 한달음에 건너갈 수 있을 것 같았다. 왠지 숨이 가빠왔다. 비법으로 두만강을 건너면 반역자가 된다는 강연을 정치학습 시간에 숱하게 들어왔다. 잠시 후면 강을 건너갈 터였다. "나는 반역자가 되는 건가." 그가 중얼거렸다. 조국이 싫어서 도강하는 것은 절대 아니었다. 도움을 받으려고 잠시 다녀오는 것일 뿐이다. 그렇게 결론 내리자 마음이 조금 가벼워졌다.

반달이 떠올랐고 희끄무레하게 달빛이 뿌려졌다. 사방이 적막하고 괴괴했다. 길수는 몸을 웅크리고 바위에 기댄 채 밤이슬을 맞고 있었다. 얼마 후 발소리가 들렸다.

"오래 기다렸지?"

준식이 낮게 속삭이며 다가왔다.

"초소장을 따라가면 건너갈 데를 알려 줄 거야. 강에 들어서면 뒤돌아보지 말고 빨리 건너가. 조금만 헤엄치면 금방 갈 수 있어."

두 사람은 천천히 산기슭을 내려갔다. 도로 건너편에 서 있는 초소장이 자기 쪽으로 오라고 손짓을 했다. 몸조심하고 잘 갔다 와. 준식이 등을 두드려주었다. 길수가 조심스럽게 발걸음을 내디뎠다.

"조용히 따라오시오."

초소장이 강 쪽으로 움직였다. 강기슭의 수풀을 헤치고 아래로 내려갔다. 개활지를 재빠르게 지나서 검은 물결이 넘실대는 강가에 도착했다.

"이쪽으로 곧장 가시오. 좀 깊긴 한데 금방 건널 수 있을 거요."

낮은 목소리로 초소장이 설명했다.

강폭이 좁아서 물살이 셌다. 길수가 주춤거렸다. 초소장이 빨리 건너가라는 듯이 등을 떠밀었다. 첨벙! 길수가 강으로 발을 내디뎠다. 비닐에 싼 옷 보따리를 메고 있어서 거동이 자유롭지 못했다. 강 중심부에 이르자 물이 소용돌이쳤다. 한순간 물살에 휘말렸다. 필사적으로 양팔을 내저으며 헤엄을 쳤다. 그 와중에 어깨에서 벗겨진 옷 보따리가 사라졌다. 그렇게 사투를 벌이며 떠내려가다가 간신히 강 가장자리에 다다랐다. 엉금엉금 기어서 풀숲으로 올라갔다. 물 밖으로 나오자 온몸이 부들부들 떨렸다. 너무나 추웠다. 어금니가 서로 부딪쳐서 다다닥 소리가 났다. 옷을 벗어서 물을 짜냈다.

숨을 고르고 수습을 마친 그가 언덕배기로 올라갔다. 잘 포장된 아스팔트 도로가 보였다. 준식의 얘기로는 브로커 김 씨가 차를 타고 데리러 올 것이라고 했다. 도로 옆 풀숲에 앉았다. 김 씨가 올 때까지 기다리는 수밖에 없었다. 담배 한 대 피울 시간이 지났을 즈음 멀리서 자동차 전조등 불빛이 보였다. 차가 점점 다가오다가 저 아래에서 멈춰 섰다. 길수가 숨을 죽이고 그쪽을 바라봤다.

"길수 동생!"

그를 부르는 소리가 났다. 길수가 벌떡 일어나 차 있는 곳으로 뛰어갔다. 서로 통성명을 했다. 김 씨는 60대쯤 되었다.

"이거로 갈아입소."

김 씨가 마른 옷을 주었다. 꼬질꼬질하고 너덜거리는 인민복을 입고 다니면 조선에서 왔다는 것이 바로 드러날 터였다. 지하족도 벗고 깨끗한 운동화를 신었다.

"그 뺏지를 붙이면 아이 되오."

새 옷을 입은 길수가 헌 옷에서 떼어낸 쌍상배지를 왼쪽 가슴에 달려고 하자 김 씨가 제지했다.

"우리 수령님과 장군님을 모시는 건데 어째 아이 된단 말임까?"

"여기서 그걸 달고 다니면 조선 사람이라는 걸 알리는 게 되니까니 바로 잽혀 가오."

김 씨가 거듭 손사래를 쳤다. 길수는 이해가 되지 않았지만 어쩔 수 없이 그의 말을 따르기로 했다.

"미안한데 이리 들어가서 눕소."

김 씨가 자동차 트렁크를 열고 말했다. 룡정시로 빠져나가는 삼거리에 중국의 변방수비대 검문소가 있었다. 그곳에서는 모든 탑승자의 신분증을 철저히 검사했다. 두만강을 건너온 탈북자들이 이 검문소에서 많이 체포되었다. 길수가 바닥에 눕자 이불을 덮고 이것저것 잡동사니를 올려놓았다.

차가 움직이기 시작했다. 한참 달려가던 차가 속도를 늦추었다. 검문소에 다다른 것이다. 다행히 별 탈 없이 검문소를 통과했다. 길수는 트렁크에서 나와 차 조수석에 앉았다. 얼마를 달렸을까. 자동차가 룡정시 외곽의 하남촌(河南村) 주택가에 멈췄다. 길수는 김 씨 집에서 그날 밤을 보냈다.

이튿날 아침 식사를 마치고 일찍 김 씨 집을 나섰다. 길수는 외삼촌네 집 주소를 외워서 알고 있었다. 하남촌에서 그리 멀지 않았다. 대중교통을 이용할 줄 모르고 돈도 없어서 걸어갔다. 해란강 위에 놓인 룡문교(龍門橋)를 건너자 외삼촌이 사는 아파트 단지가 나타났다.

"누구십니까."

아파트 문을 두드리자 아기를 안은 젊은 여자가 문을 열었다. 한 번도 만난 적이 없는 외삼촌의 딸 수영(秀英)이었다. 수영은 부모님이 지금 안 계신다고 말했다. 두 분이 남조선으로 돈을 벌러 갔다는 것이다. 너무나 황망한 소식이었다. 그가 쓸쓸히 발길을 돌렸다. 모든 계획은 산산이 조각나고 말았다. 아무 생각도 나지 않았다. 터벅터벅 걸어서 계단을 내려갔다. 그때 수영이 헐레벌떡 뛰어왔다. 그를 불러 세우더니 차비라도 하라며 5백 위안을 손에 쥐여 주었다.

그가 어깨를 늘어뜨린 채 아파트를 벗어나 해란강 둑으로 갔다. 하천 정리가 잘 되어 있었다. 물이 맑았고 쓰레기가 보이지 않았다. 둑에 앉아 담배를 피워 물었다. 아이들이 강에서 무엇을 잡는지 조잘거리며 떠들었다. 평화로운 광경이었다. 아이들 얼굴이 해맑았고 옷차림은 고급스러웠다. 강 건너편의 아파트 단지는 청진과 달리 정리가 잘 되어 있고 깨끗했다. 룡문교 위로 자동차가 꼬리를 물고 지나갔다. "아버님이 남조선에 가셨어요." 수영의 말이 계속 귓가에 맴돌았다. 그가 하늘을 올려다보았다. 조선보다도 훨씬 잘 사는 중국 사람들이 아랫동네로 돈을 벌러 가다니. 도무지 믿어지지 않았다. 남조선은 헐벗고 굶주린다고 얼마나 많은 학습을 받아 왔던가. 그로서는 이 상황을 이해할 수가 없었다. 어쩌면 너무나 큰 충격이어서 그 사실을 부정하고 싶은 것인지도 몰랐다.

온종일 룡정 시내를 돌아다녔다. 식당에서 밥을 사 먹고 시장 구경을 하면서도 한 가지 생각에 빠져 있었다. 아무 소득 없이 빈손으로 청진에 돌아갈 수는 없었다. 무슨 일을 어떻게 해서든지 간에 돈을 마련해야 했다. 고민 끝에 브로커 김 씨를 다시 찾아갔다.

며칠 후 김 씨가 강평촌(康平村) 벌목장을 소개해 주었다. 김 씨의 친구 석 씨가 벌목장의 반장이었다. 한 달에 3백 위안을 받기로 했다.

한족이나 조선족 일꾼들 월급이 2천 위안인 것에 비하면 터무니없이 싼 임금이었다. 하지만 당장 오갈 데가 없는 비법 월경자 처지에 더운밥 찬밥을 가릴 수는 없었다.

시간은 빠르게 흘러갔다. 길수가 벌목장에 온 지 1달이 되었다. 그는 오늘도 열심히 일했다. 오후에 휴식시간이 되자 엔진 톱을 내려놓고 나무 그루터기에 앉았다. 장갑을 벗자 손등의 상처가 드러났다. 굵은 나뭇가지에 긁혀서 생긴 것이다. 새벽부터 톱질하느라 양팔을 움직일 수 없을 정도로 지쳐 있었다. 그는 쓰러진 나무의 가지를 잘라서 정리하고 운반차에 싣는 작업을 했다. 엔진 톱은 진동이 꽤 컸다. 그것을 꽉 움켜쥐고 온종일 톱질하면 나중에 손가락이 펴지지 않았다.

사람들이 산기슭 곳곳에서 분주하게 나무를 잘랐다. 엔진 톱 소리가 윙윙거리며 요란하게 울려 퍼졌다. 이따금 하늘을 가리고 있던 기다란 나무가 쓰러졌다. 그때마다 우지끈거리며 나뭇가지 부러지는 소리가 났다.

갑자기 눈발이 날리기 시작했다. 찬바람이 휘몰아쳤다. 길수가 아래쪽을 보았다. 계곡에 있는 나무를 야적장으로 싣고 가려고 운반차가 올라오고 있었다. 운전사 곽 씨가 차를 적당한 위치에다 세웠다. 길수가 그곳으로 갔다.

"잘 묶어!"

차 적재함으로 올라간 곽 씨가 쇠줄을 던졌다. 그는 한족인데 조선말을 꽤 잘했다. 체구가 작았지만, 노동으로 다져진 몸집이 바위처럼 단단해 보였다. 길수가 쇠줄을 끌고 가서 나무를 한 번 휘감고 쇠줄 끝에 달린 고리를 풀리지 않게 걸었다. 곽 씨가 적재함에 설치된

권양기를 작동시켰다. 굵고 무거운 나무가 천천히 차 쪽으로 끌려갔다. 몸통이 굵은 나무 3개를 싣는데 시간이 꽤 걸렸다. 곽 씨가 차를 몰고 아래로 내려갔다.

"이만 작업을 끝냅시다!"

석 씨가 소리쳤다. 눈발이 점점 더 굵어졌다. 이런 날은 미끄러워서 매우 위험했다. 산기슭에 있던 일꾼들이 장비를 들고 내려갔다.

나무를 쌓아두는 야적장은 꽤 넓었다. 야적장 한쪽에 통나무로 지은 귀틀집이 있었다. 식당 겸 휴게실로 사용되는 곳이다. 작은 방도 하나 있었다. 10여 명의 일꾼이 중국말과 조선말로 왁자하게 떠들며 건물 안으로 들어갔다. 석 씨 부인이 주방에서 식사 준비를 하고 있었다. 길수가 식탁에다 잔을 놓고 뜨거운 물을 따랐다. 일꾼 중에서 신입이자 막내인 길수가 스스로 나서서 하는 일이었다. 부인이 가마솥에서 밥을 푸자 그것을 식탁으로 날랐다. 찬바람 속에서 험한 일을 했던 사람들이 뜨거운 국을 홀홀 마시면서 조용히 식사했다.

"내일은 하루 쉬어야겠소. 눈이 많이 올 것 같소."

석 씨가 내일 일정을 설명했다.

"허 이베이 전머양?"

곽 씨가 나서서 술 한 잔 마셔도 되냐고 물었다. 부리부리한 눈으로 호응을 끌어내려는 듯이 좌중을 훑어봤다. 일꾼들이 고개를 끄덕이며 좋아했다. 고된 노동을 끝내고 마시는 술 한 잔은 보약과도 같은 것이었다.

부인이 식탁을 치우고 4리터짜리 큰 빼주(白酒) 통을 가져왔다. 알코올 도수가 50도나 되었다. 그것을 큰 유리잔에 가득 따라서 일꾼들 앞에 한 잔씩 놓았다.

"깐빼이!"

사람들이 술잔을 들었다가 입으로 가져갔다. 길수가 반도 못 마시고 잔을 내려놓았다. 술이 너무 독했다. 목이 타는 것 같았다. 며칠 전에도 마신 적이 있는데 적응이 되지 않았다. 다른 사람들은 잔을 비우고 다시 술을 따랐다.

"어이, 길수! 진얼팡, 진이팡."

곽 씨가 술기운이 오르는지 과도하게 큰 목소리로 말했다. 뭐가 재밌는지 사람들이 낄낄대며 웃었다. 길수는 중국말을 몰랐다. 하지만 그것이 수령님과 장군님을 욕하는 말이라는 건 알고 있었다. 감히 21세기 태양이자 조선의 어버이이신 수령님을 욕하다니. 그는 치욕스러움과 함께 한순간 피가 거꾸로 솟구치는 느낌을 받았다. 자신도 모르는 사이에 어깨에 힘이 들어갔고 손이 부르르 떨렸다.

"진싼팡 쭈!"

두 번째 술잔을 비운 곽 씨가 배를 두드리며 김정은을 돼지라고 말했다.

"닥쳐요!"

더는 참지 못하고 길수가 술잔을 바닥에다 패대기쳤다. 유리 파편이 사방으로 흩어졌다. 사람들이 얼음처럼 굳어버렸다.

"어따 대고 조선의 대원수님을 욕하는 거요? 제정신이오!"

"이런 미친 새끼가…….”

곽 씨가 눈을 부릅뜨고 외쳤다. 그 순간 길수가 좇아가서 멱살을 잡고서 밀쳤다. 바닥으로 나동그라진 곽 씨가 벌떡 일어나 길수에게 달려들었다. 사람들이 땅바닥에 나뒹구는 두 사람을 뜯어말렸다.

"야, 저 아바이 말이 틀린 건 아니잖아. 백성들은 굶어 죽는데 지도자가 저 혼자 돼지처럼 살찐 게 정상이냐? 너도 배고파서 여기 왔잖아."

중년의 조선족 남자가 소리쳤다.

"아무리 그래도 우리 원수님을 욕보이다니요."

길수가 말끝을 흐렸다. 삶이 막막하여 돈을 구하러 온 것은 사실이었기 때문이다.

"오늘 왜들 이래. 술 다 마셨으면 어서 집에 가라구."

석 씨가 나섰다. 상황은 금방 정리되었다. 사람들이 하나둘씩 자리에서 일어나 밖으로 나갔다. 석 씨 부부도 산 아래로 내려갔고 여느 날처럼 길수 혼자만 귀틀집에 남았다.

길수는 빼주 통에 있는 술을 따라서 연거푸 들이켰다. 꿈틀대며 격동되었던 마음이 가라앉기는 했지만, 머릿속은 실타래가 엉킨 것처럼 혼란스러웠다. 외삼촌이 썩고 병든 자본주의가 살판 치는 남조선에 갔고 중국 사람은 어버이 수령님을 돼지라고 조롱했다. 길수는 이런 상황을 이해하지 못했고, 중국 사람의 언행을 못 본 체할 수 없었다. 누구든지 조선을 헐뜯는다면 오늘처럼 가만있지 않으리라는 다짐을 했다. 그는 술기운을 못 이기고 쓰러져 잠이 들었다.

"문 여시오!"

누군가가 문을 세차게 두드리며 소리쳤다. 길수가 눈을 뜨고 창밖을 보았다. 아직 날이 밝지는 않았다. 문을 열자 제복을 입은 공안원 2명이 서 있었다. 그중에 조선족 공안원이 있었다. 길수가 소스라치게 놀랐다.

"신분증을 보여 주시오."

조선족 공안원이 말했다. 길수에게 신분증이 있을 리 없었다. 공안원이 그의 손목에 수갑을 걸었다. 어젯밤 곽 씨가 벌목장에 비법 월경자가 숨어 있다고 파출소에 신고했다. 그에 따라 공안원들이 새벽에 출동한 것이다. 길수는 차에 태워졌고 파출소로 끌려갔다.

하늘에 검회색 구름이 잔뜩 끼어 있었다. 금방이라도 눈이 쏟아질 것만 같았다. 도로에서 조금 떨어진 야산에 도문변방대 구류소가 덩그러니 자리 잡고 있었다. 바람이 세차게 불자 어디선가 귀신의 울음 같은 괴이쩍은 소리가 났다. 담장 끝에 있는 망루에 초병이 검은 그림자를 드리운 채 붙박여 있었다.

굳게 닫혀 있던 검은 문이 열렸다. 사람들이 2명씩 짝을 지어 밖으로 걸어 나왔다. 수갑 하나에 두 사람의 손목이 묶여 있었다. 한 군인이 손짓으로 버스에 타라고 지시했다. 길수는 50대 초반의 남자와 함께 움직였다. 버스에 올라가서 중간쯤에 앉았다. 얼마 후 정문이 열리고 버스가 빠져 나갔다.

버스에 30여 명이 타고 있었지만 아무도 없는 것처럼 조용했다. 모두가 백랍 인형같이 얼굴에 핏기가 없고 무표정했다. 눈의 초점이 풀렸고 입술은 굳게 다물려 있었다. 도저히 피할 수 없는 상황에 놓였을 때 순응하거나 체념하게 되는, 그래서 극단적으로 초연해진 것 같은 그런 모습들이었다.

버스 중간에 앉은 길수가 주머니에서 붉은 쌍상배지를 꺼냈다. 그것을 옷깃에 문질러 깨끗이 닦은 다음 왼쪽 가슴에다 달았다. 그의 얼굴에 미소가 번졌다. 중국에서 지내는 동안 수령님과 장군님을 모시지 못해서 정치적 생명을 잃은 만고의 죄인 같았는데 배지를 달자 뭔가 의무를 다한 듯이 뿌듯해졌다. 공화국의 한 인민으로서 충성심과 자긍심이 새로이 돋우어지고 가슴이 웅장해지면서 피가 뜨거워지는 것 같았다.

"내일이 광명성절이죠?"

길수가 옆에 있는 남자에게 물었다.

"그래서요?"

"장군님 탄생일이잖아요. 조국으로 돌아가면 대원수님께서 다 용서해 주시겠죠."

"정신차리오. 이자 걸어 들어갔다가 살아남는다면 뼈다귀에 가죽만 뒤집어쓴 채 엉금엉금 기어서 나올 거요. 어떻든지 죽지 말고 끝까지 살아남기오."

남자는 북송을 당한 적이 있어서 이제 돌아가면 어떤 일이 벌어질지 알고 있었다. 길수가 헛된 희망을 품고 있는 것이 안타까웠다.

버스가 도문대교를 건너갔다. 온성군(穩城郡) 남양노동자구(南陽勞動者區)의 세관이 나타났고 비법 월경자들을 인수하려는 보안원들이 나와 있었다. 사람들은 버스에서 내려 군대 트럭에 옮겨 탔다. 산을 넘어 한참 달리던 트럭이 보안서에 도착했다.

"이 새꺄, 뭘 쳐다봐. 눈깔 안 깔아?"

사람들이 운동장에 내리자마자 보안원들의 불호령이 떨어졌다. 길수는 갑자기 바뀐 상황에 화들짝 놀랐다. 보안원들을 바라볼 수 없을 만큼 살벌하기가 이를 데 없었다. 무슨 잘못을 했는지 한 여자가 매를 맞으면서 비명을 질렀다. 저래도 되나. 길수가 중얼거리며 그쪽을 바라보았다.

"야, 이 개간나 새꺄. 줄 똑바로 서라고 했잖아!"

보안원이 다짜고짜 주먹으로 길수의 어깨를 쳤다. 그러고는 가슴에서 쌍상배지를 떼어냈다. 육체적 생명은 부모가 주었지만, 사회정치적 생명은 당과 장군님께서 준 것인데 비법 월경죄를 저질렀으니 이제는 쌍상배지를 달고 있을 자격이 없는 것이었다.

"왜서 그럼까?"

"어라, 이 덜 돼 처먹은 새끼 봐라. 어따 대구 대꾸질야. 대가리 박아. 아이 박아? 너 같은 반역자 새끼는 조국의 푸른 하늘을 올려다볼 자격이 없다, 알간!"

보안원이 발로 냅다 걷어찼다. 트럭 바퀴에 처박힌 길수가 배를 움켜쥐었다. 탈북자들이 몸을 움찔거렸다. 보안원은 본보기를 보여주겠다는 듯이 각목을 휘둘렀다. 길수의 머리가 깨지고 얼굴이 찢어져서 피가 흘러내렸다. 이게 뭐지? 그가 기대했던 것과는 달리 어머니 당의 품은 하나도 따뜻하지 않았다. 그동안 어버이 수령님과 장군님께 온몸을 다 바쳐 충성했다고 자부해 왔지만, 지금은 조국을 배반한 한낱 반역자에 불과했다. 길수는 아무 저항도 하지 못하고 매 맞다가 끝내 정신을 잃었다.

초승달 뜨는 밤

커다란 밥공기를 엎어놓은 것 같은 산봉우리로 해가 떠올랐다. 온기 없는 햇살이 골 안으로 퍼졌다. 지난밤에 눈이 조금 내렸다. 꽃샘추위 한파가 밀려들어 체감온도가 뚝 떨어졌다. 산봉우리 사이로 길게 형성되어 있는 상화로동자구(上和勞動者區) 골짜기가 은박지처럼 반짝였다. 탄광의 저탄장 위로 쌀가루가 수북이 내려앉은 것 같았다. 군데군데 쌓여 있는 버럭이 하얀 산으로 변했다. 탄광에서 마을로 내려가는 도로가 뱀이 기어가는 것처럼 구불구불 이어졌다. 사람들이 몰려나와 싸리비와 나무 삽으로 눈을 치우고 있었다.

초승달 뜨는 밤

커다란 밥공기를 엎어놓은 것 같은 산봉우리로 해가 떠올랐다. 온기 없는 햇살이 골 안으로 퍼졌다. 지난밤에 눈이 조금 내렸다. 꽃샘추위 한파가 밀려들어 체감온도가 뚝 떨어졌다. 산봉우리 사이로 길게 형성되어 있는 상화로동자구(上和勞動者區) 골짜기가 은박지처럼 반짝였다. 탄광의 저탄장 위로 쌀가루가 수북이 내려앉은 것 같았다. 군데군데 쌓여 있는 버력이 하얀 산으로 변했다. 탄광에서 마을로 내려가는 도로가 뱀이 기어가는 것처럼 구불구불 이어졌다. 사람들이 몰려나와 싸리비와 나무 삽으로 눈을 치우고 있었다.

〈위대한 수령 김일성 동지를 천세 만세 높이 받들어 모시자!〉

도로 옆에 서 있는 대형 간판의 붉은 글씨가 눈밭에서 더 선명하게 보였다. 간판 구호가 아니더라도 상화로동자구 사람들은 수령님을 마음속 깊이 우러러 모시고 살아왔다. 탄을 잘 캐기만 하면 걱정 없이 먹고 살게끔 쌀과 생필품을 배급해 주었다. 그것을 어버이 수령님의 은덕이라고 생각했다. 영생할 것만 같았던 그런 수령님이 갑자기 세상을 떠났을 때 사람들은 땅이 푹 꺼져 천 길 나락으로 떨어지는 느낌을 받았다. 유난히 무더웠던 그해 여름 '빨치산 추도가'가 흘러나오는 상화로동자구의 영결식장에서 가슴을 쥐어뜯으며 폭풍 울음을 터뜨렸다. 땅을 치며 꺽꺽대다가 까무러치는 사람도 있었다. 울지 않는다면 그야말로 반동분자이거나 사상이 불순한 자였다. 너도 나도 산에서 온갖 꽃을 꺾어다 영전에 올렸다. 꽃을 꺾어오지 못하는 노인들은 종이꽃을 만들어 바쳤다. 어떤 이는 집에서 닭을 잡아 제사상을 차리고 술잔을 올리며 통곡했다.

하지만 사람들은 이제 수령님을 생각하지 않았고 선전 구호에도 아무런 관심이 없다. 점차 줄어들던 식량 배급은 수령님의 심장이 멎은 지 얼마 안 되어서 딱 끊어졌다. 삶이 정지되었다고나 할까. 탄광이 문을 닫은 지 오래되었다. 광부들은 식량을 구하러 이리저리 흩어졌다. 눈물샘이 바싹 메마르고 가슴은 모래밭처럼 삭막해졌다. 너나 할 것 없이 굶주림에 시달렸다. 북풍 설한의 찬바람을 맞고 있는 나무처럼 무표정한 모습으로 그저 하루하루를 버티어 나가고 있었다.

저 아래 온성 벌판을 휘젓던 북서풍이 골짜기로 올라와 광포하게 휘몰아쳤다. 한순간 회오리바람을 타고 눈가루가 하늘로 치솟았다. 이 집 저 집 창문에 덧댄 바람막이 비닐이 풍선처럼 부풀었다 가라앉곤 했다. 전깃줄에 앉아 있던 새들이 어딘가로 날아갔다.

진혁(眞赫)의 땅집 굴뚝이 삐걱대며 바람에 흔들렸다. 이곳에서는 널빤지로 짠 사각의 기다란 나무통으로 굴뚝을 세운다. 아궁이에다 불을 땔 때 연기를 천천히 배출시켜 열 손실을 줄이기 위해서다. 컹컹컹! 동네 개가 힘없이 짖어댔다. 하모니카 집에서 나온 한 남자가 공동변소 쪽으로 걸어갔다. 하모니카 집은 4개의 동이 있었고 1동에 6세대가 살고 있었다.

　물지게를 진 정미(貞美)가 땅집을 향해 조심스럽게 걸어왔다. 싸리비로 눈을 쓸어내긴 했지만 길이 미끄러웠다. 우물이 멀리 있어서 물 긷는 일이 여간 힘든 것이 아니었다. 싸리 울바자로 둘러쳐진 안마당으로 들어가 물통을 내려놓았다. 몸을 일으켜 숨 고르기를 하고 나서 정주간의 가마솥에다 물을 부었다.

　잔 나뭇가지를 아궁이에다 넣고 불을 지폈다. 불길이 올라올 때 주먹만 한 갈탄 덩어리를 던져 넣었다. 노천 갱(개인이 석탄을 캐는 갱)에서 갈탄을 조달하여 쓸 수 있어서 그나마 땔감 걱정을 덜 수 있었다. 갑자기 연기가 자욱하게 퍼졌다. 바람 때문에 연기가 빠져나가지 못하고 역류했다. 정미가 물러나 앉으며 머리를 만졌다. 머리카락이 마른 풀처럼 억세고 뻣뻣했다. 귓바퀴와 눈 가장자리에 탄가루가 묻어 있었다. 목덜미도 거무스름했다. 노천 갱에서 캐낸 탄을 손수레에 싣고 장마당으로 가서 팔다 보니 알게 모르게 탄가루가 들러붙었다. 갈탄을 집어 든 두 손이 칙칙했고 손톱 밑은 새까맸다. 눈이 막장처럼 쑥 들어가 있었다. 뺨도 홀쭉하여 서른 살의 젊은 여성 같지 않게 늙어 보였다.

　"정미 안에 있니?"

　"응. 들어와."

　정주간 문이 열리면서 금옥(錦玉)이 들어섰다. 두 사람은 시오리 길을 걸어서 인민학교와 고등중학교를 같이 다녔다. 그러다 보니 자매처럼 가깝고 절친한 딱친구가 되었다. 낡은 솜 잠바를 걸친 금옥은 다 해진 동화(겨울 신발)를 신고 있었다. 귀뺨을 감싸고 있던 수건을 풀고 방에 걸터앉았다. 희고 갸름한 얼굴이 드러났다. 눈은 들창처럼 크고 콧날이 오똑했으며 하관은 부드러운 곡선을 이루고 있었다.

"그거 가져왔니?"

"그럼, 누구 부탁인데……."

금옥이 닭알 하나를 정미에게 건넸다.

"이거 얼마야?"

"싸게 가져온 거니까 돈은 그냥 놔두라."

"고맙다. 나중에 꼭 갚을게."

배급이 끊기자 사람들이 장마당으로 나가서 물건을 사고팔았다. 양식을 구할 데라고는 장마당뿐이었다. 금옥도 몇 달 전부터 두부밥 장사를 했다. 장마당에서 닭알 1개를 13원에 팔았다. 통옥수수 1kg에 33원인 것에 비하면 결코 싸다고 할 수 없다. 하지만 살림살이가 어떠하다는 것을 뻔히 알고 있는 터라 돈을 달라고 할 수 없었다. 금옥은 정미가 닭알을 어디에 쓸 것인지 알고 있었다.

정미가 아궁이에서 불붙은 갈탄을 끄집어냈다. 냄비에다 닭알을 넣고 갈탄 위에다 올렸다. 어찌나 화력이 센지 금세 물 끓는 소리가 났다. 다른 냄비를 꺼내 옥쌀을 씻어 넣었다. 죽을 끓이기 위해 냄비를 불 위에 올려놓았다.

"금옥아, 이것 좀 끓이고 있어."

냄비를 금옥에게 맡기고 정주간 끝부분의 나무판자를 걷어 올렸다. 마치 전투부대 교통로 같은 지하의 좁은 길이 나타났다. 막장처럼 천장과 벽이 나무로 막혀 있었다. 구제할 것은 없어도 도둑놈이 가져갈 것은 있다던가. 작년 겨울에 김치 움에 있던 김칫독을 통째로 도둑맞고 나서 굴을 파놓았다. 한번 김장을 하면 반년 동안 먹었다.

이 엄혹한 시기에 김칫독을 잃어버린다는 것은 상상하기도 싫은 엄청난 사건이다. 그것은 생존의 문제였다. 김치는 목숨처럼 지켜내야만 하는 식량 그 자체인 것이다.

김치 움에 다다른 정미가 항아리 뚜껑을 열었다. 김치 특유의 숙성된 시큼한 냄새가 올라왔다. 맨 위의 살얼음을 헤치고 한 포기 꺼내 양은그릇에 담았다. 저절로 침이 고였다. 배춧잎 하나를 쭉 찢어서 입에 넣었다. 찡 하게 시원하면서도 담백한 맛이 느껴졌다. 항아리 뚜껑을 닫고 돌아 나왔다.

"장사는 잘 돼?"

김치를 썰며 정미가 물었다.

"야야, 그기 쉬운 게 아이다."

"그래두 뭐 좀 남는 게 있을 거 아냐."

"에휴, 말마라. 규찰대 애들 등쌀에 피가 마른다. 걔들 피해서 이리 쫓기고 저리 도망 다니다 보면 하루해가 저문다. 꽃제비들이 달려들어서 덮쳐 먹질 않나……."

무엇이 생각나는지 금옥이 머리를 흔들었다. 그녀는 미모가 있고 성적도 우수하여 고등중학교 다닐 때 로동당 5과 요원들이 학교로 와서 약대상 후보자로 선정했다. 당 조직의 보조 업무를 맡는 약대상은 군복을 입고 당 지도부나 청사에서 타자수, 서기, 교환수 등의 일을 했다. 27살쯤에 제대하면 당원이 되고 간부로 진출할 수도 있어서 누구나 선망하는 직업이었다. 금옥은 2달 뒤 다른 후보생들과 함께 구역당(도)으로 올라가서 기초 검사를 받고 내려왔다. 초조하게 소식을 기다렸지만 탈락하고 말았다. 전쟁 때 큰할아버지가 치안대로 활동하다가 남조선으로 내려간 탓에 토대가 안 좋았기 때문이다.

두 사람이 둥그런 알루미늄 밥상에 앉았다. 옥쌀 죽 2그릇과 김치 1그릇이 놓여 있었다. 점심밥을 먹기에는 이른 시간이지만 지금 먹어두어야 한다. 정미가 숟가락을 들자마자 허겁지겁 떠먹었다. 따뜻하고 부드러운 옥쌀이 입안에서 으깨어지면서 단맛이 났다. 그 맛을 느끼는 순간 죽이 꿀떡꿀떡 목으로 넘어갔다. 마지막 김치 조각을 놓고 서로 네가 먹으라고 하다가 금옥이 먹었다. 그렇게 식사를 하는데 3분 정도 걸렸을까. 숟가락 놓기가 아쉬워 서로 입맛을 다셨다. 두 사람은 전혀 배가 부르지 않았다.

"깡냉이죽이라도 매일 먹을 수 있으면 좋겠다."

"이제 봄이 되면 탄도 못 캘 텐데 걱정이다."

탄광이 문을 닫자 광부들은 삼삼오오 짝을 이루어 산자락 이곳저곳을 팠다. 운이 좋으면 석탄이 나왔다. 하지만 동발을 세우지 못해서 깊게 파 들어가지 못했다. 정미의 남편 진혁도 노천에서 탄을 캤다. 지금은 천길 밑바닥 같은 어려운 시기이다. 언제 식량 배급이 시작될지 아무도 몰랐다. 한가지 거는 기대는 장군님께서 강성대국이 되면 모든 것이 해결된다고 했으니 꾹 참고 그날을 기다리는 수밖에 없었다.

땅집 아랫길을 따라서 최미숙(崔美淑)이 올라왔다.

"벌써 준비 다 해 놓았구먼."

"아주마이 어서 오기오. 마이 춥죠?"

정미가 50대 중반의 최미숙을 맞아들였다. 세 사람은 노천 갱에서 일하는 사람들의 식사를 지원하고 있었다. 진혁과 금옥의 남편 조석호(趙錫浩) 그리고 최미숙의 남편 강영길(姜榮吉)이 석탄을 캤다. 이들은 탄광에서 1소대 3분대 조원으로 같이 일했었다. 숙련된 조장으로

서 열심히 일했던 강영길은 진폐증을 앓고 있어서 탄은 캐지 못하고 거드는 일만 했다.

정미는 두 사람이 가져온 옥쌀을 한데 모아 씻어서 가마솥에 안쳤다. 불려놓은 시래기를 금옥이가 건져 옆 가마솥에 넣었다. 최미숙은 보자기에서 고사리, 참나물, 고비 등 말린 산나물을 꺼내 씻었다. 밥 분량을 늘이려면 무엇이든 넣어야 한다. 어느새 가마솥에서 김이 올라왔다. 산나물을 가마솥에 넣고 주걱으로 옥쌀을 한번 저었다. 뜸을 들이기 위해 활활 타는 갈탄을 옆으로 옮겼다. 옆 가마솥에서 시래깃국이 끓기 시작했다. 정미가 소금을 가지고 왔다. 집마다 된장이 떨어진 지 오래되었다. 탄광 상점에서 한 달에 1번씩 공급되던 된장, 간장, 콩기름, 조미료 등의 식료품은 5년 전에 끊겼다.

"여다 된장 한 줌 넣으면 그만인데."

정미가 시래깃국 간을 맞추면서 중얼거렸다.

"야야, 말도 마라. 된장 한 키로에 삼십 원이나 하드라. 짝태 하나가 얼만 줄 아니? 삼십사 원이야."

"뭐이라? 그 값이면 깡냉이를 사 먹겠다."

최미숙이 인상을 찌푸렸다. 그렇게 흔하던 짝태(반건조 명태)가 금이라도 되는 듯이 보기가 어렵고 값은 비쌌다. 요즘 장마당에서 쌀 1kg에 64원, 밀가루가 45원에 거래되었다. 사흘 굶으면 통비단도 한 끼라는 말처럼 사람들은 밥가마(전기밥솥)와 재봉틀을 헐값에 넘기고 옥수수와 바꿔 먹었다. 나중에는 밥그릇까지 내다 팔았다. 살아 있는 목숨 그저 맥 놓고 먼 하늘만 바라보고 있을 수 없는 노릇이었다.

세 사람은 음식 담은 들통을 들고 집을 나섰다. 노천 갱은 집에서 멀지 않은 산기슭에 있었다. 그곳에 도착하자 아침나절에 퍼낸 한 무더기의 석탄이 보였다.

"어서 오기요."

강영길이 콜록콜록 기침하면서 세 사람을 맞았다. 노천 갱은 우물처럼 수직으로 10여 미터 파 내려간 다음 탄맥을 따라 수평으로 뚫고 들어가게 되어 있었다. 굵고 튼튼한 나무로 만든 삼각대에 도르래가 매달려 있었다. 강영길이 밧줄을 끌어당기자 석탄 담긴 들통이 올라왔다. 잠시 후 조석호가 도르래를 타고 올라왔고 진혁도 밖으로 나왔다.

"힘들지?"

정미가 진혁 얼굴에 묻은 탄가루를 털어냈다. 두 사람은 몇 년 전에 결혼했는데 아직 아이가 없었다. 생리가 나오지 않을 정도로 식생활이 부실한 탓이었다. 집안 토대가 안 좋아서 군대에 가지 못한 진혁은 아버지와 함께 탄을 캤다. 탄광이 정상적으로 운영될 때는 배급이 잘 되었다. 그러나 고난의 행군이라는 광풍이 탄광 지역으로 불어닥쳤고 삶은 파괴되었다. 전기 공급이 중단되면서 탄광이 지하수에 잠겼고 결국 문을 닫았다. 그즈음 식량 배급이 완전히 끊기자 수많은 광부가 허약병에 걸리기 시작했고 픽픽 쓰러져 죽어 나갔다. 나이 들고 면역력이 떨어진 진혁의 아버지도 그때 사망했다.

진혁이 정미를 보며 반가운 표정을 지었다. 미소를 지었지만 찡그리는 것처럼 보였다. 눈빛이 창백했다. 이마의 주름이 깊게 패었다. 주름 사이에 탄가루가 박여 까맸고 산발 머리카락은 까치둥지 같았다. 그가 그릇을 받아들고 옥쌀밥을 한 숟가락 떠먹었다. 꿀인 양 입안에 단맛이 확 퍼졌다.

"어, 이기 뭐야?"

진혁이 밥 속에서 닭알을 발견했다.

"너 귀빠진 날이구나 야!"

"거 닭알이 몽글몽글한 게 먹음직스럽다."

사람들이 한마디씩 했다. 밥그릇 속에 닭알이 있으면 그 사람의 생일이라는 것을 모두가 알고 있었다.

정미가 진혁의 뒷모습을 보았다. 학창시절 운동선수로서 짱짱했던 체구가 늙고 쇠잔한 염소같이 말라 있었다. 탄가루가 묻어 거무죽죽한 작업복이 헐렁했다. 손가락 뼈마디가 툭툭 불거져 나와 울퉁불퉁했다. 애잔하다고나 할까. 숟가락질하는 그의 좁은 등에 뭐라 말할 수 없는 스산한 기운이 드리워져 있었다.

점심 식사가 끝나고 아내들은 집으로 돌아갔다. 진혁이 도르래를 타고 아래로 내려가자 조석호도 내려갔다. 진혁은 광산에서 훔쳐 온 헬멧을 쓰고 헤드라이트를 켰다. 그런 다음 발목에다 자루를 매달고 한 손에 괭이를 쥔 채 엉금엉금 기어서 굴로 들어갔다. 말이 좋아 갱이지 두더지 굴이나 마찬가지다. 돈이 많이 들기 때문에 동발을 세워 가면서 탄을 캘 수가 없었다. 끝에 다다른 진혁이 괭이로 앞쪽을 찍었다. 너무 좁아서 크게 움직이는 것이 어려웠다. 탄 덩어리가 조금씩 떨어져 나왔다. 탄가루가 날려 코와 입으로 들어갔다. 땀이 쏟아지고 힘이 들어서 그것을 신경 쓸 여유가 없었다. 고슴도치처럼 몸을 웅크리고 탄 덩어리를 자루에 넣었다. 한참 뒤에 탄이 가득 차자 자루 끝을 발목에 묶고 질질 끌면서 기어나갔다. 자루가 너무 무거워서 잘 딸려 오지 않았다. 등으로 땀이 흥건하게 배어 나왔다. 굴 끝에 다다르자 기다리고 있던 조석호가 자루를 발목에서 풀었다. 그것을 도르래에다 매달고 밧줄을 흔들자 위에 있는 강영길이 줄을 당겨 밖으로 끌어올렸다.

날이 저물어 갈 때 세 사람은 자기 손수레에다 탄을 싣고 집으로 향했다.

"고생했어."

진혁이 집 안으로 들어서자 정미가 맞아들였다. 진혁은 작업복을 벗고 얼굴을 대강 닦았다. 방으로 올라가 벌렁 누웠다. 피로가 몰려왔다. 발목에다 탄 자루를 매달고 기어 다니는 것은 여간 힘든 일이 아니었다. 일반 탄광에서 탄을 캐는 것보다 곱절은 힘이 들었다. 얼마 후 정미가 밥상을 차렸다.

"이기 뭐야?"

"연길에서 사사여행 오는 사람들이 가져온 건데 아랫동네 꼬부랑국수라는 거야."

"히야, 거참 맛있게 생겼다."

오늘 낮에 정미는 손수레에다 탄을 싣고 장마당에 갔다. 운 좋게 탄이 금방 팔렸고 값도 꽤 받았다. 시장을 구경하다가 아랫동네에서 들어왔다는 꼬부랑국수(라면)을 보게 되었다. 옥수수 1kg 값만큼 비쌌지만 2개를 샀다.

후루룩 쩝쩝. 진혁이 그릇에 코를 박고 정신없이 꼬부랑국수를 먹었다.

"야아, 으떡게 이런 맛이 나나?"

"그러게 말야. 입에 짝 달라붙네."

꼬부랑국수 맛에 넋이 빠진 듯 서로 바라보며 한마디씩 했다.

정미가 설거지를 마치고 등잔불을 켰다. 시커먼 그을음이 올라오고 작은 불꽃이 일렁거렸다. 창문을 열고 밖을 내다보았다. 사위는 캄캄했고 두만강을 건너온 바람이 휘몰아칠 뿐 사람 그림자도 없었다. 오늘은 꼭 그 말을 할 생각이었다. 하늘에 선전원이 있고 땅에는 정보원이 있다고 하니 매사에 조심해서 손해 볼 것은 없었다. 아궁이에서 갈탄이 타고 있어서 방은 적당히 훈훈했다.

"언니한테서 전화 왔어."

"전화가 오다니?"

"두만강 건너간 언니가 남조선으로 갔대."

"뭐라고?"

방안에 정적이 감돌았다. 벽에 붙어 있는 수령님과 장군님의 1호 사진이 희미한 빛을 띠고 있었다. 사진이 정미 눈에 들어오자 공연히 움츠러들었다. 장군님이 그녀의 목소리를 듣고 있는 것만 같았다. 정미는 배에 힘을 주고 말을 이어갔다.

"언니가 나한테 나그네를 데리고 남조선으로 오라고 그러네."

"나를 데리고 남조선으로 오라고?"

"브로커한테 돈 주면 안전하게 길 안내를 해 준다는 거야."

정미는 남조선으로 간 언니와 여러 차례 통화했었다. 석탄 실은 수레를 끌고 장마당에 가면 브로커가 슬그머니 나타나 전화를 연결해 주었다. 남조선으로 간 언니가 처음에는 반역자처럼 여겨졌다. 그러나 풍요롭게 사는 모습을 동영상으로 자꾸 보게 되니까 마음이 흔들렸다. 최근에는 비행기를 타고 제주도로 여행 가서 찍은 사진을 보여 주었는데 도무지 믿어지지 않았다. 조선 땅에서 속고 산 것이 너무나 억울하다는 말도 했다.

바람이 세차게 불어왔다. 창문이 덜커덩거렸다. 마치 누군가가 문을 잡고 흔드는 것 같았다. 등잔불이 크게 일렁거리는 것을 보며 진혁은 생각에 잠겼다. 두만강을 건너 돈 벌러 가는 친구들이 있어서 중국에 대한 호기심은 있었다. 하지만 남조선은 아니었다. 아무리 먹을 게 없다고 해도 조국을 배신하는 반역자가 될 수는 없었다.

진혁은 탄을 캐고 정미가 그것을 내다 파는 일이 한동안 계속되었다. 날이 점점 따뜻해졌다. 탄은 잘 안 팔렸고 값도 싸졌다. 그나마 다행인 것은 정미의 언니가 얼마간의 돈을 보내서 옥쌀밥이나마 끼니 때마다 끓여 먹고 있었다. 정미는 함부로 돈을 쓰지 않았다. 식량이 다시 배급될 때까지는 한 푼이라도 움켜쥐고 있어야 했다.

어느 날부터인가 강영길이 노천 갱에 나오지 않았다. 그는 온종일 집에 누워 있었다. 진폐증이 심해져서 조금만 걸어도 가쁜 숨을 몰아쉬고 격렬하게 기침을 했다. 단백질과 비타민이 들어있는 음식을 많이 먹어야 하는데 멀건 옥수수죽으로 끼니를 때우다 보니 몸이 날로 쇠약해져 갔다.

"몸조심해."

정미가 괭이와 헬멧을 챙겨서 밖으로 나가는 진혁에게 말했다. 잠시 후 그녀는 장마당에 가기 위해서 석탄 실은 수레를 끌고 길을 나섰다. 어제 팔지 못한 탄이 그대로 실려 있었다.

주택가에서 조금 떨어진 공터에 장마당이 있었다. 예전에는 열흘에 한 번씩 물물교환을 위한 농민시장이 섰었는데 이제는 상설시장이 되어 사람들이 매일 모여들었다. 정미는 한갓진 곳에다 수레를 세웠다. 보안원이나 규찰대가 단속하러 나오면 재빨리 도망가기 위해서다. 점심때가 지났을 때 싼 가격에 팔아버렸다. 어쩔 수 없었다. 지금 팔지 못하면 언제 다시 작자가 나타날지 몰랐다. 정미가 빈 수레를 끌고 시장 안쪽으로 들어갔다.

"야, 니 고생 많다."

두부밥을 팔고 있는 금옥에게 갔다.

"너는 오늘 일찍 팔아치웠구나."

"배고프다 야."

정미가 두부밥을 입으로 가져갔다. 몇 번 씹다가 꿀떡 삼켰다. 시장이 반찬이라고 양념이 조금 묻어 있는 두부밥이 그렇게 맛있을 수가 없었다. 탄가루가 묻은 시커먼 손가락으로 순식간에 다섯 개를 집어먹었다. 그 모습을 바라보던 금옥이 한마디했다.

"잠바 좋은 거 입었다. 어디서 샀니?"

"아, 이거? 저쪽에 있는 아바이한테 샀어."

정미가 금옥을 보았는데 왠지 싸한 기분이 들었다. 금옥의 눈빛이 날카롭게 느껴졌다. 사실은 오늘뿐만이 아니었다. 언제부터인지 금옥의 말투가 살갑지 않고 사무적이라는 생각이 들었다. 마치 보위원이 심문하는 것 같았다.

며칠 전에 보따리 장사하는 화교한테 오리털 잠바를 샀다. 아랫동네에서 들어온 중고 옷이었다. 화교들은 두만강을 넘나드는 것이 어렵지 않았다. 아랫동네 잠바는 비록 중고라고 할지라도 튼튼하고 질겨서 오래 입을 수 있었다. 모양이 예쁘고 무엇보다 몸에 잘 맞고 따뜻했다. 천이 뻣뻣하고 색깔도 칙칙한 조선 잠바와는 비교가 되지 않았다. 하지만 너무 비쌌다. 언니가 보낸 돈이 아니라면 만져 보기도 어려운 오리털 잠바였다.

다음 날 아침에 밥을 하고 인조고기를 볶았다. 진혁이 노천 갱에서 탄을 캘 날도 얼마 남지 않았다. 언 땅이 녹으면 굴이 무너질 수 있기 때문이다. 밥을 먹고 있는데 밖에서 부르는 소리가 났다. 정미가 숟가락을 놓고 부엌문을 열었다. 마을 담당 보위원이 다짜고짜 안으로 들어왔다.

"밥상이 참 푸짐하오. 나랑 같이 가야 되겠소."

"네? 뭐 땜에 그럼까?"

"별일은 아니고 뭐 좀 물어볼 게 있소. 기다리고 있을 테니까 후딱 먹고 나오기오."

보위원이 매의 눈으로 방을 훑어보고 밖으로 나갔다. 정미는 식사를 계속할 수 없었다. 손이 떨리고 호흡도 가빠졌다. 언니가 남조선에 있다는 걸 알거나 통화할 때 도청했을 거라는 생각이 들었다. 그것 말고는 간첩이나 반혁명분자를 잡으러 다니는 보위원이 찾아올 이유가 없었다. 잠바를 챙겨 입고 밖으로 나갔다. 보위원이 그녀를 까만 승용차에다 태웠다. 얼마 후 온성군 보위부 사무실에 도착했다.

"동무! 잠바가 참 좋구만. 갈탄 쉰 수레를 팔아야 하나 살려나?"

"네?"

"그 옷은 무스개 돈으로 산 거야? 빨리 말하라. 어서!"

보위원이 다그쳤다. 그 순간 정미의 머릿속을 치고 달아나는 것이 있었다. 금옥의 얼굴이 눈앞에 어른거렸다. 며칠 전에 산 잠바를 어제 처음으로 입고 장마당에 갔다. 그것을 아는 사람은 금옥뿐이었다. 설마. 정미가 머리를 흔들었다. 금옥이 자신을 감시하고 있었다는 것이 확신으로 다가왔다. 그러지 않고서야 그녀가 잠바를 샀다는 것을 보위원이 알 턱이 없었다.

"동무가 지난 일 년 동안 어디를 가고 뭣을 했는지 하나도 빠짐없이 다 적으라."

하얀 종이 수십 장을 책상에 던져놓고 보위원이 사무실을 나갔다.

아침 일찍 잠을 깬 진혁이 누운 채 생각에 잠겼다. 그는 날갯죽지가 꺾인 새처럼 활기를 잃고 쓸쓸히 지내고 있었다. 정미가 까만 차에 실려 끌려간 지 일주일이 되었건만 면회는커녕 어디에서 어떻게 지내고 있는지조차 알 수 없었다. 온성군 보위부에 다시 가봐야 할 것 같았다. 그가 물을 마시고 있는데 문 두드리는 소리가 났다. 정미일지도 모른다고 생각하며 벌떡 일어나 문을 열었다. 뜻밖에 조석호가 서 있었다.

"진혁 동무, 강 조장이 세상을 떴어."

"뭐라구?"

"리 사무소에 들러서 갈 테니 이따가 봐."

조석호가 할 말만 하고 사망신고를 하기 위해서 바삐 돌아갔다. 결국은 그렇게 가고 마는구나. 진혁이 중얼거렸다. 별로 놀랍지 않았다. 죽음이 일상화된 지가 오래되었다. 험한 세상에서 더 고생 안 하고 잘 갔다는 생각마저 들었다.

아침 하늘에 잿빛 구름이 몰려와 있었다. 곧 빗방울이 떨어질 것 같았다. 집을 나선 진혁이 어깨를 축 늘어뜨린 채 걸어갔다. 강 조장 집 마당에 인민반장과 진료소 의사가 서 있었다. 진폐증으로 폐가 돌처럼 굳어져서 숨이 멎었을 거라고 의사가 설명했다.

방 윗목에 강 조장이 시커먼 이불을 뒤집어쓴 채 누워있었다. 진혁이 물끄러미 건너다보았다. 만감이 교차 되었다. 손이 저절로 담뱃갑으로 갔다. 방바닥에 앉아 담배를 피워 물었다. 책임량을 혁명적으로 완수했다며 환하게 웃던 모습이 떠올랐다. 수더분하고 검약한 강 조장은 열성 로동당원으로서 당의 방침에 불평불만을 제기한 적이 없었다. 막장에 들어가면 허리가 부러질 듯이 곡괭이질을 했고 무거운 동발을 묵묵히 등짐 져 날랐으며 작업량을 못 채우면 앞서서 밤샘 근무를 했다. 그런 사람이 이렇게 허무하게 생을 마감하다니. 진혁은 미래의 자기 모습을 보는 것 같아서 못내 슬펐다.

"사는 게 참 허망하네."

조석호가 방으로 올라왔다. 그의 손에 약간의 옥쌀과 막소주 두 병이 들려 있었다. 장례를 치르라고 리 사무소에서 내준 물건이었다. 염포와 관은 물론이거니와 쌀 한 말에 술까지 풍족하게 지급되던 때가 언제였던가. 불과 몇 년 사이 고난의 행군 시기를 거치면서 장례에 필요한 물건은 거의 나오지 않았다.

"그나저나 관을 어째야 하나."

"울바자가 쓸 만해 보이기는 하드만."

"동무가 관을 짤 텐가? 내가 염을 할게."

"알았어."

조석호가 밖으로 나갔다. 염습을 몇 번 해 봤던 진혁이 농짝을 열었다. 헌 이불이 두 채 있었다. 그것을 꺼내 실밥을 뜯어내고 홑청을 벗겼다. 시신을 싸매기 위해서였다. 홑청을 다시 적당한 크기로 잘랐다.

정주간에서 양동이에 물을 떠 왔다. 시신을 덮은 이불을 걷어내자 시궁창처럼 역한 쉰내가 났다. 수백 개의 닭알이 썩는 것 같기도 했다. 다행히 아직 체액이 흘러나오지는 않았다. 가위로 옷을 잘라냈다. 진폐증이 심해져서 심정지가 됐다고 하지만 아사한 것이나 다름없었다. 정기가 다 빠져나간 몸은 메마른 미라처럼 왜소했다. 얼굴의 광대뼈가 크게 돌출되어 있고 빗장뼈며 갈비뼈가 살가죽을 뚫고 나올 듯이 붉어져 있었다. 뱃가죽은 등에 착 달라붙어 있었다. 수건에 물을 묻혀 시신을 닦기 시작했다. 진혁의 얼굴에 굵은 땀방울이 맺혔다. 성자라도 되는 듯이 무념무상의 상태로 부지런히 손을 놀렸다. 코가 마비되어 아무 냄새도 맡아지지 않았다. 알코올이 아닌 물만으로 닦아내기에는 한계가 있었다. 이불솜을 뜯어내어 코와 귀, 항문 등을 틀어막았다. 잘라놓은 홑청으로 다리부터 촘촘히 감아 올라갔다. 시신을 좌우로 굴리면서 몸통을 칭칭 감았다.

염을 마치고 손을 씻었다. 농짝 서랍을 열어보니 예전에 입던 작업복과 공로 메달 몇 개가 가지런히 놓여 있었다. 죽음을 준비했던 것인지 비교적 깨끗했다. 이까짓 양철 조각을 받자고 그렇게 죽일 내기로 일했나. 진혁이 중얼거리며 시신에 작업복을 입히고 공로 메달을 가슴에 달았다.

"어찌 돼가나."

기다란 널빤지를 들고 조석호가 안으로 들어왔다. 울바자를 뜯어낸 판자가 너무 적어서 관을 짜지 못했다. 할 수 없이 판자를 대강 이어 붙여서 칠성판을 만들었다.

"다 됐꾸마."

"염이 잘 된 것 같아."

칠성판을 내려놓고 조석호가 바닥에 앉았다. 두 사람이 한숨을 쉬며 담배를 피웠다. 연기가 방구석으로 퍼지면서 시신 냄새가 가시는 듯했다. 도시에서 잘 살다가 이 험지로 추방돼 와서 두더지처럼 땅만 팠다. 그 세월이 어언 삼십 년. 당의 방침에 따라서 오로지 탄 캐는 일밖에 할 수 없었던 한 사람의 주검 앞에서 두 사람은 입을 굳게 다물고 있었다. 어쩌면 할 말이 너무 많은 것인지도 몰랐다. 이심전심이

랄까. 서로를 바라보며 공연히 쓴웃음을 지었다.
"인민반에서 왔슴다."
정주간 문이 열렸다. 아주머니 둘이 들어섰다. 장례를 도우라고 인민반장이 급히 보낸 사람들이었다.
"어서 오기오."
"고생이 많슴다."
인사를 나누고 아주머니들이 일을 시작했다. 칠성판을 짜고 남은 판자 조각을 아궁이에다 넣었다. 옥쌀을 씻어 솥에 안쳤다. 옆 가마솥에다 두부와 비지를 넣고 불을 지폈다.
두 사람이 담뱃불을 껐다. 시신을 들어 칠성판에 올려놓고 홑청으로 시신을 둘둘 말아 칠성판에 묶었다. 공동묘지로 이동할 때 칠성판에서 떨어지는 것을 방지하기 위해서다. 남은 홑청으로 시신을 덮고 밖으로 나갔다.
"동무들, 한 잔씩 하시라요."
아주머니가 술상을 내왔다. 조석호가 막소주 병마개를 땄다. 알코올 35도짜리 막소주를 양은그릇에 나누어 따랐다. 진혁이 소주를 한 모금 마셨다. 불이 붙는 것처럼 목구멍이 짜르르했다. 두붓국을 한 숟가락 떠먹었다. 빈속에 술이 들어가자 몸에서 열이 났다.
짙은 회색 구름이 더욱더 낮게 깔려 있었다. 진혁의 마음이 급해졌다. 공동묘지가 마을에서 꽤 멀리 떨어져 있었다. 비가 쏟아지기 전에 매장을 마쳐야 한다. 생각 같아서는 강 조장의 자녀에게 연락해서 함께 장례를 치르고 싶지만 요원한 일이었다. 소식을 전해 듣고 아무리 빨리 온다고 해도 열흘 이상 걸릴 터였다.
점심 식사 대신 막소주를 몇 잔 더 마시고 두 사람이 자리에서 일어났다. 진혁이 상반신을, 조석호가 다리 쪽을 잡고 시신을 수레로 옮겼다. 수레 길이가 짧아서 시신의 다리가 밖으로 나왔다. 시신이 움직이지 않도록 밧줄로 다리 쪽을 묶고 한쪽에다 곡괭이와 삽을 실었다. 그 위에 이불을 덮었다.

"강 조장 동지! 이제 정든 집을 떠나 멀리 여행을 가기오."

마당에서 떠나기 전에 진혁이 영가에 고했다. 최미숙이 수레를 잡고 펑펑 울었다. 얼마 후 조석호가 그녀의 손을 떼어냈다.

쇠수레가 마당을 벗어났다. 진혁이 수레를 끌고 조석호가 밀었다. 최미숙이 따라나섰다. 초라한 운구행렬이었다. 그나마 염습하고 장례형식을 갖추었다. 입던 옷 그대로 수레에 싣고 가서 대강 묻는 경우가 허다했다. 동네를 벗어나 삿갓봉 골짜기로 들어섰다. 진혁은 힘든 내색을 하지 않고 묵묵히 걸어갔다. 산기슭을 따라 한참 올라갔다. 묘가 하나둘씩 보이기 시작했다. 조금 더 가자 넓은 산등성이에 묘가 가득 차 있는 공동묘지가 나타났다. 수레가 들어갈 수 없어서 두 사람이 칠성판을 들었다.

빗방울이 떨어지기 시작했다. 두 사람이 번갈아 곡괭이질을 하고 삽으로 흙을 퍼냈다. 탄을 캐던 사람들이라 연장 다루는 것이 능숙했다. 얼마 후 커다란 구덩이가 만들어졌다. 칠성판을 땅속으로 내렸다. 빗줄기가 거세졌다. 서둘러 흙을 퍼 넣었다. 봉분을 만들고 주변의 잔디를 떠서 올려놓았다.

"탄광 없는 세상으로 가서 편히 쉬시오."

무덤가에 술을 뿌리며 진혁이 읊조렸다. 목이 꽉 메어 왔다. 빗방울인지 눈물인지 알 수 없는 물기가 얼굴에 흥건히 번졌다. 갑자기 이 세상이 싫어졌다. 뭔가 티끌만 하게라도 희망이 보이지 않았다.

보위부로 끌려갔던 정미가 1달 만에 집으로 돌아왔다. 까만 승용차에서 내린 그녀는 잘 걷지를 못했다. 엉금엉금 기어서 안으로 들어갔다. 얼굴에 시커먼 멍 자국이 있고 눈이 쑥 들어가 있었으며 마른 장작같이 비쩍 말라 있었다. 외출했다가 돌아온 진혁이 그 모습을 보고 분통을 터뜨렸다. 쌍놈의 새끼들! 주먹으로 연거푸 방바닥을 내리쳤다. 하지만 그가 할 수 있는 일은 아무것도 없었다.

정미의 언니가 남조선으로 뛰었다는 정보를 입수한 보위원은 금옥에게 감시 임무를 주었다. 언젠가는 정미도 남조선으로 뛸 것이 분명해 보였다. 금옥은 장마당에서 장사를 계속하기 위해서 어쩔 수 없이 보위원의 제안을 받아들였다. 정미의 말 한마디 행동 하나하나가 즉각적으로 보위원에게 전달되었다. 보위원은 정미에게 언니의 행방을 물으며 심문을 했다. 정미는 언니와 관련된 발언을 한마디도 하지 않았다. 협박과 고문을 이기지 못하고 인정하게 되면 반역자 가족으로 낙인찍히고 산간벽지로 추방되어 삶이 끝 모를 바다으로 곤두박질칠 터였다.

"사실은 언니한테 돈을 조금 받았어."

이튿날 정미가 진혁에게 중국 돈을 내놓으며 돼지고기를 사 오라고 했다. 우선 뭐든지 먹고 몸을 추슬러야 했다. 그날 밤에 창문과 부엌문을 걸어 잠그고 돼지고기를 구워 먹었다. 돼지고기 먹는 것이 이웃에 알려지면 또다시 신고당할 것이 분명했다. 꿈속에서라도 먹고 싶었던 이밥에 고깃국을 일주일 동안 원 없이 먹었다. 몸이 많이 회복되어 정신이 맑아지고 걷는 것이 수월해졌다.

"같이 갈 거지?"

정미가 두만강을 건너자고 하자 진혁이 가만히 고개를 끄덕였다.

이튿날 진혁이 온성읍으로 나가서 브로커를 만났다. 브로커는 날을 잡으려면 시간이 걸린다며 기다려 달라고 했다. 그에게 계약금으로 1000위안을 주고 집으로 돌아갔다. 정미는 피 타는 심정으로 브로커가 연락해 오기를 손꼽아 기다렸다. 그러던 어느 날 밤중에 누군가가 문을 흔들었다. 문을 열자 커다란 배낭을 멘 금옥이 서 있었다.

"니가 웬일이니?"

"얘기할 게 있어서……."

금옥이 말꼬리를 흐렸다. 정미는 어디서든 만나기만 하면 흠씬 두들겨 패주리라고 생각했는데 막상 얼굴을 보니까 마음이 누그러졌다. 이 딱친구가 오죽했으면 그랬을까 하는 측은한 생각이 든 적도 있기는 있었다.

"정말 미안하다. 니가 그렇게 고생하게 될 줄은 생각지도 못했어."

방으로 올라간 금옥이 정미 손을 잡고 울먹였다.

"됐어, 이년아. 울긴 왜 울고 지랄야."

정미는 어느새 옛날로 돌아가 격의 없는 말투로 소리쳤다. 걸음마를 배울 때부터 가끔 싸우고 때론 깔깔거리고 떠들며 살붙이처럼 살아온 세월이 얼마인가. 즐겁고 행복했던 날들이 머릿속으로 스쳐 지나갔다. 두 사람은 서로 끌어안고 등을 두드리며 눈물을 흘렸다. 얼마 후 금옥이 말했다.

"내 말 잘 들어. 보위원이 지금 덫을 치고 너를 기다리고 있어. 니가 이밥에 돼지고깃국 먹은 거 보위원이 다 알고 있드라. 장마당 사람들 절반은 스파이라고 해도 틀리지 않아. 누가 일러바쳐도 일러바치게 되어 있거든."

보위원은 정미를 풀어주고 나서 금옥은 효용 가치가 떨어졌다고 생각하고 다른 사람에게 정미를 감시하도록 했다. 진혁이 장마당에서 언제 무엇을 샀는지 보고가 되었다. 한번 걸려들면 촘촘한 감시망을 벗어나는 것이 보통 어려운 일이 아니었다. 그런 와중에 진혁이 미행을 당해 온성읍에서 브로커를 만난 것도 들통났다.

"어쩌면 오늘 밤에라도 잡으러 올지 몰라. 나도 감시당하고 있는 것 같거든."

불현듯 금옥의 말이 빨라졌다. 등잔불에 비친 얼굴에 긴장감이 어려 있고 초조한 기색이 역력했다. 그녀가 배낭을 풀었다. 중고 옷이 쏟아져 나왔다.

"장사하는 것처럼 이걸 짊어지고서 회령으로 가. 아마 여기보다는 두만강을 건너가는 것이 수월할 거야."

금옥은 좌우를 둘러보고 일어났다. 그녀는 자신도 감시당하고 있다는 생각을 떨쳐내지 못하고 있었다.

"정미야, 나 믿지? 어디 가서든지 잘 살아라, 응?"

"고마워……."

정미는 밖으로 나가는 금옥에게 겨우 한마디 건넸다. 목이 메어서 말이 안 나왔다.

다음날 새벽에 진혁과 정미는 배낭을 메고 집을 나섰다. 낡은 옷을 입고 옆구리가 찢어져서 실로 꿰맨 신발을 신었다. 산길을 따라 온성읍으로 걸어갔다. 온성역에 도착하자 대합실에 사람들이 넘쳐났다. 하나같이 보따리나 배낭을 짊어지고 있었다. 언제 기차를 탈 수 있을지 알 수 없었다. 이곳을 빨리 벗어나기 위해서 서비차(돈을 내고 타는 차)를 잡아탔다. 적재함에 오르자 거기에도 사람이 많았다. 두 사람은 전혀 모르는 것처럼 멀찍이 떨어져 앉았다. 차가 두만강 옆으로 이어진 도로를 따라 달려갔다.

점심때쯤 서비차가 학포리(鶴浦里)에 도착했다. 회령시로 갈 사람들이 주섬주섬 내렸다. 서비차가 세천동(細川洞)으로 빠지기 때문이었다. 차에서 내린 두 사람은 산등성이로 올라가 회령 쪽으로 걷기 시작했다. 도로를 따라 흘러가는 두만강이 햇살을 받아 하얗게 반짝이고 있었다. 이따금 먼지를 일으키며 차가 지나갈 뿐 길은 한적하고 조용했다. 간혹 오두막 같은 초소가 나타났고 군인 몇몇이 서성거리고 있었다. 중국 땅을 건너다보니 검은 아스팔트 도로가 구불구불 이어지고 집들이 드문드문 보였다. 두 사람이 두만강이 잘 내려다보이는 곳에 앉아 곽밥(도시락)을 꺼내 먹었다.

"우리가 꼭 회령까지 가야 하는 건 아니잖아."

두부밥을 씹으며 진혁이 말했다.

"그렇긴 해."

"저기가 강폭이 좁고 초소도 없는 것 같은데 이따가 저기로 건너가자."

"괜찮을까."

"오늘은 초승달이 뜰 거니까 캄캄해서 안 보일 거야."

진혁은 이곳까지 오는 동안 강변을 계속 살펴보았다. 두만강이 생각보다 폭이 좁고 깊어 보이지도 않았다. 마음만 먹으면 한달음에 뛰어서 건너갈 수 있을 것 같았다. 두 사람은 그 자리에서 전방을 주시하고 계획을 짜면서 밤이 되기를 기다렸다.

해가 지고 초저녁 서쪽 하늘에 눈썹 같은 초승달이 떴다. 두 사람은 두어 시간이 지난 후에 산 아래로 내려가 두만강 쪽에 붙었다. 군인들이 초소 근무를 교대하는 시간이었다. 도로에서 강으로 내려가는 기슭이 꽤 가팔랐다. 정미가 진혁의 옷자락을 꽉 틀어쥐었다. 초소 쪽에서 두런두런 소리가 났다. 초승달마저 기울어서 앞이 보이지 않았다. 진혁은 그다지 두렵지 않았다. 깜깜한 막장에서 곡괭이질 하던 걸 생각하면 이런 건 아무것도 아니었다.

"내 손만 꼭 잡아!"

진혁이 속삭였다. 그러고는 주저 없이 강물에 몸을 던졌다. 왼손으로 정미 팔을 잡고 오른손으로 시커먼 강물을 힘차게 헤쳐 나갔다.

그해 겨울의 두만강

두만강과 맞닿아 있는 한적한 수미(秀美)마을에 여명이 밝아왔다. 겨울이 시작되었음을 알리기라도 하는 듯이 새벽에 첫눈이 조금 내렸다. 나무 한 그루 없이 계단식 뙈기밭으로 이루어진 뒷산이 하얬다. 밭둑이 거무스름하게 도드라져 보였다. 하얀 천 조각들을 검은 실로 꿰매서 이어붙인 보자기를 산기슭에다 덮어씌운 것 같았다. 무산읍(茂山邑)에서 30리쯤 떨어진 칠성리(七星里)의 수미마을 사람들은 대부분 농사를 지었다. 이곳저곳 굴뚝에서 아침밥을 짓는 연기가 뽀얗게 솟아올랐다.

그해 겨울의 두만강

두만강과 맞닿아 있는 한적한 수미(秀美)마을에 여명이 밝아왔다. 겨울이 시작되었음을 알리기라도 하는 듯이 새벽에 첫눈이 조금 내렸다. 나무 한 그루 없이 계단식 뙈기밭으로 이루어진 뒷산이 하얬다. 밭둑이 거무스름하게 도드라져 보였다. 하얀 천 조각들을 검은 실로 꿰매서 이어붙인 보자기를 산기슭에다 덮어씌운 것 같았다. 무산읍(茂山邑)에서 30리쯤 떨어진 칠성리(七星里)의 수미마을 사람들은 대부분 농사를 지었다. 이곳저곳 굴뚝에서 아침밥을 짓는 연기가 뽀얗게 솟아올랐다. 협동농장의 가을걷이를 마친 농장원들이 얼마 전에 분배를 받아서 양식은 충분할 터였다. 수미마을 앞으로 두만강이 흘러내려 갔다. 강은 마을을 향해 감입곡류로 깊숙이 원을 그리며 휘돌아나간 다음 북류 하면서 지초리(芝草里) 방면으로 빠져나갔다.
　수미마을에는 1개 동에 4가구가 거주하는 일자형 하모니카 주택과 땅집이 혼재되어 있었다. 지은 지 오래된 집들은 대체로 거무튀튀

하고 칙칙했다. 집마다 나무판자 울타리에다 석회를 물에 타서 칠했는데 그것마저도 더께가 앉아 검회색으로 보였다. 저 멀리 가라지봉(加羅支峰) 산맥의 깊은 골짜기에서 발원한 하천이 낮은 구릉 지대로 흘러내려 오다가 수미마을을 지나 두만강과 합류했다. 하천을 따라서 좌우로 부챗살처럼 펼쳐진 평지에 땅집들이 자리를 잡았다. 선혜(善惠)네 굴피집도 그 지역에 있었는데 두만강이 멀지 않은 곳에 있었다. 대문을 나서면 바로 두만강이 보였다.

선혜의 아버지는 청진시 당 일꾼이었다. 하루는 세포 당원들과 술을 마시다가 '당에서 우리의 고충을 잘 모르는 것 같다'고 불평했다. 그것은 당원으로서 치명적인 말 반동이었다. 술자리에 있던 보위부 첩자가 즉각 상관에게 보고했다. 선혜 아버지는 곧바로 직맹(조선직업총동맹)의 비판 무대에 올라섰다. 냉엄한 자아비판을 거쳐서 혹독하고 무자비한 사상투쟁을 치르던 어느 날 온 가족이 진녹색 화물차에 실려 칠성리로 추방되었다. 한밤중에 집행된 날벼락이었다. 한겨울인데도 살림집을 배정받지 못했다. 너무나 황망한 일이었다. 집을 직접 지을 수밖에 없었다. 다행히 인근에 사는 농장원이 일손을 도와주었다. 선혜 아버지는 농장원과 함께 진흙에 돌멩이를 섞어 벽을 세우고 참나무 껍질로 지붕을 덮어서 방 하나에 부엌이 딸린 굴피집을 완성했다. 급하게 속도전으로 짓느라 규모가 작고 천장이 낮았다. 하지만 엄동설한에 한뎃잠을 자지 않게 되어서 천만다행이었다.

잠자리에서 일어난 선혜가 겉옷을 걸쳤다. 잠들어 있는 어린 딸과 친정어머니를 내려다보며 헝클어진 머리카락을 고무줄로 묶었다. 요즘은 협동농장 작업반에 출근하지 않고 무산읍에 가서 장사하느라 몹시 피곤했다. 얼굴이 흙빛이었다. 양 볼이 홀쭉했고 광대뼈가 툭 튀어나와 있었다. 메마른 땅바닥처럼 피부도 거칠었다. 살결물(스킨로션) 같은 화장품을 한 번도 바른 적이 없었다. 그래서인지 30대 초반의 나이에 비해 겉늙어 보였다. 두 눈의 흰자위가 너무 하얘서 창백해 보이기까지 했다. 그래도 눈빛만은 형형하게 반짝였다. 그녀만의 정신세계에서 뿜어져 나오는 삶의 결기가 배어 있는 것 같기도 했다.

선혜는 무산광산 기술자와 결혼해서 창렬로동자구(彰烈勞動者區)에 살았었다. 남편이 몇 년 전에 광산 사고로 사망한 이후 먹고 사는 일이 막막해졌다. 언제부터인가 지인들이 하나둘씩 사라지고 있었다. 삶의 돌파구를 찾아서 중국으로 건너간 것이다. 선혜도 친정어머니에게 딸을 맡기고 브로커와 함께 두만강을 건넜었다. 억척같이 일해서 돈을 많이 벌어오고 싶었다. 그러나 너무나 순진한 생각이었다는 것을 금세 알게 됐다. 브로커가 중국 안도현(安圖縣)의 오지로 데리고 가서 장애인 남자에게 팔아넘긴 것이다. 선혜는 한밤중에 산을 타고 필사적으로 도망쳤다. 그런데 땅이 그렇게 넓은 데도 갈 데가 없었다. 중국말을 모른 채 물설고 낯선 땅에서 떠돌다가 공안원에게 붙잡히고 말았다. 무산군으로 북송된 후 깡판(로동단련대)에서 반년 동안의 강제노동 형기를 마치고 친정집으로 돌아온 지 이제 1년이 되었다.

부엌으로 내려간 그녀가 아궁이에다 마른 옥수숫대를 넣고 성냥을 그었다. 불쏘시개에 불이 붙자 장작을 집어넣었다. 손길이 빨라졌다. 무산읍 장마당에 늦지 않게 가려면 서둘러야 했다. 옥수수 알을 타개서 쌀처럼 만든 옥쌀을 자루에서 한 바가지 퍼냈다. 올해 협동농장에서 1년 치 식량으로 분배받은 옥수수와 잡곡이 260kg이었다. 그것을 찧자 알곡으로 230kg 정도 되었다. 그마저도 이자쌀(장리쌀)

로 꾸어 온 것을 갚고 나니까 160kg만 남았다. 세 식구가 아껴 먹는다고 해도 몇 개월 지나면 바닥이 날 터였다. 개인 뙈기밭에서 거둬들인 옥수수가 있어서 그나마 다행이지만 내년에 감자를 수확할 때까지 어떻게 버틸 것인지 벌써 걱정이 되었다. 옥쌀을 바가지에 넣고 씻다가 휘휘 휘둘러서 돌을 골라냈다. 가마솥에다 옥쌀을 앉히고 그 위에다 건 나물들을 올려놓았다. 감자도 다섯 개를 잘라서 넣었다. 밥의 양을 늘리기 위해서다.

그녀가 부지깽이로 아궁이를 뒤적였다. 장작이 불땀 좋게 타올랐다. 공기가 훈훈해졌다. 밤새 웅크리고 잤던 그녀의 몸도 조금씩 풀렸다. 초겨울이지만 한밤에는 여간 추운 것이 아니었다. 얼마 후 가마솥에서 김이 새어 나왔다. 밥 뜸을 들이려고 장작을 물 솥 쪽으로 옮겼다. 서둘러 밥상을 차리고 딸과 어머니를 깨웠다.

식사를 마치자마자 선혜가 배낭을 가져왔다. 올해는 협동농장이 아닌 그녀의 뙈기밭에다 심은 콩이 풍작을 이루었다. 거기에다 콩값이 가파르게 올라서 조금이나마 살림살이에 도움이 되었다. 그녀가 콩과 저울 막대, 그리고 점심밥 담은 양은그릇을 보자기에 싸서 배낭에다 넣었다. 그것을 들고 밖으로 나가서 자전거 뒷자리에다 단단히 묶었다.

"어마니, 갔다 오갔시오."

"좀 쉬었다 개잖고……."

선혜가 자전거를 끌고 집을 나서는데 어머니가 안쓰러운 표정을 지었다.

해가 산 위로 솟아올랐다. 차가운 아침 햇살이 수미마을 들판으로 퍼졌다. 자전거에 올라탄 선혜가 녹슬고 삐걱거리는 페달을 밟기 시작했다. 장마당까지 아무리 빨리 달려도 1시간이 넘게 걸렸다. 자전거 속도가 점차 빨라졌다. 해가 부쩍 짧아져서 어물어물하다가는 콩을 1kg도 팔지 못하고 돌아올 수도 있었다.

무산읍 장마당에 도착하자 벌써 많은 장사꾼이 모여 있었다. 무산시장 건물에서 조금 떨어진 길가에 노점상이 많았다. 밑천이 없어서 시장 건물 매대로 들어가지 못한 사람들이 좌판을 벌인 곳이다. 이곳은 단속반 규찰대가 나타나면 장사꾼들이 메뚜기처럼 사방으로 튀어 도망간다고 해서 메뚜기 시장이라고 불렀다.

선혜는 장마당 보관소에 자전거를 맡기면서 건물 간판에 쓰인 '하나는 전체를 위하여 전체는 하나를 위하여!'라는 글을 보았다. 언젠가 협동농장관리위원장이 독보회를 할 때 로동신문을 들고 '당을 따르는 일심의 대오를 이루어 하나는 전체를 위하고 전체가 하나를 위하는 구호 아래 개인주의를 깨버리고 집단주의 정신으로 뭉쳐 알곡의 혁명화 사업을 가열차게 일구어 나가자'고 말한 적이 있었다. 당시에는 열변을 토하는 관리위원장의 호소에 가슴이 뜨거워지고 눈물이 맺힐 만큼 감동했었다. 그러나 일한 만큼의 분배를 받지 못하고 죽을 끓여 먹거나 굶는 날이 많아지면서 굳건했던 사상은 무너져 갔다. 중국에서 풍요롭고 자유로운 생활을 잠깐이나마 경험한 이후부터는 심경 변화가 한층 더 빨라졌다.

그녀가 메뚜기 시장으로 갔다. 배낭에서 저울을 꺼내고 〈맛있는 두부콩 1kg 2700원〉이라고 쓴 종이를 올려놓았다. 요즘 콩 시세보다 300원쯤 싼 가격이었다. 무산시장 정식 매대에서는 3000원을 받고 팔았지만, 메뚜기 시장에서 제값을 받기는 어려웠다. 더구나 갈 길이 멀어서 한 시간이라도 빨리 파는 게 더 이익이었다. 그녀가 나무판자를 땅바닥에 놓고 그 위에 앉았다. 장사 준비는 그것으로 끝이었다.

"영주 왔니?"

"오늘도 일찍 나왔네요, 언니."

머리에 함지박을 이고 온 영주(英周)가 선혜 옆자리로 왔다. 함지박을 내려놓고 보자기를 벗기자 가지런히 쌓여 있는 두부밥이 보였다. 선혜보다 서너 살 어린 영주는 몸집이 다부졌다. 서글서글한 얼굴에 파마머리가 잘 어울렸다. 탈색된 중국산 중고 점퍼를 입었고 털내피가 있는 신발을 신고 있었다. 그녀는 장마당에서 가까운 삼봉로동자구(三峰勞動者區)에 살았다. 무산광산에서 지도원으로 일했던 남편이 어느 날 돈 벌어오겠다며 두만강을 건너갔는데 영 소식이 없었다. 사는 것이 너무나 팍팍했다. 하는 수 없이 어린 아들과 먹고살기 위해 두부밥을 만들어 팔기 시작했다.

장마당 거리에 사람들이 많아졌다. 수숫대와 싸리나무로 빗자루를 만들어 온 사람, 〈한 모금에 벽 잡고 30초〉라고 쓴 종이를 올려놓고 독한 담뱃가루를 파는 할머니, 뭉텅이로 죽는다며 회충약을 파는 사람, 강냉이 국수를 국물에 말아서 파는 노인, 장작더미 앞에서 손님을 기다리는 남자, 막대사탕과 손가락과자를 파는 아주머니, 너절한 중고 옷을 바닥에 펼쳐놓은 여자 등등 수많은 장사꾼이 길 양옆으로 기다랗게 좌판을 벌이고 앉아 있었다.

한데서 노숙 생활하는 꽃제비 아이들 몇 명이 지나갔다. 그중에서 제일 나이 어려 보이는 아이가 영주 앞으로 왔다. 아이한테서 퀴퀴한 냄새가 났다. 옷소매가 찌들어 번들거렸고, 아궁이에서 걸어 나온 듯이 얼굴은 시커멨다. 아이는 얌전히 서서 두 손을 내밀었다.

"아침밥 못 먹었니?"

영주가 두부밥 3개를 건넸다. 아이가 영주네 옆집에 살고 있어서 잘 알고 있었다.

"쟤 할머니가 허약병 앓다 세상을 떴지 뭐예요. 먹지 못해서 굶어 죽은 거죠 뭐."

아이가 저만치 멀어져 가자 영주가 설명하며 도리질을 했다. 사람들이 무시로 죽어 나가던 고난의 행군 시기가 끝났다고 하지만 양식은 여전히 공급되지 않았다. 남편이 배급을 제대로 타 본 적이 언제였는지 기억나지도 않았다. 핵실험에 따른 유엔 제재 때문에 수출하지 못하는 철광석이 무산광산 야적장에 산처럼 쌓여 갔다. 수많은 작업반이 폐쇄되었고 출근하지 않는 로동자가 늘어났다.

"언니, 중국에 가보니 어떻소?"

"여기서 생각했던 거 이상이다."

"그렇게 살 만하오?"

"삶은 닭알을 기름에 튀겨 먹는다는 말 들어는 봤니? 양념에 절인 돼지고기를 항아리에다 쟁여 놓고 먹드라."

"그게 진짜요?"

돼지고기를 한 번 먹으려면 큰마음을 먹어야 하는 영주가 눈을 크게 떴다. 그녀는 그 누구 못지않게 중국에 가고 싶어 했다. 중국 연길시에 사는 큰아버지가 1년 전에 쌀과 생필품을 가지고 왔었다. 그때 친정집에서 큰아버지를 만났다. 큰아버지는 언제라도 연길에 오면 연락하라면서 전화번호를 적어 주었다. 온종일 추위에 떨며 두부밥을 팔아 봐야 이익이라고는 옥쌀 1kg을 사기도 힘들었다. 아침 식사가 끝나면 점심밥을, 점심 먹고 나면 저녁밥이 걱정이었다. 하루에 한 끼만 먹기도 했다. 그런 날이 많아질수록 연길에 가서 도움을 받아야겠다는 생각이 뭉게구름처럼 피어올랐다.

"왜? 니도 가보고 싶니?"

"에이, 내가 애를 놔두고 어딜 가겠소."

영주가 고개를 완강하게 저었다. 선혜는 영주가 거부하고 있지만, 속뜻은 다를 것이라고 짐작했다. 주변에 보위부나 보안원 첩자들이 많아서 함부로 자기 생각을 드러낼 수 없는 것이었다.

사실 선혜는 또다시 강타기를 준비하고 있었다. 장마당에 열심히 나오는 것도 강을 넘겨줄 브로커를 찾기 위해서였다. 최근 들어 국경 경비대에서 두만강 기슭에 초소를 늘리고 철조망을 쳤으며 곳곳에 감시 카메라를 설치하고 있었다. 비사회주의 현상을 단속하는 비사 그루빠가 중앙에서 파견되어 검문검색을 강화하고 중국과의 불법 통화를 철저히 단속했다. 그 바람에 브로커들이 활동을 접고 숨어 있어서 그들을 만나는 것이 어려웠다.

어느덧 점심때가 되었다. 콩 21kg을 가지고 온 선혜는 그때까지 겨우 1kg을 팔았다. 선혜가 집에서 가지고 온 보자기를 풀었다. 양은 그릇에 옥쌀밥이 담겨 있고 그 위에 염장무가 몇 조각 놓여 있었다. 밥을 떠먹으면서 저쪽 모퉁이를 보았다. 그곳에서 한 청년이 계속 서성거리고 있었다. 20대 초반의 용철(勇哲)이었다. 며칠 전부터 모습을 드러낸 용철은 이따금 장터를 오갔지만 무언가를 팔거나 사려는 시도가 없었다.

선혜가 식사를 끝낼 즈음 용철이 움직였다. 그가 이쪽으로 왔다. 그러고는 영주 앞에 앉아서 두부밥을 달라고 했다. 영주가 돈을 받고 접시에다 두부밥 5개를 담아 주었다. 용철은 두부밥을 입에 넣고 우적우적 빠르게 씹어 먹었다. 생각했던 것보다 맛있는지 잠시 눈이 감기기도 했다. 수더분해 보인다고나 할까. 얼굴이 넙데데하고 이마가 넓었다. 키가 작은 편이었고 몸집은 탄탄해 보였다. 출신 성분이 좋지 않아서 군대에 가지 못한 그는 청진의 어느 공장에서 로동자로 일했다. 하지만 원자재가 부족해서 일거리가 없었고 배급을 전혀 받지 못했다. 먹고는 살아야겠기에 남조선 영화와 드라마가 저장된 알판을 몰래 팔러 다녔다. 그러다가 담당 보안원에게 몇 번 걸렸는데 그때마다 많은 뇌물을 고이고 풀려났다. 어느 날 보안원이 109상무(당, 보위원, 보안원, 검찰 등으로 구성된 단속반)가 떠서 특별 단속할 예정이니까 어디로든 뛰라고 귀띔해 주었다. 이미 감시 대상이었던 그는 청진을 벗어나 이곳저곳 떠돌다가 무산으로 숨어들었다. 그러나 려행통행증이 없어서 언제라도 붙잡힐 수 있었다. 그가 판매한 알판 중에는 남북 군인들을 통해서 분단의 비극을 묘사한 영화 '공동경비구역'과, 국민 인권의 가치관을 공유하는 군인과 여의사가 사랑을 키워나가는 '태양의 후예'라는 드라마가 있었다. 그런데 중앙당에서는 특별히 날라리풍 황색 바람과 비사회주의를 조장하는 그 두 프로그램을 유통하거나 시청한 반동분자들을 중형으로 다스릴 데에 대한 엄중한 방침을 시, 도당에 내려보냈다. 그에 따라서 109상무에 체포되면 적어도 5년 이상 교화형을 받을 터였다. 자칫하면 본보기에 걸려서 공개 처형당할 수도 있었다. 용철은 수중에 돈이 다 떨어져 가고 막다른 길에 다다르자 이제는 두만강을 건너는 수밖에 없다고 생각했다.

"어디 하룻밤 묵을 집이 있겠소?"

용철이 영주에게 물었다.

"역 앞에 가면 있을 거요."

영주가 심드렁하게 대답했다. 무산역 앞에는 돈 받고 방을 빌려주거나 밥을 해 주는 집들이 있었다. 타지에서 무산시장으로 생필품 물건을 떼거나 농산물을 팔러 오는 장사꾼들이 주로 이용했다.

"거긴 단속이 심하잖소?"

"그렇긴 한데…….'

"동무, 울 집에 가잰겠소?"

선혜가 불쑥 나섰다. 그녀는 용철이 어떤 곤경에 처해 있다는 걸 본능적으로 알아차렸다. 용철은 계속 두리번거리며 주위를 살폈고 말할 때마다 눈동자가 불안하게 흔들렸다.

얼마 후 선혜는 용철을 자전거 뒷자리에 태우고 칠성리 집을 향해 페달을 밟았다.

두만강의 너른 개활지는 황량하고 쓸쓸했다. 만주 삭풍이 빈 들판을 휩쓸었다. 굵은 눈송이가 사납게 흩날렸다. 바람이 휘몰아칠 때마다 생의 깊고 어두운 계곡에서 울려오는 듯이 팽팽한 전깃줄에서 휭휭 소리가 났다. 눈 쌓인 도로에 인적이 끊긴 지 오래되었다. 땅거미가 내려앉기 시작했다. 하늘이 어둑어둑해졌고 무척 을씨년스러웠다. 가만히 귀 기울이면 두만강 흐르는 소리가 들릴 정도로 적막했다. 토끼털로 만든 모자를 눌러쓰고 개털 동복을 걸친 국경경비대원 두 명이 눈발을 뚫고 도로를 따라서 북쪽으로 올라갔다. 정강이까지 내려오는 두꺼운 개털 동복 때문에 느릿느릿 움직이는 곰처럼 보였다. 그들은 경비초소에서 근무를 마치고 본부로 복귀하는 중이었다. 무시기 눈이 이렇게 쏟아진담. 어깨를 잔뜩 웅크린 중급병사가 중얼거렸다. 눈발이 거세어서 눈을 제대로 뜰 수 없었다. 걸음을 옮길 때마다 어깨에 걸린 총에서 덜거덕거리는 소리가 났다. 얼마 후 그들은 굽은 산길을 돌아서 사라졌다.

도로 옆 산기슭에 있는 바위 위로 눈이 수북이 쌓여 갔다. 그 뒤쪽에 세 개의 덩어리가 있었는데 마치 또 다른 바위처럼 보였다. 그런데 덩어리가 가끔 움직였다. 그것은 바위가 아니라 하얀 광목천을 뒤집어쓴 사람들이었다. 그들은 몇 시간 전부터 잠복해 있었다. 얼마나 더 기달려야 함까? 영주가 천을 들치고 선혜를 보았다. 긴장한 탓에 영주의 손이 덜덜 떨렸다. 시간이 흐를수록 두려움도 배가되었다. 아까부터 오줌이 마려웠지만, 꾹 참고 있었다. 쫌만 더 있어 보라. 선혜가 짧게 말했다. 눈을 부릅뜨고 도로를 살피던 그녀는 결단의 시간이 다가오고 있음을 느꼈다. 두 사람 대화를 들으며 용철은 무거운 절단기를 움켜쥐었다. 그의 역할은 강가에 설치된 철조망을 끊는 것이었다. 영주가 선혜 손을 꽉 잡았다. 어린 아들을 큰언니에게 맡기고 첫 도강 길에 오른 영주는 너무나 가슴이 뛰었다.

세 사람이 함께 도강하기로 말을 맞춘 것은 보름 전이다. 선혜는 용철을 집으로 데리고 오던 날 그에게서 중국에 가고 싶다는 말을 들었다. 그녀는 용철을 집에서 지내도록 했고 어떻게 강을 건널 것인지 방법을 찾기 시작했다. 하지만 이리저리 궁리해 봐도 뾰족한 수가 없었다. 국경경비대 감시가 강화되면서 도강 사례비가 세 배로 뛰었다. 그들은 브로커를 구할 돈이 없었다. 논의 끝에 국경경비대가 집중적으로 감시하는 위험구역을 피해서 브로커 도움 없이 깡 도강을 하기로 했다. 선혜는 메뚜기 시장으로 가서 영주의 의중을 슬며시 떠보았다. 만에 하나 신고를 하면 순식간에 나락으로 곤두박질치는 것이었다. 우려와는 달리 당장 내일이라도 갈 수 있다며 영주가 전격적으로 합류했다.

"동무들, 뛸 준비하라!"

군인들이 사라진 지 20분쯤 지나자 마침내 선혜가 외쳤다.

"알았소, 이모!"

용철이 결연하게 대답했다. 그는 선혜를 이모라고 불렀다.

선혜가 불쑥 몸을 일으켰다. 망설임 없이 산기슭을 내려가기 시작했다. 그녀는 세 사람이 강을 건너고 나서 갈아입을 옷을 비닐에 꽁꽁 싸매서 넣어둔 배낭을 메고 있었다. 혁명 전사라도 되는 양 몸놀림이 민첩했다. 눈이 정강이까지 쌓여 있었지만 개의치 않았다. 중요한 것은 강을 향해서 출발했다면 머뭇거려서는 안 되는 것이었다. 설사 국경경비대원이 등 뒤에서 총을 난사하더라도 앞만 보고 무조건 뛰어야 한다.

세 사람이 미끄러지다가 걷다가 다시 미끄러지면서 도로까지 내려왔다. 그때 저 아래에서 전조등을 켠 화물차가 오고 있었다. 선혜가 도로 옆 도랑으로 몸을 던졌다. 동작이 어찌나 빠른지 마치 스라소니 같았다. 뒤따르던 두 사람도 광목천을 뒤집어쓰고 납작 엎드렸다. 말이 필요 없었다. 용철은 철조망 절단기에 부딪혀서 턱이 얼얼했다. 쌓인 눈에 얼굴이 파묻혀 눈덩이가 입으로 들어왔다. 그는 시체가 된 듯이 꼼짝도 하지 않았다. 영주가 부들부들 떨리는 손으로 선혜의 옷자락을 잡았다. 심장이 몸 밖으로 튕겨 나올 듯이 격렬하게 고동쳤다. 몇 초의 시간이 흘러갔는데 영주에게는 마치 수십 년이 된 것 같았다. 일 없을 거야. 선혜가 가만히 다독여주었다.

암녹색 승리58 군용차가 느릿느릿 굴러왔다. 도로가 미끄러워서 속도를 내지 못했다. 얼마 후 군용차가 시끄러운 엔진 소리를 내며 지나갔다. 차가 산길을 돌아서 사라질 때까지 엎드려 있던 선혜가 일어났다. 날래날래! 한마디 외치고 앞서서 도로 위로 올라섰다. 그러고는 재빨리 도로를 건넜다. 두 사람이 뒤를 따라갔다. 강기슭에 도달한 선혜가 잠시 주춤거렸다. 경사가 너무나 가팔랐다. 그러나 망설일 시간이 없었다. 몸을 낮춰 기슭을 내려갔다. 그러다가 한순간 미끄러졌고 걷잡을 수 없이 곤두박질쳤다. 공처럼 구르며 나뭇가지와 돌부리에 부딪혔다. 하지만 입을 꽉 다문 채 아무 소리도 내지 않았다. 두 사람도 눈 덮인 비탈에서 허우적거리며 굴러 떨어졌다.

  하얀 홑이불이 깔린 것처럼 개활지는 눈으로 덮여 있었다. 허리를 굽히고 몇 걸음 나아가자 철조망이 앞을 가로막았다. 용철이 절단기를 벌리고 철조망을 밀어 넣었다. 손이 마구 떨렸다. 손잡이를 잡고 눌렀는데 철조망은 잘리지 않고 그대로 있었다. 용철 동무 뭐하고 있니? 선혜가 나지막이 소리쳤다. 이렇게 어물거리다가는 어떤 불상사가 생길지 몰랐다. 절단기를 낚아챈 그녀가 이를 앙다물고 손잡이를 눌렀다. 뚝! 어디서 그런 힘이 나온 것인지 철조망이 단박에 끊겼다. 선혜가 앞장서서 기어나갔고 곧 강가에 도착했다. 가장자리가 꽁꽁 얼어 있었다. 그곳을 지나 강물이 흐르고 있는 곳까지 성큼성큼 걸어갔다. 그녀가 뒤를 돌아보았다. 두 사람이 뛰어오는 것을 보며 뒤집어쓰고 있던 광목을 둘둘 말아서 목에 걸었다. 그러고는 서슴없이 강으로 뛰어들었다. 강물이 너무나 차가워서 자신도 모르게 헉 소리가 났다. 앞으로 몇 걸음 내딛자 강물이 가슴까지 올라왔다. 의외로 수심이 깊었다. 물살이 거세고 빨랐다. 그녀의 가녀린 몸이 떠내려가기 시작했다. 머리가 강물에 잠겼고 입으로 물이 들어갔다. 두 팔을 아무렇게나 휘저었다. 옷을 넣어둔 배낭이 벗겨져서 속절없이 떠내려갔다. 그 순간 용철이 다가와 그녀 팔을 낚아챘다. 얼마간 흘러가다가 반대편 기슭에 다다랐다. 용철이 그녀 몸을 떠밀어 뭍으로 올려보냈다. 세찬 바람이 몸을 휘감아 왔다. 물에 젖은 옷이 얼기 시작했다. 그때 영주가 기슭으로 올라오려고 애쓰는 것이 보였다. 용철이 뛰어가서 끌어올렸다. 용철 동무 고맙다. 영주가 겨우 몸을 추스르고 한마디 했다. 선혜가 앞으로 걸어갔다. 그곳에서 지체할 시간이 없었다. 변경대(중국 국경경비부대) 군인들이 언제 들이닥칠지 몰랐다. 세 사람은 중국 쪽의 철조망을 넘어 둔덕으로 올라갔다. 갈아입을 옷이 없어서 그대로 걸을 수밖에 없었다. 다행히 눈은 그쳤지만, 몸을 에일 듯한 찬 바람이 불어왔다. 어느새 옷이 딱딱하게 얼었다. 움직일 때마다 사각사각 소리가 났고 살갗에 쓸렸다. 얼마나 추운지 굵은 쇠바늘이 꽂히는 것처럼 몸이 얼얼했다. 통증은 점점 더 커졌다. 혀가 굳어서 말이 나오지 않았다. 세 사람 모두 무슨 기계음처럼 이가 따다닥 소리를 내며 부딪쳤다. 선혜가 저 멀리에서 반짝이는 불빛을 향해 움직였다. 얼마쯤 가자 비법월경자를 신고하면 포상금을 준다는 붉은 현수막이 나타났다. 세 사람은 현수막의 내용이 무엇을 의미하는지 모른 채 무심히 그 곁을 지나갔다. 30분 남짓 걸어서 도착한 곳은 남평진(南坪鎭) 외곽지역이었다.

"안에 계십니까!"

선혜가 어느 집 대문을 두드렸다.

"뉘기오?"

수염이 더부룩한 할아버지가 문을 열었다.

"할아바이, 하룻밤만 거둬 주기오."

"조선에서 완 모냥인데 여긴 들어 못 오오."

"돈 드릴 테니 전화라도 쓸 수 있게……."

"아이 되오. 왕단속이 있어나서리."

할아버지가 문을 닫아버렸다.

이후 두 집이나 더 대문을 두드렸지만 모두 거절당했다. 그렇게 헤매다가 폐쇄된 상점과 빈집도 있다는 걸 알게 되었다. 남평진 주민은 대부분 조선족인데 그들이 대거 취업비자를 받고 남조선으로 가는 바람에 마을이 공동화되어 있었다. 세 사람이 도로를 따라 위로 올라갔다. 전등이 환하게 켜져 있고 오성홍기가 펄럭거리는 건물이 나타났다. 변방대 군인이 주둔하는 곳이었다.

"동무들, 이쪽으로……."

선혜가 재빨리 마을 안쪽으로 방향을 틀었다. 변방대 군인들이 쫓아올지도 모른다는 생각 때문에 자꾸만 뒤돌아보았다. 비법월경자에게 변방대는 저승사자나 마찬가지였다. 붙잡히면 가차 없이 북송되었다. 선혜의 걸음이 빨라졌다. 작은 산등성이를 넘어가자 집들이 띄엄띄엄 떨어져 있었다.

"계십니까!"

불이 켜져 있지 않은 집 앞에서 선혜가 소리쳤다. 아무런 인기척이 없었다. 미닫이문을 옆으로 밀자 바로 열렸다. 사람이 살지 않은 지 오래된 듯 전혀 온기가 없었다. 선혜가 안으로 성큼 들어갔다. 너무나 춥고 배가 고파서 계속 걷는 것은 무리였다. 뒤따라 들어온 용철이 라이터를 켰다. 그가 안쪽에서 양초를 찾아내어 불을 붙였다. 집은 칠성리의 땅집처럼 정주간과 방으로 이루어져 있었다. 방안 풍경이 침침한 불빛에 드러났다. 먼지가 켜켜이 쌓였고 곳곳에 거미줄이 걸려 있었다.

"이거로 갈아입자."

선혜가 장롱 속에서 낡은 스웨터와 잠바를 꺼냈다. 퀴퀴한 곰팡내가 났지만 아무 상관이 없었다. 세 사람은 얼추 맞는 옷을 찾아내어 갈아입었다.

"이모, 저기 장작이 있는데 불을 살구까요?"

용철이 선혜를 보았다.

"용철 동무가 라이터를 가지고 있어서 다행이다."

영주가 찬성했다.

"아궁이에다 때면 연기 날 테니까 여다 불을 놔라."

선혜가 방바닥을 가리켰다. 어차피 버려진 지 오래된 집이다. 방바닥에다 불을 땐다고 해서 뭐라고 할 사람은 없었다. 용철이 정주간 구석에서 모닥불 놓기 적당한 크기의 나뭇가지를 추려 왔다. 메마른 나뭇가지에 불이 붙자 방 안이 훈훈해졌다. 세 사람은 바짝 다가앉아 손바닥을 펴고 불을 쬤다. 오래지 않아 언 몸이 풀리면서 나른해졌고 졸음이 밀려들었다. 잠시 후 모두가 앉은자리에서 그대로 잠이 들었다.

얼마를 잤을까. 선혜가 눈을 떴을 때 날이 밝아 오고 있었다. 모닥불이 꺼져서 방안에 한기가 돌았다. 그녀가 나뭇가지를 가져와 다시 불을 지폈다. 그러는 사이에 용철과 영주도 잠에서 깼다.

"오늘은 전화할 수 있을까요?"

영주의 눈빛에 간절함이 묻어 있었다. 어떻게 해서든지 큰아버지와 통화를 해야 살길이 열릴 터였다.

"동네로 내려가서 알아보자."

선혜가 말꼬리를 흐렸다. 어젯밤 일들이 떠올랐다. 마을 사람들 경계심이 너무나 컸다. 어떤 도움을 받기는커녕 전화기 빌리기도 어려울 것 같았다.

이따금 바람이 지붕을 세차게 훑고 지나갔다. 들창문이 들썩거렸고 문틈으로 성난 소처럼 바람이 밀려들었다. 몸이 저절로 움츠러들었다. 선혜가 영주를 보았다. 마음고생이 얼마나 심한 것인지 하룻밤 사이에 얼굴이 반쪽 되었다. 머리카락은 산발이고 퀭한 눈에 알 수 없는 두려움이 어려 있었다. 그때 누군가의 배에서 쪼르륵 소리가 났다. 어제 저녁때부터 식사를 못 했으니 그럴만했다. 세 사람이 마주 보며 어색한 웃음을 지었다. 선혜는 인솔자로서 너무 미안했다. 물에 개어서 바로 먹을 수 있는 옥수숫가루가 배낭에 있었는데 두만강으로 떠내려갔으니 굶을 수밖에 없었다. 그녀가 부엌 벽에 있는 크고 작은 항아리를 건너다보다가 벌떡 일어났다. 항아리 뚜껑을 하나씩 열어 보았다. 거의 비어 있었다. 어떤 항아리에 쌀이 반쯤 들어있었는데 썩고 문드러져서 도저히 먹을 수가 없었다. 마지막 항아리의 뚜껑을 열자 바닥에 달라붙은 시커먼 것이 보였다. 미묘한 냄새가 확 올라왔다. 된장이 말라서 단단하게 굳어 있었다.

"동무들, 바께쓰 들고 따라오라."

세 사람이 밖으로 나갔다. 누가 먼저랄 것도 없이 손으로 눈을 집어서 그릇을 닦았다. 그러고는 그릇마다 눈을 가득 담아서 방으로 돌아갔다. 커다란 냄비를 모닥불 위에 올려놓고 눈을 집어넣었다. 눈이 금세 녹았고 물이 끓기 시작했다. 선혜가 놋쇠 주걱으로 항아리에서 된장을 긁어왔다. 돌멩이처럼 딱딱한 된장을 냄비에 넣자 특유의 냄새를 풍기며 풀어졌다. 입안에 군침이 돌았다. 잠시 후 세 사람은 밥사발에다 된장 국물을 떠서 마시기 시작했다. 부재료가 아무것도 들어가지 않았지만 짭조름하고 구수한 맛이 났다. 선혜는 맹물에 된장을 풀어서 끓여 먹는 것이 처음은 아니다. 식량 공급이 완전히 끊겼을 때도 된장을 끓여 먹으며 하루하루를 버텼었다. 된장이 없었더라면 아마 저세상으로 갔을지도 몰랐다. 그런데 어느 날 작은 된장 단지를 누군가가 집에 들어와서 훔쳐 갔다. 그때는 정말 하늘이 무너진 것만 같았다.

"언니, 이거 너무 맛있소."

영주 얼굴에 화색이 돌았다. 그녀의 할아버지는 만주 일대에서 항일운동을 한 독립투사였다. 국공전쟁이 끝난 후 연길에서 자리를 잡았는데 문화대혁명 불길이 번지면서 지식인 탄압이 극렬해지자 작은아들을 데리고 무산으로 왔다. 잠시 피난 온 거로 생각했는데 영 이별이 되고 말았다. 여하튼 할아버지는 항일운동 전력이 인정되어 신분을 보장받았고 아버지가 당 간부를 하게 되었다. 그 덕에 어렸을 때부터 부족함 없이 살았다. 출신 성분이 좋은 남자와 결혼도 했다. 그러나 누구도 예상치 못했던 고난의 행군이 시작되었다. 그 무엇으로도 설명되지 않는 흉흉하고 광포한 야차 괴물의 시대. 삶의 모든 것이 파괴되었다. 출신 성분이 좋다고 해서 양식이 저절로 생기지는 않았다. 이밥을 먹던 영주네는 궁지에 몰려 죽도 못 먹을 지경이 되었다. 보이지 않는 광풍에 떠밀렸다고나 할까. 영주는 자신도 모르는 사이에 두만강을 넘고 말았다.

"이모 덕분에 배를 채우게 됐소."

용철이 한마디 했다.

"용철 동무는 갈 데가 있니?"

"산판에라도 가면 좋겠는데……."

용철은 일자리를 찾을 거라고 했다. 도강했다가 북송되어 온 동창생이 중국에 가면 벌목하는 산판이나 가축 키우는 농장에서 일할 수 있다고 말했었다. 더러는 탄광으로 팔려 간다고도 했다. 용철도 몸을 숨길 수만 있다면 어디로든 가야 했다.

"언니는 어떻게 할 거요."

"야, 아무래도 널 따라가야 할 것 같다."

"아니, 왜?"

"내가 중국에 아는 사람이 없어서……."

선혜가 영주를 보았다. 지인이 하나도 없는 중국에서의 생활이 얼마나 무서운 것인지 지난번 경험으로 알게 되었다. 그래서 이번에는 영주의 큰아버지에게 일자리를 부탁하면 좋겠다는 생각을 했다. 직장을 못 구하더라도 어디론가 팔려서 끌려가지는 않을 것 같았다.

"근데 말야, 동무들은 아랫동네에 갈 생각은 안 해 봤어?"

선혜가 조심스럽게 말을 꺼냈다.

"아랫동네요?"

두 사람이 화들짝 놀랐다. 용철은 황색 바람 자본주의에 눈을 떠서 불법 영상물을 팔긴 했어도 당과 수령님에 대한 충성심은 변함이 없었고, 항일투사 가족으로서의 자긍심이 높은 영주는 아무리 배가 고파도 조국을 배신하는 일은 꿈도 꾸지 않았다.

지금까지는 표현을 안 했지만, 선혜의 최종 목적지는 남조선이었다. 북송된 후 깡판에서 강제노동하는 동안 같이 수용된 사람들에게서 많은 정보를 얻었다. 그중에서도 남조선에 가면 아무 조건 없이 받아준다는 말을 들었을 때 너무나 큰 충격을 받았다. 어떻게 적국에서 온 사람들을 받아준다는 말인가. 도무지 믿을 수가 없었다. 이

후 형기를 마치고 칠성리 집으로 돌아간 후에 장마당에서 단파 수신기(라디오)를 구했다. 남조선에 관한 궁금증을 참을 수가 없었다. 어느 날 남조선으로 간 탈북민이 자유롭고 풍요로운 삶에 관해서 얘기하는 방송을 들었다. 처음에는 탈북민들을 꼬드겨서 사탕발림으로 선전 선동한다고 생각했다. 그런데 하루는 칠성리에서 살았던, 선혜도 알 만한 아주머니가 방송에 나와서 증언을 했다. 남조선에서 조선 사람들을 받아준다는 사실을 더는 믿지 않을 수가 없었다. 그 아주머니는 연길에서 만난 선교사가 길을 안내해 주어서 태국을 거쳐 대한민국에 들어왔다고 했다. 남조선이 대한민국이라는 것도 그때 알았다.

"아랫동네에 가면 살 집을 주고 정착금도 준다더라."

"나도 그 얘기 들어서 알고는 있어요."

용철이 선혜의 말에 동조했다.

"언니, 그걸 믿소? 안기부 놈들이 남산 지하실로 끌고 가서 정보를 다 빼먹고 피 뽑아서 말려 죽인다고 하던데."

영주가 정치 학습 때 들은 강연 내용을 떠올리며 정색했다.

선혜가 뭔가를 더 설명하려다 그만두었다. 언제 붙잡힐지 모르는 범의 아가리 같은 국경지대에서 의견 충돌이 일어나면 좋을 게 하나도 없었다. 눈 녹인 물과 된장을 다시 냄비에 넣었다. 세 사람은 된장 국물을 한 사발씩 더 마셨다.

정오가 조금 지났을 때 그들이 빈집을 나섰다. 하늘은 개었고 기온이 올라가 있었다. 사람들 이목을 끌지 않기 위해서 선혜와 영주가 동행했고 용철은 한참 뒤떨어져서 따라갔다. 남평진의 번화가로 가기 전에 어느 집 대문을 두드리고 도움을 청했는데 단번에 거절당했다. 선의를 베풀다가 발각되면 적잖은 벌금을 내야 해서 이곳 주민들은 예전과 달리 두만강을 건너온 사람들을 좋아하지 않았다.

　세 사람이 작은 등성이로 올라갔다. 어젯밤에는 볼 수 없었던 눈 내린 마을의 고즈넉한 풍경이 펼쳐졌다. 화물차 몇 대가 두만강의 국경 다리를 지나 남평진 쪽으로 왔다. 강 건너편에 칠성리 세관 건물이 있었고 뙈기밭으로 이루어진 산과 굴뚝이 삐쭉삐쭉 솟아 있는 마을이 보였다. 선혜는 제 땅에 발붙이지 못하고 남의 나라에서 떠도는 것을 생각하자 갑자기 서러워졌다. 귀여운 딸아이와 언제나 자기편을 들어 주는 어머니가 떠올랐다. 한달음에 달려 칠성리 수미마을로 돌아가고 싶은 마음이 생겼다. 이 길을 선택한 것이 정말 최선인가. 그녀가 혼잣말로 중얼거렸다. 자칫하면 삶의 밑바닥 구렁텅이로 떨어질 수도 있는 가족을 놔두고 떠나올 수밖에 없는 이 상황이 너무나 원망스러웠다. 언니 저것 좀 봐. 영주가 어딘가를 가리켰다. 마을 중심부에 있는 반듯한 건물 위에서 오성홍기가 펄럭였다. 변방부대였다. 자세히 보니 총을 멘 군인이 정문을 지키고 있었다. 잠시 집 생각에 잠겨 있던 선혜는 물벼락 맞은 것처럼 정신이 확 들었다. 걱정이 밀려왔다. 영주가 큰아버지와 통화해야 이곳에서 벗어날 수 있는데 제대로 될지 의문이었다.

　선혜가 변방부대와는 반대쪽으로 방향을 잡고 움직였다. 얼마쯤 걸어가자 남평진 공소합작사(供銷合作社)의 크고 낡은 건물이 보였다. 공소합작사는 농촌에서 필요한 생필품을 취급하고 농산물을 수집해서 도시로 내다 파는 집체 소유의 상업 조직인데 오래전에 운영이 중단되었다. 그곳에 백성상점이라는 간판이 걸려 있었다. 폐쇄된 공소합작사 건물에서 유일하게 영업을 하는 곳이었다.

　"저기 가서 먹을 것 좀 사자."

누구의 대답도 기다리지 않고 선혜가 백성상점 쪽으로 갔다. 그녀는 중국 돈 120위안을 가지고 있었다. 첫 번째 탈북했을 때 고생했던 경험이 있어서 콩을 팔아 준비한 비상금이었다. 세 사람이 백성상점 안으로 들어갔다.

"어서들 오기오."

50대 여주인이 난로에 장작을 넣고 있었다. 선혜가 빵과 꽈배기를 샀다. 여주인이 난롯가 쪽으로 오라고 손짓했다. 세 사람은 의자에 앉아서 허겁지겁 먹기 시작했다. 커다란 봉지에 들어있는 간식거리가 순식간에 없어졌다.

"조선에서 왔나 보오."

여주인이 의미심장한 눈빛으로 건너다보았다.

"어찌 알았슴까?"

"우리 친척이 조선에 사오."

"아, 그렇슴까."

선혜가 상점 한쪽에 놓인 전화기를 발견했다. 왠지 불길한 생각이 스쳐 지나갔다. 친근하게 대해 주는 여주인이 신고할 것만 같았다. 갑자기 가슴이 뛰었다. 두 사람에게 눈짓을 건네고 서둘러 밖으로 나갔다.

눈이 얼어붙은 남평진 도로를 따라 걸어갔다. 거리에 사람이 없었다. 식당과 상점, 여인숙 건물 등이 있었는데 출입문에 자물쇠가 걸린 곳이 많았다. 마을에 인구가 줄어들어서 폐쇄된 것이었다. 잠시 후 작은 버스 종점이 나타났다. 그때 화룡시에서 남평진까지 운행하는 버스가 막 도착했다. 사람들이 차에서 내려 흩어졌다. 세 사람은 멀찍이 서서 그 광경을 보았다. 40대 중반쯤 되어 보이는 여자가 맨 마지막에 내렸다. 두꺼운 오리털 패딩을 입은 그녀가 바퀴 달린 가방을 끌고 이쪽으로 왔다. 선혜는 대도시에서 온 여자라고 직감적으로 알아차렸다. 여자는 대한민국에서 일하다가 체류 기간이 만료되어 고향 집으로 돌아오는 중이었다.

"잠깐 좀 보자요!"

선혜가 앞으로 지나가는 그녀를 불러 세웠다.

"어쩨 그러시오?"

"손전화기 빌려 쓸 수 있슴까?"

"아, 조선에서 온 분들이군요."

패딩 여자가 세 사람의 행색을 훑어보더니 뭔가 알겠다는 듯이 휴대전화를 꺼냈다. 영주가 다가가서 전화기를 건네받았다. 한참 만에 통화를 마쳤다. 휴대전화를 돌려받은 여자가 가방을 끌고 자기 갈 길을 갔다.

"언니, 잘 됐수다."

영주 얼굴이 환했다. 큰아버지가 차를 몰고 이쪽으로 오기로 했다고 말했다.

세 사람은 도로를 따라서 움직였다. 30분쯤 지나서 남평진 마을을 완전히 벗어났다. 선혜는 걸으면서 자꾸만 두만강 건너편을 보았다. 눈에 덮인 하얀 민둥산이 잇대어 있었다. 네모반듯한 뙈기밭들이 모자이크 무늬를 만들어 냈다. 이제 다시는 칠성리에 가지 못하겠지. 그녀가 중얼거렸다. 목이 메어 왔다. 가슴 밑바닥에서 슬픔과 고뇌의 감정이 솟구쳤다. 이렇게 할 수밖에 없는 자신이 밉기도 했다.

"여긴 것 같소."

영주가 자작나무 20여 그루가 모여 있는 지점에서 멈췄다. 큰아버지가 숨어서 기다리라고 말한 장소였다.

"용철 동무, 나무 좀 꺾어 와."

영주가 용철에게 부탁했다.

"그걸 어디다 쓰게?"

"우리가 여기 있다는 걸 알려야 하거든."

용철이 주변에 있는 관목 가지를 여러 개 꺾어서 도로 위에다 깔아놓았다. 겨울의 짧은 해가 저물어갔다. 세 사람은 자작나무 사이로 들어가 몸을 숨겼다. 영주의 큰아버지가 연길에서 전화를 받고 곧바로 출발한다 해도 3시간 이상은 걸릴 터였다. 어느새 캄캄해진 도로로 화물차와 택시가 지나갔다. 교통량이 많지 않은 곳이어서 차량 통행이 거의 없었다. 두만강 개활지를 휘몰아쳐 온 칼바람이 그들 옷깃을 파고들었다. 어깨가 움츠러들고 손발이 얼어서 감각이 없었다. 너무 허기져서 저절로 허리가 구부러졌다. 영주와 용철이 피로를 이기지 못하고 꾸벅꾸벅 졸았다.

"동무들, 눈 떠 봐라!"

얼마나 지났을까. 선혜가 두 사람을 흔들어 깨웠다. 전조등을 켠 승용차가 굽은 산길을 돌아서 자작나무 숲 쪽으로 천천히 다가오고 있었다.

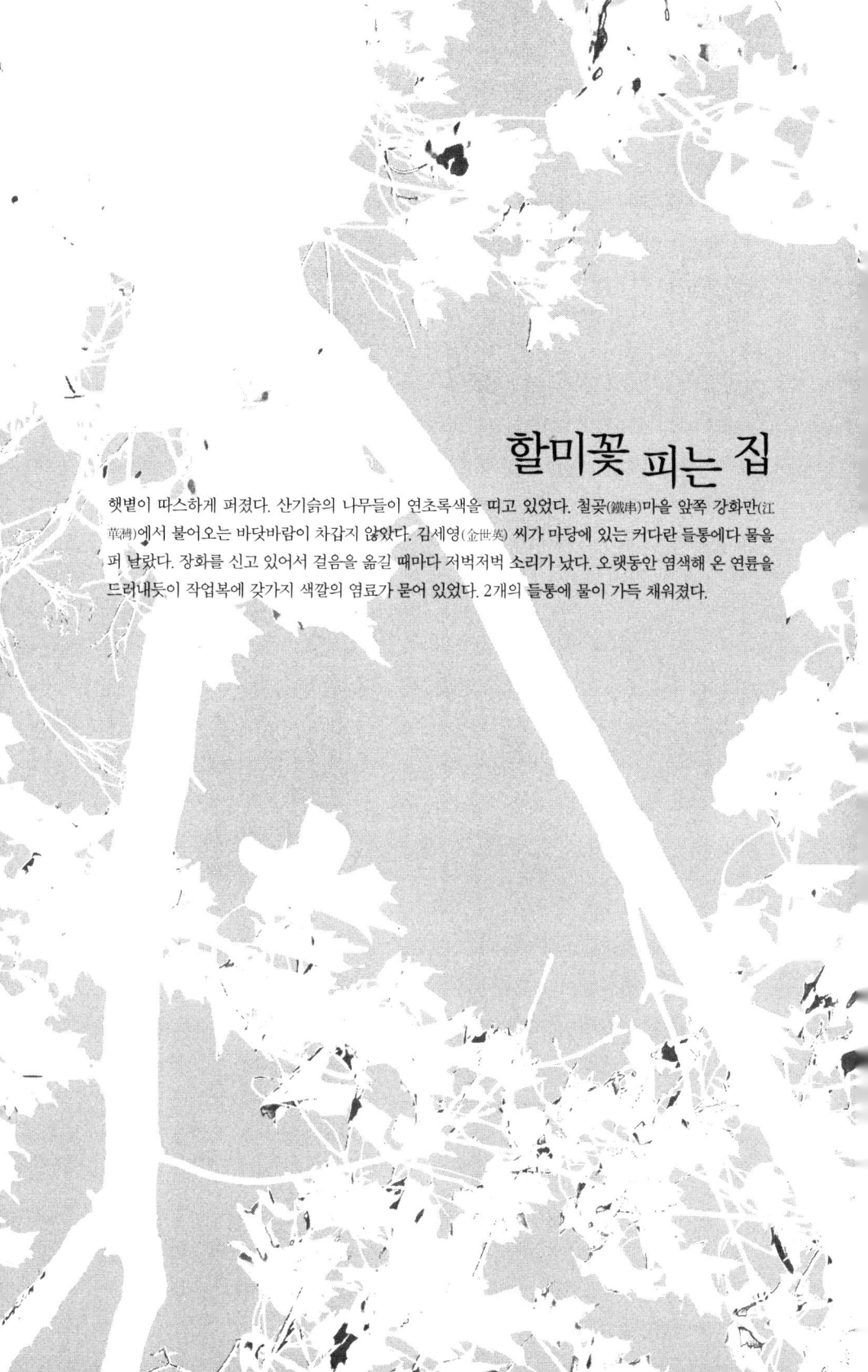

할미꽃 피는 집

햇볕이 따스하게 퍼졌다. 산기슭의 나무들이 연초록색을 띠고 있었다. 철곶(鐵串)마을 앞쪽 강화만(江華灣)에서 불어오는 바닷바람이 차갑지 않았다. 김세영(金世英) 씨가 마당에 있는 커다란 들통에다 물을 퍼 날랐다. 장화를 신고 있어서 걸음을 옮길 때마다 저벅저벅 소리가 났다. 오랫동안 염색해 온 연륜을 드러내듯이 작업복에 갖가지 색깔의 염료가 묻어 있었다. 2개의 들통에 물이 가득 채워졌다.

할미꽃 피는 집

햇볕이 따스하게 퍼졌다. 산기슭의 나무들이 연초록색을 띠고 있었다. 철곶(鐵串)마을 앞쪽 강화만(江華灣)에서 불어오는 바닷바람이 차갑지 않았다. 김세영(金世英) 씨가 마당에 있는 커다란 들통에다 물을 퍼 날랐다. 장화를 신고 있어서 걸음을 옮길 때마다 저벅저벅 소리가 났다. 오랫동안 염색해 온 연륜을 드러내듯이 작업복에 갖가지 색깔의 염료가 묻어 있었다. 2개의 들통에 물이 가득 채워졌다.

세영 씨가 작업대 앞으로 갔다. 플라스틱 바구니를 저울에 올려놓고 붉은 염색 재료인 소목(蘇木)을 담았다. 소목은 나무젓가락을 토막 낸 것처럼 조각나 있었다. 바구니에 소목이 수북이 쌓이자 저울 바늘이 3.8kg을 가리켰다. 바구니 무게를 빼면 소목은 3kg이었다. 비율이 맞지 않으면 염료 농도가 달라지기 때문에 양이 정확해야 한다. 저울 바늘을 다시 확인하고 소목을 들통에다 넣었다. 그리고 한 번 더 소목을 달아서 옆 들통에다 넣고 가스레인지에 불을 붙였다. 들통의 물을 1시간 동안 끓여야 한다. 일반적으로 소목을 30분 단위로 3차례에 걸쳐 끓여낸 후 그것을 합해서 염료로 쓴다. 하지만 세영 씨는 한 번만 진하게 끓여냈다. 경험상으로 보아 그렇게 해야 원하는 염료를 얻을 수 있었다.

아침 일찍 서두른 덕에 염색 준비 작업이 빨리 끝났다. 세영 씨가 마루로 가서 커피포트 스위치를 눌렀다. 막노동하는 잡부처럼 손이 두껍고 투박했으며 손가락은 울퉁불퉁했다. 남자들도 힘겨워하는 건설돌격대에서 밤낮으로 쇠망치를 휘두르고, 산비탈 뙈기밭에서 쪼그리고 앉아 하루에도 수천 번의 호미질을 하면서 생긴 부작용이기도 했다. 햇볕에 그을려서 얼굴이 구릿빛이었다. 눈동자는 쥐똥나무 열매처럼 새까맸다. 올해 46살인데 볼살이 도톰하고 주름이 별로 없었다. 웨이브 파마머리도 자연스럽게 잘 어울려서 예전보다는 한층 세련돼 보였다. 잔에다 커피믹스를 넣고 물을 붓자 구수한 향기가 피어올랐다.

세영 씨는 온성군(穩城郡) 주원로동자구(周原勞動者區)에서 살았었다. 그 시절에 두만강 건너서 밀수로 들어온, 막대처럼 길고 노란 봉지에 들어있는 커피믹스를 장마당에서 팔았는데 쌀값만큼이나 비싸서 한 번도 마시지 못했다. 이제는 인이 박였다고나 할까. 커피믹스는 가장 좋아하는 기호식품이 되었다. 하루에 예닐곱 잔씩 마셔도 잠자는 데 아무런 지장이 없었다. 그녀가 커피잔을 들고 다탁이 놓인 마루에 앉았다. 어디선가 훈훈한 바람이 불어왔다. 싱그러운 봄기운과 함께 평화로움이 찾아들었다. 아침 작업을 마치고 달콤한 커피를 마시는 이 시간을 좋아했다. 오늘따라 햇살이 더 투명해 보였다. 집 수리할 때 헌 미닫이문을 떼어내고 그 자리에다 통유리를 끼워서 밖이 훤히 내다보였다. 예성강과 임진강, 그리고 한강이 합수되는 강화만 건너편의 개풍군(開豊郡)이 한눈에 들어왔다. 너무나 가까워서 손을 뻗으면 닿을 것 같고 헤엄치면 금방 건너갈 수 있을 것 같았다.

마당에 기다란 빨랫줄이 20개쯤 되었다. 빨랫줄에 방금 정련(精練)을 마친 명주 생지(生紙)가 가득 걸려 있었다. 생지는 천을 짜고 나서 가공하지 않은 상태의 직물이다. 방직공장에서 천을 짤 때는 명주실에다 소맥 전분, 한천, 아교와 같은 호료(糊料)를 바른다. 실의 강도를 높이고, 매끈하게 하며, 내마모성을 높이기 위해서였다. 호료는 천을 짜고 난 이후에도 그대로 남아 있게 되는데 이것을 깨끗이 제거하는 작업이 정련이다. 염색하기 전에 정련을 제대로 하지 않으면 천에 염착(染着)이 잘 안 된다. 생지를 뜨거운 물에 넣고 30분 동안 주물러서 정련하는 일은 어렵지 않은데 오늘은 물량이 많아서 힘들었다. 기다란 직사각형 형태로 되어 있는 명주 생지를 염색하면 바로 스카프로 사용할 수 있다.

"스카프 삼백 장 만들어줄 수 있어요?"

인사동에서 한복가게를 운영하는 임 사장과 이틀 전에 통화했다.

"그렇게 많이 말입까?"

"손님들이 김 선생님 것만 찾네요."

일주일 전에 명주 스카프 30장을 소목으로 붉게 염색해서 임 사장에게 보냈는데 벌써 다 팔렸다고 한다. 옷 만드는 디자이너들은 세영 씨의 염색작품을 선호했다. 적색계의 색깔이 독특하기 때문이었다. 자연에서 채취한 천연 재료로 염색을 해 온 세영 씨는 소목으로 천을 붉게 물들이는데 남다른 솜씨를 가지고 있었다. 소목의 원산지는 동남아이다. 다 자라면 5m 정도 되는 나무인데 이파리가 아카시아 잎을 닮았고 노란 꽃이 피며 붉은 열매가 달렸다. 단목(丹木)으로도 불리는 소목은 브라질레인이라는 적색계 색소 성분을 함유하고 있었다.

커피잔을 만지작거리며 세영 씨가 집 아래쪽을 보았다. 10여 필지의 논이 계단식으로 잇대어 있었다. 논 사이로 나 있는 좁은 농로가 상수리나무 숲을 휘감아 돌아 반대편 마을로 이어져 나갔다. 그 길을 따라서 동네 사람이 운전하는 경운기가 천천히 굴러갔다. 어디를 가려는지 경운기 적재함에 윤경자(尹慶子) 할머니가 앉아 있었다. 윤 할머니는 작업장 건너편 기슭의 낡고 오래된 집에서 혼자 살았다.

"왜 뻘건색만 물들여?"

며칠 전에 작업장으로 온 윤 할머니가 앞뒤 없이 따졌다. 허리가 구부정하여 지팡이를 짚고 다녔는데 세영 씨를 바라보는 눈빛이 예리하게 반짝였다.

"빨간색으로 염색하면 안 됩까?"

"다른 색을 염색하든가, 아님 딴 데 가서 해!"

윤 할머니가 몹시 언짢은 표정을 지었다. 지지난번에 소목염색을 할 때도 찾아와서 다른 색을 염색하라며 짜증을 냈었다.

"여긴 우리 집입다. 왜 자꾸 딴 데로 가라고 그럽까."

"뻘건색을 보면 속이 울렁거려서 그래!"

한참 마당에 서 있던 윤 할머니가 그렇게 한마디 던지고 돌아갔다.

경운기를 바라보던 세영 씨가 눈길을 돌렸다. 마당 가장자리에서 자라고 있는 제비꽃, 광대나물, 개별꽃, 노루귀가 활짝 피어 있었다. 봄꽃 중에서도 키가 큰 편인 할미꽃은 뭔가 수줍은 듯이 고개를 숙이고 있었다.

"어쩌면 저렇게 고울 수가 있을까."

커피를 마시며 세영 씨가 중얼거렸다. 윙윙거리며 날아온 벌들이 활짝 핀 할미꽃 속으로 기어들어 갔다. 잎사귀와 줄기에 돋아 있는 부드럽고 섬세한 솜털이 역광을 받아 하얗게 빛나고 있었다. 할미꽃 적자색 꽃잎에서 풍겨 나오는 독특한 향기 때문일까. 멀미와도 같은 묘한 느낌이 밀려들었다.

세영 씨는 14년 전에 대한민국으로 왔다. 그녀가 탈북한 것은 아버지 김상우(金祥優)의 유언 때문이었다. 김상우는 6·25 전쟁 당시 조선인민군에 자원한 의용군이었다. 휴전 이후 국군포로들과 함께 온성군 탄광 지역으로 무리 배치되었다. 그는 작업반장에 임명되어 국군포로 광부들을 관리했고 나중에는 채탄 중대장을 지냈다. 당에서는 그렇게 남한 출신 의용군에게 대우를 잘 해 주었다. 그러나 유일사상체제 확립을 위한 5·25 교시가 발표되면서 반동 반혁명 종파분자 색출작업이 시작되었고 김상우는 남조선 출신으로 분류되어 감시 대상이 되었다. 나중에 알게 되었지만, 세영 씨가 월등하게 공부를 잘했음에도 불구하고 대학에 진학하지 못하고, 당원이 될 수 없었던 것은 아버지의 출신 성분 때문이었다. 김상우는 친구들과 함께 있을 때 당을 조금이라도 비난하면 곧바로 보위원이 찾아와서 입단속을 했다. 누군가가 대화 내용을 보고했기 때문이다. 어느 해부터 고난의 행군이라는 미공급 사태가 발생했다. 배급이 끊기자 곳곳의 탄광이 문을 닫았고 사람들이 여기저기에서 죽어 나갔다. 너나 할 것 없이 양식을 구하러 거리로 쏟아져 나와 대책 없이 꽃제비가 되거나 저승길로 떠났다. 그즈음에 김상우도 제대로 먹지 못해서 면역력이 떨어졌고 결국 허약병에 걸리고 말았다. 더는 삶을 이어갈 수 없게 된 것이었다. 생의 마지막 순간에 이르러 고향을 몹시 그리워했던 김상우는 세영 씨에게 강화군 고향 집 주소를 적어주며 꼭 찾아가 보라고 당부했다.

두만강을 건너 탈북하는 것은 목숨을 담보로 하는 선택이자 수단이었다. 세영 씨도 3번이나 탈북했다. 그러나 2번이나 북송을 당해 로동단련대에서 혹독하게 강제노동하다가 풀려났다. 그렇지만 주원 로동자구에서 먹고사는 일이 막막했다. 세영 씨는 지독한 배고픔도 견딜 수 없었지만, 아버지의 고향 집을 찾아가기 위해서 또다시 두만강을 건넜다. 낯선 땅 중국 각지를 떠돌며 숱하게 고생한 끝에 태국을 거쳐서 인천공항으로 들어왔다. 몇 개월 동안 관계기관에서 조사와 정착 교육을 받았다. 하나원에서 퇴소하자마자 아버지가 적어준 주소를 들고 강화행 버스를 탔다.

강화군 버스터미널에 도착하여 택시를 탔다. 택시기사가 내비게이션에 철곶마을 주소를 입력하고 출발했다. "신분증을 제시하십시오." 택시가 양사면(兩寺面) 철산리(鐵山里)로 들어서자 검문소에서 군인들이 막아섰다. 철산리는 민간인출입통제구역에 있었다. 세영 씨의 신분증을 확인하고 목적지를 기록한 후에야 통과되었다. 강화지맥에 속하는 봉천산(奉天山) 줄기가 북동쪽으로 뻗어 내려가다가 처녀 젖가슴 같은 옥녀봉을 만든 후 바다 인근에서 멈추었다. 그곳에 철곶마을이 있었고, 집은 마을의 야트막한 산등성이 중간 지점에 있었다.

"누구시꺄?"

세영 씨가 돌담이 둘러쳐진 오래된 슬레이트집 문을 두드리자 안에서 인기척이 났다. 잠시 후 김상희(金祥熙) 할머니가 문을 열었다.

"여기가 김상우 씨 집 아님까?"

"자넨 누군데 우리 작은오빠 이름을 알아?"

"김상우 씨가 저의 아버집니다!"

"뭐라고?"

한순간 김상희 할머니가 휘청거렸다. 작은오빠 김상우의 묘를 만들고 제사 지내기 시작한 지 수십 년이 넘었는데 딸이라고 하는 여자가 나타났으니 까무러치고도 남을 일이었다. 세영 씨는 그날 밤새도록 고모에게 주원로동자구에서 아버지가 살아온 과거를 얘기했다. 김 할머니는 꿈에 그려왔던 작은오빠를 대하듯이 세영 씨 손을 밤새도록 쓰다듬었다.

"세상에나!"

이튿날 뒤뜰로 나간 세영 씨가 탄성을 질렀다. 낮은 돌담 아래에 할미꽃이 빼곡히 서 있었다. 돌담 옆에 한 필지의 밭이 있었고, 그 위쪽 등성이에 몇 기의 묘가 있었다. 잔디가 고르게 덮여 있는 묘지 주변에 할미꽃이 많았다. 그곳에서 할미꽃 씨앗이 바람을 타고 날아와 뒤뜰에 뿌리를 내린 것이었다.

서울로 돌아간 세영 씨는 잠을 이루지 못했다. 아버지 고향 집에 고모가 살아 계신다는 것이 믿어지지 않았고 눈을 감으면 할미꽃이 아른거렸다. 철곶마을의 그 집은 왠지 자신과 어떤 인연으로 엮여 있는 것만 같았다. 정겨운 돌담 아래에서 할미꽃들이 활짝 웃고 있는 광경이 꿈에 나타나기도 했다. 한동안 그렇게 고모와 할미꽃을 그리워하며 살았다.

세영 씨는 서울에서 염색하는 일을 했다. 이따금 시간이 나면 철곳마을로 갔다. 세영 씨가 아버지에 대해서 이것저것 물어봐도 김상희 할머니는 이상하리만치 자세한 얘기를 하지 않았다. 그 고모가 3년 전에 홀연히 세상을 떠났다. 장례식을 마치고 고모 집에서 유품을 정리하던 중 사진첩을 발견했다. 거기에 젊은 시절의 큰아버지와 고모, 그리고 아버지가 함께 활짝 웃고 있는 사진이 있었다. 세영 씨가 사진을 쓰다듬었다. 왠지 눈물이 핑 돌았고 가슴이 미어져 왔다. 집 어디에선가 그들의 숨결이 느껴지는 것 같았다. 그 참에 철곶마을로 작업장을 옮기기로 했다. 이사하기 전에 먼저 집을 수리했다. 안방과 건넌방에 보일러를 깔고 사랑방은 장작 때는 방으로 남겨두었다. 부엌에 싱크대를 설치했고 마루에 새 나무를 깔았으며 화장실을 수세식으로 고쳤다. 중장비업자를 불러다 마당도 넓혔다. 차가 드나들 수 있도록 길을 확장하고 자갈과 모래흙을 깔았다. 염색작업에 필요한 지하수를 끌어올려 수도를 설치했고 헛간을 정리해서 창고로 만들었다. 그렇게 집수리를 하고 나자 허물어져 가던 낡은 농가는 훌륭한 염색작업장이 되었다.

따르르릉!

휴대전화 벨이 울렸다. 세영 씨가 전화기를 들었다.

"선생님, 지금 출발했어요."

강화읍에 사는 미진(美眞)이었다. 미진은 일주일에 한 번씩 작업장에 와서 천연염색을 배웠다. 오늘은 일손을 돕고 염색도 배울 겸 시간을 냈다.

미진의 남편은 경찰관이다. 남편이 몇 년 전에 강화도로 발령받아서 이사 오게 되었다. 강화도는 인구가 적고 대부분 농사를 짓기 때문에 해가 지면 인적이 뚝 끊겼다. 30대 초반의 젊은 여성이 이런 곳에 살자니 여간 따분한 게 아니었다. 미진은 염색을 잘하는 사람이 철산리에 산다는 소문을 듣고 찾아왔다. 세영 씨는 미진이 염색을 가르쳐달라고 매달려서 마지못해 허락했다. 작업장에 찾아오는 사람이 또 있었는데 30대 중반의 젊은 남자였다. 세영 씨는 그가 염색을 배우고 싶어 하는 줄 알았다. 하지만 '빨간색을 좋아하시나 봐요?'라며 관심을 보일 뿐 염색작업 하는 광경을 한참 바라보다가 돌아가곤 했다. 그 남자는 잊을 만하면 한 번씩 나타났다가 사라졌다.

세영 씨가 벽시계를 봤다. 이제 막 9시가 되었다. 눈 부신 햇살이 쏟아지는 가운데 300장이나 되는 명주 천이 빨랫줄에서 펄럭거렸다. 간혹 산비둘기가 꾹꾹거리며 울어댈 뿐 세상과 단절된 것처럼 주위가 조용했다. 마당 가에 매여 있는 진돗개 잡종 백구도 시무룩하게 엎드려 있었다. 논 가운데에서 트랙터가 바쁘게 움직였다. 동네 사람이 논을 갈고 중이었다. 논들이 손수건을 이어서 꿰매놓은 것처럼 오밀조밀하게 붙어 있었다. 논이 끝나는 저쪽 지점에 둑이 있고, 긴 둑을 따라서 철조망이 이중으로 높게 설치되어 있었다. 검은 철책 너머로 넓은 광목처럼 바다가 펼쳐졌다.

철곶마을 인근에 바다로 침입해 오는 외적을 막기 위해서 흙과 돌로 쌓은 철곶보(鐵串堡)가 있었다. 철곶보 산하에 추루, 불장, 의두, 철북, 천진 돈대(墩臺) 등의 경계초소가 구축되어 있었는데 비바람에 허물어져서 지금은 자취만 남아 있었다. 세월이 무상하다고나 할까. 저 옛날 외적을 감시하던 돈대는 이제 북한군 침입을 감시하는 초소로 바뀌어 있었다. 초소와 초소 사이는 날카로운 철조망이 처져 있고 민간인 접근을 허용하지 않았다.

세영 씨 집에서 얼마 떨어지지 않은 곳에 평화전망대가 있었다.

평화전망대는 붉은 공산당을 제압한다는 뜻을 가진 제적봉(制赤峰)에 4층으로 지어진 건물이다. 이곳이 안보 관광지로 알려지면서 이산가족들이 찾아와 망배단에서 황해도를 바라보며 제를 올렸다. 전망대에서는 개풍군이 한눈에 들어왔다. 전망대에 설치된 망원경으로 보면 자동차 움직이는 것과 북한 주민이 열 지어 걸어가는 모습도 관찰되었다.

"네 아버지는 바다를 건너서 저쪽으로 갔다."

어느 날 김상희 할머니가 개풍군을 가리키며 말했었다. 그때 세영 씨는 귓등으로 들어 넘겼는데 요즘은 그 말이 자꾸 떠올랐다. 이곳에 살던 아버지가 왜 바다를 건너 북쪽으로 가셨을까. 그녀는 가끔 마당에 서서 개풍군을 건너다보았다. 날씨가 좋으면 학교 건물과 주거시설, 그리고 조선민주주의인민공화국이라고 쓰인 대형 간판이 보였다. 개풍군 좌측에 전좌산(前坐山), 우측에는 백마산(白馬山)이 있었다. 해안가를 따라서 능선이 이어져 있는 그 산에 나무가 거의 없었다. 백마산 아래에 해창포구가 있고 전좌산 인근에 당두포구가 있다. 할머니가 말한 곳은 두 포구 사이에 있는 넓은 평야였다. 6·25전쟁이 발발했을 때 그곳에서 수많은 사람이 쪽배를 타고 철산리로 넘어왔다. 주민뿐만이 아니라 당시 옹진반도에 주둔했던 한국군 일부도 그 루트를 통해 후퇴했다.

하얀 승용차가 농로를 따라 올라왔다. 승용차가 마당으로 들어서자 백구가 일어나 짖어댔다. 미진이 차에서 내렸다.

"선생님, 안녕하세요."

마당으로 들어서며 미진이 인사했다.

"작업할 게 많은데 괜찮겠어?"

"빨랫줄에 걸려 있는 거 보니까 엄청나네요."

"끝나고 스카프 다섯 장 주께."

"정말요? 그럼 더 열심히 해야겠네요."

잠시 후 두 사람이 작업대 쪽으로 갔다. 들통의 물이 펄펄 끓고 있었다. 소목에서 우러난 색소에 의해 물이 검붉은 색으로 바뀌어 있었다. 이제 염료가 완성 단계에 들어선 것이다.

"생지 좀 걷어 와라."

세영 씨가 미진에게 말하고 창고로 갔다. 창고 안쪽에 볏짚이 잔뜩 쌓여 있었다. 철곶마을에는 볏짚이나 콩대와 같은 천연매염제 재료가 흔했다. 그런 재료를 어렵지 않게 구할 수 있다는 것이 세영 씨가 이곳으로 오고 싶어 했던 이유 중의 하나였다. 창고 입구에 염색 재료와 천연매염제를 담아 두는 항아리가 여러 개 있었다. 세영 씨가 잿물이 들어있는 항아리 뚜껑을 열고 바가지로 잿물 상층부를 떠서 큰 그릇에다 옮겼다.

염색할 때 꼭 필요한 것이 매염제다. 매염제는 염료를 섬유에 착색시키고 착색된 염료가 떨어지지 않게 하며 발색이 잘되도록 돕는 역할을 한다. 소목염색을 할 때 매염제는 통상적으로 명반을 사용하는데 세영 씨는 명반 대신 볏짚을 태워서 만든 잿물을 썼다. 잿물에는 명반에 들어있지 않은 황산과 탄산나트륨 등의 성분이 들어있어서 독특한 색을 만들어 냈다. 자연 친화적인 느낌이 더 깊어진다고나 할까. 잿물로 매염하면 붉은 색상이 더 은은해지면서 그윽한 분위기가 배어 나오는 것 같았다. 잿물 그릇을 들고 세영 씨가 창고에서 나갔다. 그 사이에 미진은 명주 천을 빨랫줄에서 거두어 작업대로 가져왔다.

"체 가지고 이쪽으로 와."

"예."

미진이 커다란 스테인리스 그릇에다 체를 받쳤다. 세영 씨가 바가지를 들고 다가섰다. 소목을 걸러내기 위해서다. 가스레인지 불을 끄고 들통의 뜨거운 염료를 떠서 체에 부었다.

"동시 매염할 거야."

보통의 경우 명주를 먼저 매염한 후 염료에 넣어 염색하는데 세영 씨는 매염과 염색을 동시에 했다.

잿물을 염료에 붓고 고무장갑 낀 손으로 섞었다. 염액에 온도계를 넣자 40℃를 가리켰다. 스테인리스 그릇을 가스레인지 위에다 올려 놓고 불을 붙였다. 염료 온도가 60℃쯤 되어야 염착(染着)이 잘 이루어지기 때문이다. 잠시 후 염료가 뜨거워지자 그릇을 바닥에다 내려 놓았다. 두 사람은 명주 천을 1장씩 맞잡고 활짝 편 다음 잡아당겨서 염액에다 담갔다. 그렇게 하지 않으면 천이 뭉쳐서 얼룩이 생긴다. 스테인리스 그릇에 명주 천 50장을 넣고 조물조물 주무르자 점차 붉은색으로 바뀌어 갔다. 30분 뒤에 천을 꺼냈다.

"더 할까요?"

"이 정도면 된 거 같구나."

"우와, 빨간색 미쳤다, 미쳤어!"

붉게 물든 천을 빨랫줄에 널면서 미진이 소리쳤다. 나머지 250장도 같은 방법으로 염색했다. 작업은 몇 시간 내내 계속되었다. 천이 다 마르면 수세(水洗)를 해야 한다. 천에 완전하게 염착 되지 않고 들떠 있는 염료를 씻어내는 것이 수세 작업이었다.

"선생님, 꼭 붉은 바다 같아요. 너무 멋있네요."

처음 소목염색을 경험한 미진의 목소리가 들떠 있었다. 세영 씨가 보기에 아직은 스카프가 원하는 만큼 빨갛지 않았다. 5시간에 걸쳐서 정련하고, 소목을 끓이고, 염색하고, 수세 작업을 했다. 하지만 이것으로 끝난 것이 아니었다. 앞으로도 그와 똑같은 작업을 2번 더 반복해야 해서 오늘 중으로 모든 작업이 끝나기는 어려웠다.

1차 염색작업을 마친 두 사람이 마루에서 커피를 마셨다. 세영 씨가 말없이 통창 밖을 내다봤다. 바다 쪽에서 바람이 불어왔다. 빨랫줄에 걸려 있는 300여 장의 스카프가 당나무에 걸린 붉은 소창이 하늘에 손짓하는 것처럼 펄럭였다. 눈부신 봄 햇살을 받아 한층 더 붉은색을 띠는 것 같았다.

색채 심리학을 공부했던 세영 씨는 붉은색이 열정과 역동성을 상징하고, 가시 색 중에서 가장 긴 파장을 하고 있어서 눈에 잘 띄며, 사람의 감정에 즉각적으로 영향을 미치는 것으로 알고 있었다. 실제로 붉은색을 볼 때마다 가슴 깊숙한 곳에서 무엇인가가 생동감 있게 꿈틀대는 것을 느끼곤 했다. 그녀가 소목염색을 좋아하고 고집하는 것은 말로 표현할 수 없는 그 미묘한 감정 때문이기도 했다. 그런데 철곶마을로 이사한 후부터 붉은색이 다른 느낌으로 다가왔다. 기억의 저편에 깊숙이 잠들어 있는 어떤 의식을 깨우기라도 하는 듯이 내면 밑바닥을 흔들었다. 그것은 역동성이라든지 열정과는 다른 것이었다. 왠지 붉은색이 자신의 삶과 표현할 수 없는 어떤 끈으로 연결되어있는 것 같았다.

왕왕왕!

백구가 사납게 짖었다.

"손님이 오시네요."

미진이 손으로 창밖을 가리켰다.

"저분이 웬일이신가?"

세영 씨가 창밖을 내다보았다.

"어머, 박 형사님이시네!"

"아는 사람야?"

"예, 남편하고 같이 근무하는 분이세요."

"그래?"

두 사람이 밖으로 나갔다.

"안녕하세요?"

미진이 남자에게 인사했다.

"어? 신미진 씨도 계셨네요. 염색 배우신다는 얘긴 들었어요."

"여긴 어떻게 오셨어요?"

"그냥 일이 좀 있어서……."

박 형사가 말끝을 흐렸다. 미진의 남편과 같은 경찰서에서 근무하고 있어서 미진도 그를 잘 알고 있었다. 박 형사는 이마가 넓고 턱선이 완만하여 인상이 선해 보였다. 그러나 직업의식 때문인지 무엇인가를 찾아내려는 것처럼 은연중에 눈빛이 번뜩이곤 했다.

"들어가서 차 한잔하시지요."

"그래도 될까요?"

세영 씨가 박 형사를 마루로 안내했다. 그녀는 가끔 찾아오던 이 남자가 형사라는 것을 오늘에야 알았다. 내사 감시받고 있었나. 커피 끓이는 동안 그 생각이 들었다. 형사가 염색작업장에 찾아올 이유가 없었기 때문이다.

"천연염색이라서 재미있을 것 같습니다."

커피를 마시며 박 형사가 세영 씨를 봤다.

"시간 되면 배우시지요."

"제가요?"

"그래요. 박 형사님 같이 배워요."

"글쎄요. 남자가 배우기에는 좀……."

박 형사의 말투가 부자연스러웠다. 미진 때문이었다. 이런 장소에서 직장동료의 부인을 만났다는 것이 마음에 걸렸고 불편했다.

"선생님은 빨간색을 좋아하시나 봐요? 올 때마다 빨간색을 보게 됩니다."

"일하다 보니까 그렇게 됐네요."

세 사람이 웃으며 차를 마셨다. 하지만 왠지 어색하고 대화가 겉도는 것 같았다.

저 남자가 형사란 말이지? 그런데 여긴 왜 오는 거야.

세영 씨는 박 형사에 대한 궁금증이 밀려들어서 대화에 집중할 수 없었다.

그때 윤경자 할머니가 작업장으로 올라오고 있었다. 마루에 앉아 있는 세 사람은 아무도 윤 할머니를 보지 못했다. 윤 할머니는 지팡이를 땅에 찍으면서 빠르게 걸음을 옮겼다. 마당으로 들어선 후에는 두 손을 지팡이에 얹고 숨을 몰아쉬었다. 햇빛 때문인지 아니면 뭐가 못마땅한 것인지 붉은 스카프를 올려다보며 얼굴을 잔뜩 찌푸렸다. 잠시 그렇게 서 있더니 갑자기 스카프를 잡아당겨서 팽개치기 시작했다. 얼마나 동작이 빠른지 순식간에 스카프 수십 장이 땅바닥에 나뒹굴었다.

왕왕왕!

백구가 짖어댔다.

"어머! 저거 보세요?"

제일 먼저 윤 할머니를 발견한 미진이 소리쳤다. 세영 씨가 벌떡 일어나 밖으로 나갔고 박 형사도 따라나섰다. 윤 할머니는 사람들이 다가가는 것도 모르고 빨랫줄에서 스카프를 걷어내고 있었다.

"할머니! 왜 이러세요?"

박 형사가 할머니의 팔을 잡았다.

"넌 누구냐? 왜 남의 일에 참견야!"

"남의 물건을 이렇게 하시면 어떡합니까?"

"남의 거고 뭐고 간에 난 뻘건색이 싫다."

윤 할머니가 일그러진 표정으로 박 형사를 봤다. 평소와 달리 눈에서 섬뜩하도록 형형한 빛이 뿜어져 나왔다. 세영 씨가 이 상황에서 할 수 있는 일은 아무것도 없었다.

박 형사는 정보과 형사로서 누군가가 민간인출입통제구역으로 이주해 오면 관심을 가질 수밖에 없었다. 어느 날 윤 할머니가 몹시 수상한 여자라며 세영 씨를 경찰서에 신고했다. 그에 따라서 박 형사는 염색작업장에 드나드는 사람을 조사하는 등 알게 모르게 세영 씨를 지켜보았다. 하지만 천을 붉게 염색한다는 것 외에 별다른 점을 발견하지는 못했다.

"할머니 댁이 어디세요. 제가 모셔다드리겠습니다."

얼마 후 박 형사가 윤 할머니를 데리고 내려갔다. 할머니는 박 형사에게 이끌려가면서도 분을 가라앉히지 못하고 계속 무어라고 중얼거렸다.

"참 이상한 분이세요."

"글쎄, 왜 이러시는지 모르겠네."

"선생님, 저 할머니가 빨간색에 안 좋은 기억이 있는가 봐요. 그래도 그렇지 이건 너무하네요. 혹시 노망 난 게 아닐까요."

미진이 세영 씨를 위로하느라 말을 많이 했다. 두 사람이 함께 마당을 정리했다. 더는 염색작업을 하지 않았다. 세영 씨는 계속 일하고 싶은 마음이 없어졌다. 미진이 돌아가자 마루에 앉아서 윤경자 할머니 집을 바라보았다. 빨간색을 보면 울렁거린다는 말이 귓가에 맴돌았는데 그게 무슨 뜻인지 알 수 없었다.

정말 빨간색에 대한 안 좋은 기억이라도 있는 걸까.

오후 내내 생각에 잠겨 있던 세영 씨가 미진의 말을 떠올렸다. 만약에 그렇다면 붉은 천을 보는 것이 괴로울 거라는 생각이 들었다. 결론이 여기에 이르자 머릿속이 복잡해지고 가슴이 답답해졌다. 자칫하면 이곳에서 염색을 못 하게 될지도 모른다는 불길한 예감이 스쳐 지나갔다. 윤 할머니를 만나서 무슨 얘기든지 들어봐야 할 것 같았다. 세영 씨가 냉장고에서 과일을 꺼내 비닐봉지에 담았다. 밖으로 나가자 어느새 해가 뉘엿뉘엿 기울고 있었다.

"할머니 계세요?"

윤경자 할머니 집 대문은 열려 있었다. 안에서 아무런 기척이 없었다. 세영 씨가 대문 안으로 들어가서 다시 할머니를 불렀다.

"누구시꺄?"

안방 문이 열리면서 윤 할머니가 얼굴을 내밀었다. 눈두덩이가 퀭하게 들어갔고, 눈빛에 힘이 없었다. 얼굴에 스산한 기운이 드리워져 있는 것이 낮에 스카프를 팽개칠 때와는 사뭇 다른 표정이었다.

"여긴 왜 왔어?"

"드릴 말씀이 있어서요."

"뭔 말을 하겠다는 게냐."

세영 씨가 대답 대신 마루로 올라섰다. 윤 할머니가 머뭇거리더니 방문을 활짝 열었다. 전기장판 위에 누워 있던 할머니가 이불을 젖히고 자리를 내어주었다. 세영 씨가 과일 봉지를 내려놓고 윗목에 앉았다. 막상 이렇게 찾아와서 앉고 보니 무슨 말을 해야 할지 떠오르는 것이 없었다.

안방은 별로 크지 않았다. 낡은 이불과 오래된 장롱, 색 바랜 벽지에서 퀴퀴한 냄새가 났다. 천장에 서까래가 드러나 있어서 이 집이 얼마나 오래됐는지 짐작하게 했다. 커다란 액자 몇 개가 벽장문 위쪽에 걸려 있었다. 액자 속에 빼곡히 붙어 있는 가족사진들이 한 집안의 역사를 증명해 보이는 것 같았다.

"김상우를 쏙 빼닮았구만."

"저의 아버지를 아세요?"

"한동네에 살았는데 그걸 몰라!"

"아, 예."

"니 애비가 우리 집 얘기는 안 하든?"

윤 할머니 목소리는 여전히 톤이 높았다.

"그게 무슨 말씀이세요?"

"이렇게 찾아왔으니까 허는 말인데……."

윤 할머니가 한숨을 내쉬며 천장을 올려다봤다. 흑백사진처럼 바랜 지난 세월을 생각하니 공연히 눈시울이 뜨거워지고 목이 메었다. 무거운 침묵이 지나갔다. 할머니가 주머니에서 담뱃갑을 꺼냈다. 담배 한 개비를 뽑아 물고 라이터로 불을 붙였다. 뽀얀 담배 연기가 방

구석구석으로 퍼져 나갔다. 그 말을 어떻게 해야 할까. 알 수 없는 만감이 교차하는지 윤 할머니의 이마에 주름이 깊게 패었다.

"전쟁 나자마자 인민군 애들이 강화로 쳐들어왔다. 그때부텀 모든 게 싹 바꿨어. 니 아부지도 본디 착한 사람이었는데……."

해방되기 전, 김상우는 지금 세영 씨가 거주하는 집에 살았다. 그는 몸이 튼튼하고 성실한 청년이어서 여기저기 불려 다니며 농사일을 많이 했다. 김상우에게는 김상철(金祥哲)이라는 형이 있었다. 김상철은 보통학교에 다니다가 집이 가난해서 졸업하지 못하고 일찍이 집을 떠나 객지 생활을 했다. 머슴살이와 정미소 일 등을 하며 이곳저곳을 떠돌다가 새로이 직장을 잡은 곳이 강화면(江華面) 소재지에 있는 직물공장이었다. 강화면에는 개량된 신식 직기로 비단을 짜는 큰 공장이 여러 몇 군데 있었다. 김상철은 퇴근하면 밤마다 독서회에 참가하여 사회주의 서적을 읽었고 일본 제국주의를 어떻게 극복할 것인가 등의 논의를 하며 지하활동을 했다. 처음에는 친구를 사귀고 싶은 마음으로 시작했는데 차츰 투철한 공산주의자로 바뀌어 갔다. 그렇게 시간이 흐르는 사이 독서회의 간부가 되었다.

겨울철 농한기 때 김상우는 형의 셋방에 놀러 가곤 했다. 그곳에서 사람들이 모여 토론하는 광경을 자주 보았다. 형이 사회주의 서적을 읽어보라고 권했지만, 김상우는 이해할 수 없어서 읽기를 포기했다. 강화면은 철산리보다 물산이 풍부했고 상업이 발달했으며 교통도 편리해서 살기가 편했다. 전깃불을 본 것도 이곳에서였다. 강화 장날에 나가보면 육지에서 건너온 상인들과 강화 농민들이 달구지를 타고 모여들어 장사진을 이루었다.

"니 큰아부지가 남로당원이었거든."

"예? 누가요?"

세영 씨가 깜짝 놀랐다. 김상철이라는 큰아버지가 있었다는 건 처음 듣는 말이었다.

김상철은 공산주의자 소탕에 혈안이었던 일본 경찰에 의해 치안유지법 위반으로 구속되었다. 감옥살이하던 중 해방이 되자 곧바로 풀려났다. 출옥한 김상철은 철곶마을로 갔다. 한동안 집에서 머물며 몸을 추스르다가 강화면 소재지로 나갔다. 해방 이듬해에 치안과 행정의 공백 상태에서 면(面)마다 남조선로동당 인민위원회가 만들어졌다. 면 인민위원회에는 지방 유지와 지식인, 자작 농민들도 참여했는데 공산당원 숫자가 점점 많아지면서 이탈하는 사람이 늘어났다. 이즈음 김상철은 면 인민위원장을 맡았다. 김상철이 수많은 사람 앞에서 "새 세상이 되면 노동자들은 여덟 시간만 일하고 농민은 토지개혁을 통해서 공평하게 땅을 소유하게 될 것입니다"라고 열변을 토하며 연설하곤 했다.

"그래서 니 아부지두 빨갱이가 된 게지."

"빨갱이라뇨?"

"빨갱이 몰러? 공산당말야 공산당!"

윤 할머니가 목청을 높였다. 세영 씨는 갑자기 할머니 눈동자가 섬뜩하게 번뜩이는 모습을 보았다.

김상철의 권유로 남로당에 가입한 김상우는 붉은 완장을 찼다. 그러고는 같은 또래 청년들과 함께 커다란 붉은 깃발을 들고 이곳저곳 동네를 돌아다니며 당원을 모집했다. 공산주의가 무엇인지 잘 알지 못했지만, 그것은 중요하지 않았다. 형이 면 인민위원장이니까 자신이 나서서 돕는 것은 당연하다고 생각했다. 그러나 대한민국 정부가 수립된 이후 남로당은 공식적인 활동을 할 수 없게 되었다. 김상우와 김상철 형제는 경찰 추적을 피해서 바다 건너 개풍군으로 갔다. 이듬해 6월 정부에서 공산주의자들이 남로당에서 탈당하거나 전향하면 죄를 묻지 않고 보호해 준다는 목적하에 국민보도연맹(國民保導聯盟)을 창설했다. 그때 김상철은 개풍군에 남고 김상우만 강화도로 건너와서 국민보도연맹에 가입했다. 정부의 약속대로 아무런 추궁을 받지 않았다. 집으로 돌아간 김상우는 소집 명령에 따라서 강연회에 참석하거나 일상적인 점검을 받곤 했다. 그 외에 별다른 제재가 없고, 생활하는데 불편한 것은 없었다. 하지만 당원을 모집하러 다녔고 인민위원회 사무실을 드나드는 등 남로당 활동에 적극적이었던 터라 동네 사람들이 선뜻 마음을 열고 받아주지 않았다.

"우리 오빠하고 네 아버지는 친구였다. 지금 니가 사는 집에 김상우가 살았으니께 눈만 뜨면 봤지."

윤 할머니의 오빠 윤경수(尹景洙)는 수리조합에서 직책을 맡고 있었다. 윤경수는 김상우와 막걸리를 마시며 세상사는 얘기를 나누다 돌아가곤 했다. 워낙 가까운 곳에 살고 있어서 안 만나려야 안 만날 수가 없었다. 사람 좋은 윤경수는 김상우네가 지붕을 새로 얹을 때도 같이 이엉을 엮는 등 궂은일을 많이 도와주었다.

"근데 말여, 그노무 즌쟁 때문에 고만……."

뭔가 고통스럽다는 듯이 윤 할머니 얼굴이 일그러졌다. 세영 씨가 손가락을 매만졌다. 공연히 가슴이 두근거렸다.

전쟁이 발발하고 이틀 뒤에 인민군이 갑곶진(甲串津)으로 상륙한 후 동락천(東洛川)을 따라 강화면 소재지로 들어왔다. 이미 강화군 경찰관들이 모두 철수한 상태였다. 강화면으로 무혈입성한 인민군과 내무서원들은 군(君) 청사와 경찰서에 붉은 인공기를 올렸다. 그들은 국민보도연맹에 가입한 남로당원들을 신속히 규합하여 강화군인민위원회를 구축했다. 이후 각 면과 리(里) 단위까지 인민위원회를 만들어 행정업무를 펴나갔고 뒤이어 조국보위후원회(祖國保衛後援會), 부녀동맹 등의 하부조직을 편성했다.

인민군이 진입한 다음 날 김상철이 나타났다. 월북한 이후 내무서원이 된 김상철이 강화군인민위원회 재건을 위해 돌아온 것이었다. 김상우는 리 인민위원장이 되었다. 국민보도연맹에 가입할 때 남로당에 협조하지 않겠다고 맹세했지만, 막상 형이 나타나서 부탁하자 거절하지 못했다. 강화군 내무서(경찰서) 소속 자위대원들이 피난 가지 못한 공무원 가족을 비롯하여 인민위원회에 비협조적인 사람들을 유치장에 가두었다. 각 면에서 붙잡혀오는 사람들이 늘어나자 산업조합 창고로 분산하여 감금했다. 그들 중 상당수의 청년을 인민 의용군으로 징집하여 전선으로 보냈다.

"그날 밤은 너무나 더웠어. 가물어서 비가 안 왔거든."

윤 할머니 눈이 조금 붉어져 있었다.

삼복더위가 기승을 부리던 한밤중에 인민위원회 자위대원들이 김상우 집 대문을 두드렸다. 잠자리에 들었던 김상우가 밖으로 나갔다. 붉은 완장을 찬 3명의 자위대원이 총을 메고 서 있었다. 그들 중 옆동네에 사는 마충식(馬忠植)이 있었다. 그가 "윤경수 잡으러 같이 갑시다"고 말했다. 김상우는 건달처럼 살던 마충식을 잘 알고 있어서 불안한 느낌이 들었다. 리 인민위원장을 맡은 이후 해안가에 방공호를 파는 등의 인력 동원 지시가 내려오면 성심껏 따랐다. 하지만 사람을 붙잡아 가는 일에는 이런저런 이유를 붙여서 협조하지 않았다.

"윤경수가 뭔 잘못이라도 했소?" "아닙니다." "그러면 내일 아침에 내가 데려가도록 하겠소." "나도 내무서 명령받고 하는 일이라서 그건 곤란하오." 마충식이 채근했다. 김상우는 그가 그냥 돌아갈 위인이 아니라는 생각이 들어서 어쩔 수 없이 집을 나섰다. 그 시절 농민들과 갈등이 잦았던 수리조합은 이미 타도의 대상이 되어 있었다.

그날 밤 건넌방에 있던 윤경자는 오빠가 붙잡혀가는 광경을 문틈으로 보았다. 윤경자가 쫓아나가서 오빠를 놔달라고 마충식에게 매달렸지만 소용없었다. 다음날부터 윤경자는 밥을 해서 머리에 이고 집을 나섰다. 분주소(지서) 옆에 창고가 있었는데 그곳에 갇힌 사람 중에 윤경수도 있었다. 한동안 창고로 밥을 날랐다. 윤경수가 따뜻한 손으로 얼굴을 쓰다듬으며 너무 걱정하지 말라고 했다. 그때마다 윤경자는 울먹이며 빨리 집으로 돌아오라고 말했다. 열흘째 되는 날 창고로 가자 사람들이 웅성거리고 있었다. 창고 옆에 시신 세 구가 가마니에 덮여 있었다. 그중의 한 사람이 윤경수였다. 심하게 구타를 당한 윤경수는 알아보기 힘들 만큼 얼굴이 함몰되고 피가 흘러나와 있었다.

참혹하고 잔인한 여름이 그렇게 지나갔다. 추수철이 되자 김상우는 판정위원과 함께 집마다 다니며 공출을 했다. 그러나 9월 중순부터 인민위원회와 자위대 활동이 갑자기 줄어들었다. 그러더니 어느 마을 사람이 자위대에 붙잡혀가서 총살당했다거나 맞아 죽었다는 흉흉한 소문이 꼬리를 물고 퍼져 나갔다. 사람들은 낮에도 서로 만나지를 않았다. 해가 지면 곧장 대문을 닫아걸고 움직이지 않았다. 하루는 김상철이 집으로 왔다. 인천에 상륙한 유엔군이 북상 중이어서 후퇴할 수밖에 없다는 것을 알고 있었다. 며칠 뒤 김상우는 김상철의 주선으로 철산리 해안가에서 배를 타고 개풍군으로 건너갔다.

"너는 담배 안 태우냐?"

"예. 아직 못 배웠어요."

"이걸 끊을 수가 읎구나. 쿨럭!"

"건강에 해롭다는데요."

"그래두 난 담배 읎이 못 살어."

윤 할머니가 새 담배에 불을 붙였다. 검버섯이 피어 있는 손등이 나무껍질처럼 메말라 있었다. 담배 연기를 내뿜으며 허공을 보았다. 어떤 격한 감정이 솟구치는지 말을 잇지 못했다. 할 수만 있다면 끌로 쪼아서 파내버리고 싶은 기억들이 떠올랐다.

인민군이 강화도에서 철수하기 전날 마충식이 총을 메고 철곶마을로 왔다. 마충식은 밤이 깊어지자 윤경수의 집 돌담을 넘었다. 그러고는 골방에 숨어 있는 윤경자를 찾아냈다. 마충식은 그녀를 헛간으로 끌고 가서 말을 듣지 않으면 가족을 전부 쏴 죽이겠다고 협박하며 옷을 찢고 욕정을 채웠다.

인민군과 내무서원 그리고 남로당원들이 밤사이에 북으로 도주했다. 강화도에 군인과 경찰관이 돌아온 후에 상황이 수습되면서 평정을 찾아갔다. 이즈음 치안대와 소년단이 편성되었다. 강화도에 새로운 피의 바람이 불었다. 면마다 조직된 치안대에서 숨어 있는 남로당원과 부역자를 색출하여 잡아들였다. 핵심 부역자들은 강화 장날에 장판에서 조리돌림을 당했다. "웬수 놈들을 돌로 쳐 죽여라!" 장판에 모인 사람들이 분노에 찬 손가락질을 했다. 부역자의 등에 붉은색으로 빨갱이라고 쓰여 있었다. 그들 중에 북쪽으로 가기 위해 철산리 포구에서 배를 기다리다가 붙잡혀 온 김상철과 마충식도 섞여 있었다. 얼마 후 두 사람은 갑곶리 포구에서 총상을 입고 사망한 채 발견되었다.

 그해 가을 어느 날 밤에 치안대 사람들이 김상우의 집 대문을 흔들었다. 이미 부역자 집으로 낙인찍혀 있었다. 치안대원들은 홀어머니를 놔두고 김상희를 새끼줄로 묶어서 붙잡아 갔다. 창고에 갇힌 김상희는 사라진 김상우의 소재에 대해서 추궁을 받았다. 그러다가 며칠 후에 풀려났다. 총에 맞아 죽은 김상철의 시신을 찾아가라는 연락을 받은 홀어머니가 충격을 받고 심장마비로 사망했기 때문이다. 집으로 돌아간 김상희는 친척의 도움을 받아 집 뒤쪽 등성이에다 오빠와 어머니를 묻었다. 그리고 1년 뒤에는 행방불명되어 나타나지 않는 김상우의 가묘도 만들었다.

 한평생 피맺힌 가슴을 안고 살아온 윤경자 할머니가 2달 전에 세상을 떠났다.
 "부디 좋은 데 가시길……."
 동네 사람 몇몇이 지키고 있는 장례식장에서 세영 씨는 빌고 또 빌었다.
 그날 저녁 마루에 앉아 멍하니 철책 저쪽 건너편 개풍군을 바라보았다. 한순간 눈가가 축축해졌다. 그러다가 소리 내어 울기 시작했다. 내면 깊숙한 곳에서 솟구치는 쇳소리 같은 울음소리가 점점 커졌다. 하염없이 눈물이 쏟아졌다. 가슴에 커다란 구멍이 뚫린 것 같았다. 헛헛증이 밀려들었다. 이중 삼중 촘촘한 감시망 속에서 이 눈치 저 눈치를 살피며 비루먹은 개처럼 연명하다 굶어 죽은 아버지가 불쌍했고, 손가락질받으며 음지에서 죄인처럼 살았을 고모가 너무나 가

여웠다.

이튿날 창고에서 낫을 찾아들고 마당으로 갔다. 허전하고 그립고 쓸쓸한 마음을 추스르려면 뭔가를 해야 했다. 집 초입에 제멋대로 자라 있는 쪽을 베어 큰 항아리에 담고 물을 부었다. 며칠 뒤에 쪽을 걸러냈다. 그 물에 석회를 배합하고 잿물을 넣어서 쪽 염료를 만들었다.

세영 씨가 마루에 앉아 커피를 마셨다. 철곶마을의 조각 천 같은 논들이 황금빛으로 물들어 있었다. 한갓진 들판에 무리 지어 피어 있는 코스모스가 연인에게 손짓하듯 하늘거렸다. 문득 할미꽃이 보고 싶어졌다. 지난봄에 윤 할머니로부터 전쟁 때 철곶마을에서 벌어진 얘기를 듣고 나서부터 염색작업을 하지 못했다. 그녀에게 설렘을 안겨 주던 붉은색을 더는 좋아할 수 없게 되었다.

하얀 승용차가 농로를 따라 올라왔다. 승용차가 마당 가에 멈췄고 차에서 두 사람이 내렸다. 미진이 친구를 데리고 온 것이다.

"선생님, 안녕하세요?"

세영 씨가 마당으로 나가자 미진이 인사했다.

"친구가 염색 배우고 싶다고 해서 같이 왔어요."

"그래 잘했어. 열심히 해보자구."

세 사람은 곧바로 작업에 들어갔다. 어제 미진과 함께 정련해 놓은 무명천을 작업대로 가져왔다. 무명천이 두껍고 양이 많아서 무거웠다.

항아리에 들어있는 쪽물을 커다란 스테인리스 그릇에 옮겼다. 긴 무명천을 쫙 펴서 접히지 않게 그릇에다 넣었다. 쪽물 속에서 30분 동안 주무르다가 꺼낸 다음 양쪽에서 맞잡고 쪽물을 털어냈다. 천이 점점 파랗게 바뀌었다. 그 천을 빨랫줄에다 널었다. 얼마 후 천이 마르자 똑같은 작업을 몇 번 반복했다. 건조한 날씨에 바람이 잘 불어서 천이 금방 말랐다.

"물 뜨거워졌나 확인해 봐."

세영이 미진을 불렀다.

미진이 들통에 있는 뜨거운 물을 커다란 그릇에다 퍼 날랐다. 거기에다 쪽물이 든 무명천들을 넣고 주물렀다. 쪽 염료 속에 있는 잿물을 빼내기 위해서였다. 수세 작업을 마친 무명천을 세탁기에 넣고 탈수를 했다. 세 사람은 세탁기에서 천을 꺼내 하나씩 빨랫줄에다 널었다.

"수고들 했어."

세영이 두 사람을 데리고 마루로 올라갔다. 간식거리를 내오고 커피를 끓였다. 작업을 끝내고 마시는 커피는 어떤 것보다도 맛있었다.

"어쩌면 저렇게 파랄 수가 있을까요. 마음속까지 파랗게 물드는 것 같아요."

미진이 투명한 햇빛 속에서 파란 천이 펄럭거리는 눈부신 광경을 바라보며 말했다.

세영 씨가 철책 넘어 개풍군을 건너다보았다. 잠시 후 눈이 스르르 감겼다. 어떤 미묘한 감정이 밀려들었고 가슴이 시려 왔다.

집 뒤 산기슭에 묻힌 망자들의 넋을 위로하는 듯이 새파란 무명천이 드높은 하늘을 향해 너울너울 춤을 추었다.

리 씨의 하루하루

핸드폰 알람이 힘차게 울렸다. 깊은 잠에 빠져 있던 리철민(李鐵珉) 씨가 알람을 끄고 일어났다. 곧바로 싱크대로 가서 냄비에 물을 붓고 가스레인지에 올렸다. 인력사무소에 늦지 않게 가려면 서둘러야 했다. 욕실에서 얼굴을 닦고 나오자 물이 끓기 시작했다. 라면 2개를 집어넣었다. 1개로는 양이 차지 않았다. 리 씨는 하나원(북한이탈주민정착지원사무소)에서 퇴소한 지 이제 1달이 지났다. 3개월 동안 남한 생활 정착 교육을 받긴 했지만 스스로 할 수 있는 것이 별로 없었다. 모든 것이 생소하고 어려웠다.

리 씨의 하루하루

핸드폰 알람이 힘차게 울렸다. 깊은 잠에 빠져 있던 리철민(李鐵珉) 씨가 알람을 끄고 일어났다. 곧바로 싱크대로 가서 냄비에 물을 붓고 가스레인지에 올렸다. 인력사무소에 늦지 않게 가려면 서둘러야 했다. 욕실에서 얼굴을 닦고 나오자 물이 끓기 시작했다. 라면 2개를 집어넣었다. 1개로는 양이 차지 않았다. 리 씨는 하나원(북한이탈주민정착지원사무소)에서 퇴소한 지 이제 1달이 지났다. 3개월 동안 남한 생활 정착 교육을 받긴 했지만 스스로 할 수 있는 것이 별로 없었다. 모든 것이 생소하고 어려웠다.

가양동의 11평짜리 임대아파트에 입주한 다음 날 강서지역 하나센터에서 정착 도우미 두 명이 왔다. 그들이 주민등록증과 카드와 핸드폰 개통하는 일을 도와주었고 라면 2박스를 선물로 주고 갔다. 대홍단군(大紅湍郡) 농사리(農事里)에 살 때 얼마나 먹고 싶었던 라면인가. 라면 1개가 옥수수 1kg 값보다 비싸서 사 먹을 엄두를 내지 못했다. 도우미가 돌아가고 저녁에 라면을 끓여 먹었다. 짭조름하면서 달고 매우면서 얼큰한 국물을 먹고 깜짝 놀랐다. 맛의 신세계를 느꼈다고나 할까. 말로 표현할 수 없을 정도로 맛이 오묘했다. 그날부터 매일 라면을 끓여 먹었다. 아무리 먹어도 물리지 않았다.

아파트 단지에 많은 탈북민이 거주했다. 1년 전에 먼저 입국한 남동생 철호(鐵浩)도 이곳에 살았다. 3살 어린 철호는 추진력이 강했고 반골 기질이 있었다. 무엇인가 결정하면 그대로 밀고 나갔다. 그런 성격은 농사리에서 환영받지 못했다. 걸핏하면 분주소(파출소)에 끌려갔고 로동단련대에도 두 번이나 갔었다. 당에서 보기에 그는 제대로 인간질 할 수 없는 아주 덜 돼 먹은 반당 반혁명 종파분자이고 인민사회의 부적응자였다. 철호는 펠라그라에 걸린 아내가 사망하자 곧바로 두만강 건너 탈북을 했다.

이틀 전에 철호가 벼룩시장 정보지를 가지고 왔다. 정보지에 구인광고가 엄청나게 많았다. 전혀 생각하지 못한 일이었다. 정치지도원은 강연할 때마다 썩고 병든 자본주의 남조선에 실업자와 깡통 찬 거지가 득시글댄다고 말했었다. 그런데 이렇게나 일자리가 많다니. 그저 놀랍고 신기하기만 했다.

벼룩시장을 아무리 살펴봐도 그가 할 수 있는 일은 별로 없었다. 생각 끝에 어느 인력사무실로 전화했다. 소장이라는 사람이 일할 데 많으니까 아침 6시까지 나오라고 말했다. 리 씨의 아내와 딸 둘은 농사리에 살고 있었다. 혹시 모를 불상사가 생기기 전에 그들을 하루라도 빨리 데려오려면 부지런히 돈을 벌어야 했다. 그가 두만강을 건너 중국으로 떠나던 날 집에 있는 양식은 옥수수 10kg이 전부였다.

작업복을 입고 거울을 봤다. 옷이 조금 컸지만 보기 흉할 정도는 아니었다. 30대 후반의 나이치고는 겉늙어 보였다. 주름이 많은 얼굴은 까무잡잡했고 광대뼈가 농사리의 감자처럼 볼록 솟아 있었다. 오늘 하루 열심히 일하겠다는 의지를 드러내듯이 쥐눈이콩 같은 눈동자가 반짝거렸다. 청년 시절에 건설돌격대에서 5년간 일했고, 협동농장에서 농사일을 힘들게 해서인지 손등의 핏줄이 지렁이가 붙은 것처럼 불거져 있었다. 헝클어진 머리카락을 손으로 쓸어넘기고 모자를 썼다. 이만하면 일할 준비는 잘 된 것 같았다.

지하철을 타고 염창역까지 갔다. 역 근처 3층 건물에 인력사무실이 있었다. 막노동하러 나온 사람들이 삼삼오오 모여 앉아 담배를 피웠다. "리철민 씨!" 조금 기다리자 소장이 그를 불러 봉고차에 타라고 했다. 신월동의 아파트 공사현장으로 가는 차였다. 차 안에 연변 출신 조선족들이 앉아 있었다. 그들이 리 씨의 신발을 보며 쑤군거렸다. 리 씨는 하나원에서 퇴소할 때 받은 운동화를 신고 있었다. 차가 곧 출발했고 머지않아 공사장 정문에 도착했다. 사람들이 차에서 내렸다.

〈나는 안전하지 않으면 작업하지 않는다!〉

리 씨가 정문 위에 쓰여 있는 구호를 봤다. 왠지 가슴이 뭉클해졌다. 어떤 감동도 밀려들었다. 〈사고는 혁명의 원쑤다〉〈당이 결심하면 우리는 한다〉〈속도전만이 살길이다〉 등등 돌격대 현장의 혁명적 구호와는 너무나 달랐다. 안전하지 않아서 작업을 못 하겠다고 하면 농사리에서는 어떻게 될까. 아마 반혁명분자로 낙인찍혀 천길만길 구렁텅이로 떨어질 터였다. 당에서 섶을 지고 불 속으로 뛰어들라고 한다 해도 거부할 수 없는 것이 현실이었다.

정문 안쪽에 사무실로 쓰이는 컨테이너가 몇 개 놓여 있었다. 사람들이 컨테이너 앞에서 안전모를 쓰고 안전띠도 착용했다. 리 씨도 따라서 했다.

"모두 혈압을 재십시오."

컨테이너에서 나온 사무실 직원이 말했다.

혈압이 너무 높은 사람은 작업할 수 없다는 현장 수칙이 있었다. 건설돌격대에서는 상상도 할 수 없는 일이다. 노동자가 작업 현장에서 혈압을 측정한다는 말은 그 어디에서도 들어보지 못했다. 남조선에서는 노동자 안전을 최우선으로 한다는 생각이 들었다. 그가 다른 사람들처럼 혈압측정기에다 팔을 집어넣었다. 시간이 지나자 측정기에서 점검표가 나왔다. 직원이 표를 보더니 고개를 끄덕였다. 혈압 수치가 정상 범위에 있었다. 일을 못 하게 될까 봐 걱정하던 그가 안도의 숨을 내쉬었다.

"처음 오신 분들은 신분증을 제출하십시오."

직원이 말했다. 신분증은 임금 지급과 세금에 관한 영수증 처리를 할 때 필요했다. 리 씨는 왠지 불안했다. 하나원에서 퇴소한 후에 가양동 주민센터에서 만든 임시 주민등록증을 가져오긴 했지만 거부당할 수도 있다는 생각이 들었다. 그가 머뭇거리고 있는데 직원이 불렀다.

"왜 안전화를 안 신으셨습니까?"

"네? 저 그게……."

"안전화가 필수라는 거 모르십니까? 이 상태로 작업할 수 없습니다. 돌아가세요."

직원의 말투가 상당히 단호했다. 리 씨가 멍한 표정을 지었다. 북조선에서 왔는데 몰라서 그랬다고 말하려다가 그만두었다. 스스로 자존심을 망가트리고 싶지 않았다. 이곳의 규정이 그렇다면 아무리 사정해도 소용없을 것 같았다.

그럴 줄 알았다는 듯이 조선족 일꾼들이 지나가면서 힐끔힐끔 바라봤다. 손가락질하는 사람도 있었다. 창피하고 자존감이 확 떨어졌다. 이곳을 빨리 벗어나고 싶었다. 정문 쪽으로 걸어가고 있는데 커다란 덤프트럭이 지나갔다. 트럭은 정문 밖으로 나가지 않고 노란 시설물 위로 올라갔다. 그러자 아래에서 물이 솟아올라 바퀴를 닦았다. 저건 무시기야? 리 씨가 중얼거렸다. 자동차 바퀴에 묻은 흙을 닦아주는 세륜기가 신통해 보였다. 돌격대에서는 덤프트럭을 볼 수 없었다. 모든 작업을 인력으로 했다. 그런데 트럭 바퀴까지 닦아주다니. 그는 입을 다물지 못하고 트럭이 떠날 때까지 한참 바라봤다.

공사장을 떠난 리 씨가 버스정류장으로 갔다. 핸드폰을 꺼내 상자 만드는 공장에서 일하는 철호에게 전화했다. 방금 있었던 일을 설명하자 640번 버스를 타고 영등포시장으로 가서 안전화를 사라고 말했다. 노가다를 뛰려면 반드시 안전화를 신어야 한다는 것이었다.

버스가 좀처럼 오지 않았다. 담배를 피워 물고 연기를 몇 번 뿜어내자 마음이 안정되는 듯했다. 옆에 있던 사람들이 연기를 피해서 저만치 물러갔다. 그때 길 건너편에 있던 두 남자가 황급히 건널목을 건너왔다. 그들이 곧바로 리 씨에게 다가와 구청 소속 금연지도원이라면서 신분증을 보여줬다. 지도원이라는 말에 화들짝 놀랐다. 농사리에 있을 때 그는 1급 감시 대상이었다. 보위부 지도원이 가끔 집으로 찾아와 리철호한테서 무슨 소식이 없었느냐고 캐물었다. 그럴 때마다 뇌물용으로 사 놓은 중국산 백주 몇 병과 담배 몇 막대기(보루)를 바쳤다. 철호는 동사무소에 행방불명자로 등록되었다. 하지만 보위부에서는 남조선으로 간 철호가 리 씨에게 돈을 보내주고 있다는 것을 은연중 파악하고 있었다.

"버스정류장은 금연구역입니다. 여기서 담배 피우시면 과태료 내야 합니다."

그들이 고지서를 발행하려고 신분증을 요구했다. 리 씨는 북조선에서 온 지 얼마 안 되어서 몰랐다는 말을 차마 하지 못하고 임시 주민등록증을 보여줬다.

"왜 임시 신분증을 갖고 다니십니까?"

"내는 조선에서 왔슴다."

"조선이라뇨. 북한이란 말입니까?"

두 남자가 머뭇거렸다. 그들이 두어 걸음 물러나서 뭔가를 상의했다.

"다음부터는 금연구역에서 흡연하지 마세요."

금연지도원이 임시 주민등록증을 돌려주고 그냥 돌아갔다. 리 씨는 할 말을 잃고 물끄러미 그들 뒷모습을 바라보았다. 담배 피우는 것을 단속한다는 말은 듣던 중 처음이었다. 농사리에 살 때 남조선이 문명사회라고 하는 말을 들었었는데 그것이 맞긴 맞는 것 같았.

640번 버스가 와서 올라탔다. 정류장에 설 때마다 안내방송 나오는 것이 신기했다. 얼마 후 영등포시장 정류장에서 내렸다. 차들이 끊임없이 밀려들었다. 교통신호가 바뀌어 빠져나가면 또 다른 차들이 파도처럼 몰려들었다. 거리의 수많은 사람도 질서 있게 움직였다. 사람들 표정에 구김살이 없고 옷차림이 세련되어 보였다. 하나원에 있을 때 단체로 63빌딩에 간 적이 있지만, 지금처럼 혼자 서울 도심지를 걷는 것은 처음이다. 눈에 보이는 모든 것이 그저 신기했다.

영등포네거리 건너편에 시장 간판이 보였다. 시장 안으로 들어서자 과일가게가 쭉 이어졌다. 옷가게와 그만그만한 식당이 밀집해 있었다. 더 안쪽으로 가자 철호가 말한 대로 대여섯 군데의 신발가게가 있었다. 이럴 수가. 그의 눈이 휘둥그레졌다. 가게마다 운동화와 슬리퍼, 구두와 장화 등이 산더미처럼 쌓여 있었다. 대홍단읍 장마당의 신발 매대에는 헝겊으로 된 편리화와 고무신, 비닐 신 그리고 중국산 인조가죽 운동화 몇 켤레가 진열된 것이 전부였다. 농사리에서 장화는 사치품이었다. 장화 한 켤레 사려면 쌀 6, 7kg 값을 내야 했다.

"어서 오세요."

첫 번째 가게 앞을 지나가는데 주인이 인사를 했다.

"안전화라는 게 있씀까?"

엉겁결에 리 씨가 걸음을 멈추었다.

"예 있습니다. 이쪽으로 오시지요."

주인이 손짓으로 불렀다. 가게로 들어가자 벽 쪽으로 구두와 안전화가 가득 진열되어 있었다. 주인이 갈색 안전화를 꺼내 신어보라고 권했다. 소가죽으로 된 안전화는 두꺼우면서도 부드럽고 탄탄했다. 앞부분과 밑창에 철판이 들어있었다. 칼날이 발등에 떨어져도 발가락이 안전하고 튀어나온 못을 밟아도 바닥을 뚫고 들어올 수 없다고 주인이 설명했다. 세상에 이런 신발도 있나. 리 씨는 마음속으로 연신 감탄했다. 대홍단읍에서는 깨끗한 양복 차림에 이런 안전화를 신고 다니는 사람이 종종 눈에 띄었다. 남조선 안전화는 그야말로 신문물이었다. 그래서인지 그렇게 멋있어 보일 수가 없었다. 하지만 너무 비쌌다. 보통 사람은 살 엄두를 내지 못했다.

돈 계산을 마치자 주인이 안전화를 봉투에 넣어주었다. 내일부터 일할 생각을 하니 괜히 마음이 부풀었다. 큰 부자가 된 것 같았다. 왔던 길을 돌아가다가 어느 식당 앞에서 멈췄다. 간판에 곰탕이라고 쓰여 있었다. 곰탕은 곰을 잡아서 끓인 걸까. 그가 고개를 갸웃거리며 중얼거렸다. 대홍단읍에는 토끼를 잡아서 푹 끓인 토끼탕이 있었다. 식당으로 들어가서 자리 잡고 곰탕을 주문했다.

"곰탕 나왔습니다."

아주머니가 뜨거운 뚝배기를 가져왔다. 소뼈를 진하게 우려낸 뽀얀 국물에 파가 둥둥 떠 있었다. 숟가락으로 휘휘 젓자 고기 몇 점과 당면이 보였다. 고기를 들어서 살펴봤다. 아무리 생각해 봐도 곰고기 같지가 않았다. 하지만 식당을 나올 때까지 이것이 진짜 곰고기인지 끝내 물어보지 못했다. 북조선에서 온 사람이라는 것을 알리고 싶지가 않았다.

다음날 새벽에 알람 소리를 듣고 잠에서 깼다. 서둘러 라면을 끓여 먹고 작업복을 입었다. 돈을 벌러 간다는 생각에 마음이 들떴다. 안전화를 신고 끈을 단단히 조여 맸다. 발이 무척 편안했다. 이대로라면 울퉁불퉁한 산길도 끄떡없이 내달릴 수 있을 것 같았다.

인력사무소에 도착하자 어제처럼 일꾼들이 모여 있었다. 소장한테 인사하고 구석에 가서 앉았다. 리 씨 연배쯤 되는 남자가 커피를 타 주었다. "김정숩니다." 남자가 자기를 소개하며 악수를 청했다. 리 씨가 엉겁결에 손을 잡고 리철민이라고 말했다. 막노동 경력이 많은 김정수(金正秀)는 몸집이 다부지고 어깨가 두꺼웠다. 구릿빛 얼굴에 웃음을 머금고 있는 모습이 수더분해 보였다. 소장이 리 씨를 불렀다. 김정수와 함께 공사장으로 가라고 말했다. 인력사무소에서의 인력 배치는 매일같이 똑같지가 않았다. 그날그날 일 주문이 들어오는 일자리 상황과 일꾼의 작업 능력, 그리고 자동차 소유 여부에 따라 달라졌다.

"갑시다."

"어디메로 감까?"

"제 차 타고 같이 가면 됩니다."

김정수가 말했다. 두 사람이 도착한 곳은 5층짜리 연립주택 세 동은 짓고 있는 건축현장이었다. 먼저 온 일꾼들이 완성된 건물 골조에 회색 외장재를 붙이고 있었다. 김정수가 현장 소장에게 가서 인사했다.

"야리끼리로 대리석하고 레미탈 좀 올려줘. 두 장씩 줄게."

"알겠습니다."

이 현장에 고정으로 나오는 김정수는 아침마다 소장에게 작업지시를 받았다. 최근에 형성되어 있는 일용노동자 일당이 12만 원 정도인데 무거운 자재를 사람이 힘을 써서 나르는 곰방은 20만 원이었다. 돈을 많이 주는 만큼 일이 힘든 것이 곰방이었다. 야리끼리는 할당받은 일을 마치면 바로 퇴근하는 작업 방식이었다.

"곰방 해 보셨어요?"

어쩐지 미심쩍은 눈초리로 김정수가 물었다.

"곰방이 뭡니까?"

"등짐 지는 거요."

김종수가 리 씨를 한번 훑어보았다. 아무리 생각해 봐도 이 일을 하기에는 신체 조건이 맞지 않았다. 작은 키에 몸집이 왜소했고 상체는 얄팍했다. 어깨나 다리에 힘쓸 수 있는 근육도 없었다. 배가 너무 홀쭉해서 하다못해 뱃심이라도 나올 것 같지 않았다. 더구나 곰방이

뭔지도 모르는 노가다 초짜였다. 이런 사람과 조를 이루어서 일하게 되면 자신이 더 힘들 것이 뻔했다. 하지만 인제 와서 사람을 바꿀 수는 없었다.

연립주택 공사장 앞에 10여 개의 팔레트가 놓여 있었다. 팔레트마다 크고 작은 대리석, 그리고 시멘트와 모래가 혼합된 레미탈 포대가 수북이 쌓여 있었다. 비닐 포장을 걷어내자 계단 발판으로 쓰일 대리석이 드러났다. 대리석은 긴 것과 짧은 것 두 종류였다. 긴 대리석 무게가 23kg이고 짧은 것은 15kg이었다.

"시작합시다."

김정수가 긴 대리석 2개를 등에 댔다. 그러고는 양팔을 뒤로 돌려서 대리석을 꽉 잡고 출발했다. 리 씨도 2개를 지고 걸어갔다. 그런데 몸에 가해지는 무게가 엄청나게 버거웠다. 2층까지 갔는데 벌써 숨이 차올랐다. 등짐을 지기에 힘이 부족한 것은 사실이었다. 탈북하기 전에 먹는 것이 워낙 형편없어서 면역력과 영양 상태가 바닥이었다. 건설돌격대에서 일했다고는 하지만 일을 설렁설렁했던 탓에 여기서 노가다를 뛸 수 있는 기초 체력이 만들어져 있지 않았다. 그는 금방이라도 주저앉을 것처럼 다리가 후들거리고 눈알이 튀어나올 것 같은 이 상황을 정신력으로 버텼다. 그에게는 하루라도 빨리 가족을 데려와야 하는 지상 최대의 목표가 있었다. 3층에 올라서자 김정수가 벌써 대리석을 5층에 갖다 놓고 빈 몸으로 내려오고 있었다.

"노가다 첨이라서 힘듭다."

"천천히 하세요. 무리하지 마시고."

김종수가 괜찮다는 듯이 말했다. 리 씨 얼굴이 화끈 달아올랐다. 내가 이것밖에 안 되나 하는 자괴감이 밀려왔다. 입을 앙다물고 다시 힘을 내서 걸음을 옮겼다. 5층에서 대리석을 내려놓자 커다란 혹을 떼어낸 것처럼 등이 가벼웠다. 그는 아래로 내려가면서 김종수와 보조를 맞추겠다는 생각을 버렸다. 자칫하다가 다리가 풀려 계단에서 굴러떨어질지도 몰랐다. 다음부터는 짧은 대리석 2개를 지고 올라갔다.

대리석을 나르는 중간중간에 허리를 펴고 자꾸 주위를 돌아봤다. 건설돌격대에서 일할 때는 으레 기동예술선전대가 출동했다. 그들은 김일성 장군의 노래, 김정일 장군의 노래 등의 혁명가를 부르며 분위기를 띄워 갔다. 그런 다음 방송원이 메가폰을 들고 "우리의 태양이신 원수님께서 주체의 사회주의 위업은 필승불패이며 조선로동당 령도 따라 나가는 앞길에 승리와 영광만이 있을 거라고 말씀하셨습다. 적대국의 핵 위협과 경제봉쇄도 여지없이 부서져 나가는 것을 보면서 천하를 휘어잡으시고 예지롭게 다스려 가시는 원수님의 무궁강대하신 령도력을 우리는 온 심장으로 절감했습다. 건설돌격대원 여러분, 충성의 북소리 둥둥 울리며 전진 또 전진해 나갑시다!"라며 언제 어디서 들어도 비슷한 내용의 말을 쏟아냈다. 그때는 원수님이 현지에 나타나 직접 격려하고 있다는 착각에 빠져 그 무거운 들것이 깃털인 양 가뿐하게 들고 뛰어다녔다.

"식사하러 갑시다."

점심때가 되자 김종수가 장갑을 벗었다. 두 사람이 근처에 있는 식당으로 갔다. 이 집은 이게 맛있다며 김종수가 부대찌개를 시켰다. 커다란 냄비 안에 어디서도 본 적 없고 들은 적도 없는 소시지, 햄, 베이컨이 있고 대파와 고춧가루가 듬뿍 들어 있었다. 내용물이 끓기 시작하자 라면을 하나 집어넣었다. 음식 냄새가 침샘을 자극했다. 김종수가 접시에 라면과 찌개를 담아 리 씨에게 건넸다. 라면을 젓가락으로 집어 입안에 넣자 눈이 번쩍 뜨이는 환상적인 맛이 났다. 집에서 끓인 라면과는 또 다른 맛이었다. 몇 번 씹기도 전에 꿀떡꿀떡 넘어갔다. 국물에다 밥을 말아 후루룩 소리를 내며 먹었다. 잠시 후 밥을 다 먹었는데도 리 씨는 뭐가 더 없나 하는 자세로 숟가락을 들고 주위를 두리번거렸다. 곰방은 건설현장에서 가장 노동 강도가 센 일이다. 아침에 라면 끓여 먹고 그 일을 하자니 너무나 배가 고팠다.

"식사 더 하세요."

초짜 잡부의 심정을 이해한다는 듯이 김종수가 공깃밥을 추가로 시켰다.

"혹시 고향이 어디세요?"

"대홍단군임다."

"대홍단군요? 처음 듣네요."

"저 위쪽 양강도에 있슴다."

"예? 양강도는 북한 아닌가요?"

김종수는 아침부터 리 씨 말투가 이상하게 들렸었는데 이제야 궁금증이 풀렸다.

식사를 마치고 쉬는 시간이 되었다. 리 씨가 주변에 널려 있는 폐목을 끌어모았다. 폐목에 못이 네댓 개씩 박혀 있었다. 돌격대 같았으면 못을 당장 뽑아서 정리하라고 중대장이 소리쳤을 것이다. 돌격대에서는 구부러진 못일지라도 허투루 버리지 않고 재활용했다. 그가 장도리를 가져와 못을 뽑기 시작했다.

"지금 뭐 하세요?"

김종수가 물었다.

"모다구를 펴놀라 그럼둥."

"예?"

"이 귀한 모다구를 저대로 버릴 순 없잖소."

"그 못 얼마 한다고 그러세요. 인건비도 안 나오니까 그냥 푹 쉬세요."

김종수가 인상을 찌푸렸다. 리 씨를 도저히 이해할 수가 없었다.

오후 작업은 25kg짜리 레미탈을 각층에 옮기는 일이었다. 곰방일에 완전히 최적화된 김종수는 레미탈 두 포대를 등짐으로 져 날랐다. 리 씨는 한 포대도 무거워서 겨우겨우 날랐다.

"오사마리 집시다."

오후 3시경에 일이 끝났다. 두 사람은 인력사무소로 돌아갔다. 소장이 수고했다면서 18만5천 원을 주었다. 현장에서 일당을 사무실로 보내면 소장은 소개비를 떼고 나머지를 주었다. 남조선에 와서 일하고 처음 받는 임금이었다. 내일 또 나오시오. 소장의 말을 뒤로하고 사무실을 나섰다. 지폐를 잠바 안주머니에 깊숙이 넣었다. 몸이 천근이나 되는 것처럼 발걸음이 무거웠는데 가슴은 마구 뛰었다. 십팔만 오천 원이나 주다니. 입에서 단내가 날 만큼 힘들긴 했어도 이렇게 많이 줄 것이라고는 생각하지 못했다. 일한 만큼 준다더니 맞는 말이네. 이게 자본주의라는 거구나. 지하철역으로 가는 내내 중얼거렸다.

건설돌격대에서는 오로지 로동당원이 되겠다는 일념으로 몸과 마음을 다 바쳐서 일했다. 그러나 당증은커녕 차려지는 것은 일절 없었다. 도로공사를 하거나 아파트를 짓든지 간에 거의 모든 과정을 인력으로 진행했다. 들것에 흙이나 돌을 넣고 둘이서 맞들고 뛰는 것은 기본이었다. 바윗덩어리를 해머와 정으로 깼고 커다란 참나무 토막을 하늘 높이 들었다 내리치면서 땅 다지기를 했다. 허리가 부러지도록 엎드려서 시멘트를 갰고 벽돌을 지고 오르내렸다. 작업장 곳곳에 자립경제 이룩하고 강성대국 열어가자는 구호가 있었지만, 어느 것 하나 제대로 되는 것이 없었다. 돌도 씹어먹을 수 있는 대원들의 식단은 언제나 똑같았다. 옥쌀밥과 염장무 삼총사 반찬에 시래깃국이 전부였다. 어쩌다가 국경일에 돼지고기가 나왔는데 기름만 둥둥 떠다닐 뿐 비곗덩어리 하나 없었다. 저녁 식사가 끝나면 미국놈 깨부수고 남조선 괴뢰도당을 타도하자는 정치 강연에 동원되곤 했다. 여러 악조건 속에서도 새벽에 일어나 캄캄한 밤까지 일했는데 임금은 일절 없었다.

    가양역에서 내려 아파트 단지로 걸어갔다. 단지 내 편의점에서 도시락 2개와 소주 2병을 샀다. 그의 아파트는 1202동 10층에 있었다. 동 입구의 작은 사무실에 경비원이 앉아 있었다. 감청색 제복에 푸른 모자를 쓴 경비원이 손가락으로 볼펜을 돌리면서 예리한 눈빛으로 그를 보았다. 리 씨가 한순간 움츠러들었다. 경비원이 그의 행동 하나하나를 감시하는 것 같았다. 엘리베이터를 타지 않고 서둘러 계단 쪽으로 갔다. 계단을 오르기 전에 힐끗 경비실을 건너다보았다. 경비원이 작은 수첩에다 뭔가를 적고 있었다. 어쩐지 등골이 서늘해졌다. 농사리에서는 길을 가다가 제복 입은 보안원이나 보위원, 그리고 규찰대를 보면 공연히 오금이 저리곤 했다. 불법이나 비법을 행하지 않고서는 입에 풀칠하기 힘든 그 땅에서 제복 입은 사람들은 무소불위의 힘을 가진 권력자였다. 될 수 있으면 안 만나는 게 상책이었다. 만약에 그들이 부른다거나 찾아온다면 어떤 좋지 않은 일이 벌어질 것이 틀림없었다.

열쇠를 돌려 아파트 문을 열고 들어갔다. 그제야 안도감이 들면서 마음이 편해졌다. 생각해 보면 치열하게 전투를 치른 것만 같은 하루였다. 철호에게 노가다가 쉽지 않다는 말을 듣긴 했지만 이렇게까지 힘들 줄은 몰랐다. 물먹은 솜처럼 몸이 무거워서 만사가 귀찮았다. 그래도 밥은 먹어야겠기에 도시락을 전자레인지에 돌렸다.

밥상을 펴고 도시락을 꺼내 왔다. 뚜껑을 열자 두 줄로 가지런히 놓인 따끈따끈한 유부초밥이 보였다. 젓가락으로 집어서 한 입 베어 먹었다. 무슨 맛을 느끼기도 전에 눈앞이 흐릿해졌다. 어떤 그리움이 확 밀어닥쳤다. 두부를 튀겨서 만든 유부초밥은 아내가 장마당에 나앉아서 팔던 두부밥과 비슷했다. 온종일 추위에 떨면서 팔아봤자 네 식구가 한 끼 식사도 해결하지 못할 때가 많았다. 하지만 그 장사라도 했기에 옥수수죽이나마 끓여 먹으며 버틸 수가 있었다. 나중에 철호가 돈을 보내서 살림살이가 나아지긴 했다.

소주병 마개를 따고 술을 컵에 따랐다. 소주가 싱거웠다. 알코올 도수 30도가 넘는 농태기에 비하면 맹물 같았다. 아내는 장마당에서 추위를 이기려고 술을 한 모금씩 먹었다. 장사가 좀 되면 농태기를 한 병 사 와서 같이 마시기도 했다. 그런 날에는 뼛심 다해서 일했는데 왜 배급이 없는지, 주는 것도 없이 단속만 해대는 이 부조리한 세상에 대해서 불평불만을 쏟아냈다. 장군님을 대놓고 헐뜯는 것은 아니지만 누가 신고하면 어디로 끌려가는지 모르게 잡혀갈 수 있는 얘기들이었다.

리 씨는 소주 2병을 다 마시고 스르르 잠이 들었다. 새벽에 일어나서 화장실에 다녀왔다. 핸드폰 알람을 맞춰놓고 다시 잠자리에 누웠다. 얼마를 잤을까. 그가 눈을 번쩍 떴다. 베란다 창으로 맑고 투명한 아침 햇빛이 비쳐들었다. 핸드폰 시계가 10시를 가리켰다. 얼마나 피곤했는지 알람 소리를 듣지 못할 정도로 깊은 잠에 빠져 있었다. 이를 어쩜둥. 그가 괴로워했다. 약속을 지키지 않아서 소장이 화를 낼 것 같았다. 전화해서 사과해야겠다는 생각을 했다. 갈증이 몰려왔다. 물을 마시려고 일어났는데 몸이 제대로 움직여지지 않았다. 안 아픈 데가 없었다. 등이 뻐적지근했다. 근육이 뭉쳐서 다리가 안 펴졌고 팔 쳐드는 것도 어려웠다. 거북이처럼 몇 걸음 움직여 냉장고에서 물을 꺼내 마셨다.

그때 핸드폰이 울렸다. 전화를 받자 철호 목소리가 흘러나왔다.

"형, 일 나갔어?"

"늦잠 자서 나가지 아이 했다."

"그럼 이따가 삼겹살 구워 먹자. 오늘 일요일이잖아."

철호가 일방적으로 정하고 전화를 끊었다.

갑자기 허기가 몰려왔다. 가스레인지에다 냄비를 올리고 불을 켰다. 잠시 후 냄비에다 라면 2개를 넣었다. 라면은 아예 주식이 되어버렸다. 적어도 현재는 그랬다. 뜨겁고 얼큰한 국물을 몇 모금 들이키자 숙취가 싹 사라지는 것 같았다. 땅에 묻은 항아리에서 꺼내온 김치가 떠올랐다. 한겨울에 먹는 이가 시린 김장김치. 그 쩡한 김치 한 점에 라면을 말아먹으면 최고의 조합일 거라는 생각이 들었다.

편의점에 다녀오려고 밖으로 나갔다. 엘리베이터 앞에 가서 버튼을 눌렀다. 노란 불빛이 반짝였다. 엘리베이터가 빠르게 올라오더니 문이 활짝 열렸다. 리 씨가 엘리베이터에 타려다가 멈칫했다. 제복을 입은 경비원이 떠올랐다. 그와 맞닥뜨리고 싶지 않았다. 경비원이 자신을 감시하는 것이 틀림없다고 생각했다. 걸음을 옮겨 계단으로 내려갔다. 1층에 내려선 후 최대한 벽으로 붙었다. 경비실에서 창문을 열고 내다보기 전에는 그쪽이 안 보였다. 살금살금 걸어서 그곳을 벗어났다.

일요일이어서 출근하지 않은 차들이 주차장에 가득했다. 리 씨는 태국의 이민국수용소에 수용되었다가 다른 탈북자 20여 명과 함께 비행기를 타고 인천공항으로 입국했다. 관계기관으로 가기 위해 버스로 옮겨 탄 사람들은 인천대교를 지날 때 탄성을 질렀다. 바다 위에 다리라니. 모두 놀라움을 금치 못했다. 서울에 가까워질수록 자동차가 늘어나 도로를 메웠다. 어떤 탈북자는 우리가 조선에서 왔다고 차를 동원해서 보여 주는 거라고 말했다. 리 씨는 그 말을 믿지 않았다. 마음속으로 엄청난 충격을 받았다. 둑이 무너진 저수지에서 물이 쏟아져 내리는 것처럼 끝없이 밀려드는 차를 보며 자본주의 세상이 이런 것이라는 생각을 했다.

편의점에서 술과 커피믹스를 샀다. 아파트로 돌아갈 때는 경비실에서 보지 못하도록 역순으로 걸어서 올라갔다.

리 씨가 주전자에 물을 넣고 가스레인지에 올렸다. 노란 커피믹스 상자 뚜껑을 열었다. 막대처럼 긴 커피믹스가 촘촘하게 들어있었다. 물이 금세 끓었다. 커피를 타서 한 모금 마셨다. 향내가 구수했다. 달고 쌉싸름한 맛이 입안에 맴돌았다. 대홍단읍 장마당에서 커피믹스를 팔았는데 어떤 맛일지 정말 궁금했다. 그때는 너무 비싸서 한 번도 먹어보지 못했다.

그의 마을에서 30리쯤 내려가면 두만강 건너편에 중국의 숭선진(崇善鎭) 마을이 있다. 그곳에 사는 조선족 친척을 통해서 중국산 생필품을 건네받았다. 물건을 무산군까지 등짐 지고 가서 장사꾼들에게 도매로 넘겼다. 남조선에서 생산한 100개들이 커피믹스 2상자는 팔지 않고 따로 챙겨왔다. 한 상자는 보위부 지도원에게, 나머지 한 상자는 국경경비대 초소장에게 주었다. 강연할 때 남조선 괴뢰도당을 까부수자고 열을 올리던 사람들이 남조선 물건을 너무나 좋아했다. 숭선진에 다녀올 때마다 세금처럼 그렇게 뇌물을 고였다. 밀수업을 계속하려면 어쩔 수 없었다.

땡동땡동! 텔레비전을 보다가 잠들었던 리 씨가 인터폰 소리를 듣고 일어났다. 문을 열자 철호 부부와 낯모르는 남자가 서 있었다.

"어서들 오시오."

"큰아바이, 잘 계셨어요?"

철호의 아내 손영숙(孫英淑)이 살갑게 인사했다. 그녀도 탈북민인데 6개월 전부터 철호와 살림살이를 합쳤다. 서로의 배우자를 먼저 잃은 처지여서 동병상련 심정으로 부부가 되기로 했다.

"형, 내 친군데 무산군 출신야. 인사드려."

"안녕하십니까. 박수길입니다."

"반갑소. 철호와 잘 해보기오."

네 사람은 통성명을 마치고 거실로 갔다.

손영숙이 가지고 온 봉투를 싱크대에 올려놓고 내용물을 꺼냈다. 삼겹살, 상추, 마늘, 김치 등등 저녁거리가 있었다. 그녀가 팔을 걷어붙이고 식사 준비를 시작했다. 쌀을 씻어서 전기밥솥에 넣고 상추를 씻었다. 냄비에 물을 붓고 청양고추와 멸치를 넣어 육수를 낸 다음 감자와 두부를 썰어 넣었다. 마지막으로 그녀가 담갔다는 된장을 두어 숟가락 넣자 맛있는 된장찌개가 되었다. 잠시 후 전기밥솥에서 밥이 되었다는 말이 흘러나왔다.

철호가 신문지를 바닥에 깔았다. 휴대용 가스레인지를 놓고 위에다 불판을 올렸다. 깻잎과 상추, 고추와 마늘을 접시에 담아 늘어놓았다. 요리사처럼 손놀림이 능숙했다. 가스레인지에 불을 붙이고 삼겹살을 굽기 시작했다. 집게로 몇 번 뒤집자 먹음직스럽게 익었다. 리 씨가 소주병을 꺼냈다.

"동무도 이리 와 앉소."

리 씨가 손영숙을 불렀다.

"내를 생각해 주는 사람은 큰아바이밖에 없슴다."

손영숙이 파채를 한 접시 가득 담아서 가져왔다. 네 사람이 술잔을 맞부딪쳤다. 리 씨가 소주를 마시고 삼겹살을 상추에 싸 먹었다. 고기 육즙과 알싸한 마늘, 그리고 청양고추의 매운맛이 뒤섞여 신묘한 맛이 났다. 지금, 이 순간 세상 부러울 것이 없었다. 돼지고기를 언제든지 먹을 수 있다니. 리 씨는 그저 놀랍고 신기했다. 농사리 같으면 아직 씨도 뿌리지 않았을 이 시기에 파릇파릇한 상추와 싱싱한 고추를 먹을 수 있다는 것은 가히 혁명적인 일이었다.

"형, 지내보니까 어때?"

"야, 니 몰라서 묻니? 정신 차릴 수가 없다."

"급할 건 없어, 형. 밑바닥부터 하나하나 배운다는 생각으로 하면 돼."

펠라그라에 걸린 아내를 치료 한 번 제대로 해 주지 못하고 떠나보냈다. 철호는 한이 맺혔다. 병원에 약이 없었고 의사는 무엇인가를 요구했다. 못 먹어서 생긴 병. 사람들이 개 한 마리 삶아 먹이면 낫는다고 했는데 개 살 돈이 없었다. 세상에 부러움 없고 만민이 평등하며 모든 것이 무료라고 하는 나라. 그러한 사회주의 세상에서 돈이 없으면 그냥 죽는 것이었다. 아내를 땅에 묻고 조선 땅에 희망이 없다는 걸 깨달았다. 이튿날 브로커 없이 깡 도강을 해서 중국 땅으로 들어갔다. 하지만 한 달 만에 북송당했고 그 후 한 번 더 중국에서 붙잡혔다. 그때마다 리 씨가 살림을 쥐어짜서 법 집행관들에게 뇌물을 고여 실형을 줄이고 옥바라지도 했다. 험난한 여정을 거쳐 한국에 입국한 철호는 은혜를 잊지 않았다. 최대한 빠르게 브로커 비용을 마련하여 리 씨를 데려온 것이다.

"형, 한국에 와서 제일 좋은 게 뭐야?"

"전기가 끊기지 아이 하는 게 좋더라."

"큰아바이, 저도 그렇게 생각해요. 한국은 정말 엄청난 나랍니다."

농사리에 아침저녁으로 한두 시간씩 전기가 왔었다. 그러던 것이 미공급 시기에 완전히 끊겼다. 해가 지면 사방이 암흑세계가 되었다. 석유 등잔을 켜고 저녁밥을 먹고 나면 잠을 자야 했다. 어두워서 뭐를 하고 싶어도 할 수 없었다. 그런 곳에서 살다가 24시간 전기가 오는 세상에 와 보니 여기가 바로 천국이 아닌가 하는 생각이 들었다.

"동무 한잔 하오."

리 씨가 박수길(朴秀吉)의 잔에 술을 따랐다.

"형, 이 친구는 무산에서 브로커를 했어."

"그러니?"

"삼십 명은 넘겨 보냈을 거야. 애국자 중의 애국자지. 지옥에서 사람들을 구했잖아."

"큰아바이 가족이 아직 거기 계시지요? 이참에 박 동무에게 부탁해 보는 건 어떰까?"

"그거 좋은 생각인데. 수길아, 우리 형수하고 조카 둘 데려올 수 있갔니?"

"야야, 내가 하나원 나온 지 얼마나 됐다고 그러니."

리 씨는 그를 걱정해 주는 동생들이 고마웠다. 생각 같아서는 당장 데려오고 싶은데 브로커 살 돈이 없었다. 들리는 얘기로는 두만강에 철조망이 더 많이 쳐지고 경비가 강화돼서 도강비가 비싸졌다고 한다. 한 사람당 7백만이라는 설도 있고 1천만이라는 사람도 있었다. 탈북민들에게 적지 않은 돈이었다. 리 씨는 한때 자기가 농사리에 들어가서 가족을 데려올까 하는 생각도 했다. 하지만 그것은 너무 무모한 계획이었다. 일가족이 남조선으로 가다가 붙잡혀서 북송되면 반역자로 몰려 몰살당할 것이 뻔했다.

"방법이 전혀 없는 건 아님다."

그때까지 조용히 소주를 마시던 박수길이 입을 열었다.

"무스게 방법이 있단겐가."

"후불로도 올 수 있슴다."

"후불이라니? 돈을 나중에 줘도 된다는 젬둥?"

"요즘 그렇게 오는 사람 많슴다."

그것은 사실이었다. 탈북민들이 한국에 도착해서 적응 교육이 끝나고 사회로 나오면 정착금을 받는다. 브로커들은 나중에 그 돈을 받기로 하고 연변지역에서 떠도는 탈북민들을 태국까지 보내주었다.

"박 동무, 우리 식구도 후불로 데려올 수 있겠슴둥?"

"방법을 찾아봐야죠."

두 사람이 리 씨의 가족 탈출 문제에 대해서 진지하게 대화를 나누었다. 얘기가 길어졌다. 2시간여 동안 토론을 했다. 그 결과 계약금을 내면 아내와 두 딸을 곧바로 탈출시키기로 했다. 리 씨가 핸드폰을 꺼내 정착금으로 받은 3백만 원을 박수길 계좌로 보냈다. 인터넷 뱅킹으로 돈을 보냈고 두 사람의 증인이 있으니 이로써 계약은 성사되었다. 박수길이 연변지역에 구축해 놓은 비밀 조직에 내일이라도 전화하면 브로커들이 바로 움직일 것이었다.

"수길아, 고맙다. 오늘 이러려고 같이 오자고 한 건 아닌데……."
"수길 동무 좋은 일 하시는 검다."

분위기가 따뜻해졌다. 철호 부부가 박수길을 칭찬했다. 리 씨는 가슴이 떨리고 얼굴이 상기되었다. 아내와 딸들을 빨리 데려올 수 있다니. 술잔을 꽉 잡았다. 손가락이 떨리는 것을 동생들에게 들키고 싶지 않았다. 한편으로는 탈북 여정이 생각만큼 쉽지 않다는 것을 알기에 마음은 기쁨 반 걱정 반이었다.

"큰아바이, 진짜 잘 됐슴다. 이런 날 가만 있을 수 없죠. 내가 이차 쏘갔으니까네 밖으로 나가자요."

네 사람이 아파트 인근에 있는 치킨집으로 갔다. 술과 치킨을 시켰다. 철호가 폭탄주를 말았다. 공장 사람들과 회식할 때 배운 것이었다. 리 씨는 동생들이 권하는 대로 마셨다. 처음 마시는 폭탄주가 목 넘김이 좋았다. 평소 주량보다 많이 마셨는데도 정신은 오히려 또랑또랑해졌다.

"우리 삼차 가자. 노래방은 내가 쏠게."

남조선의 밤 문화를 조금이나마 알고 있는 철호가 먼저 자리에서 일어났다. 리 씨는 난생처음 노래방에 갔다. 동생들이 남조선 노래를 마음껏 불렀다. 이 시간이 말할 수 없이 행복했다. 그가 팔뚝을 꼬집어봤다. 분명코 꿈은 아니었다. 리 씨가 마이크를 잡았다.

임진강 맑은 물은 흘러 흘러내리고

뭇 새들 자유로이 넘나들며 날건만

구슬픈 곡조의 임진강을 불렀다. 농사리에서 즐겨 불렀던 노래이다. 가슴이 먹먹했다. 고향의 쓰러져가는 땅집이 떠올랐다. 방 한 칸에서 네 식구가 복닥거리고 살았던 날들이 머릿속으로 스쳐 지나갔다. 집을 떠난 지 벌써 1년이 넘었다. 그사이 잘못되지는 않았을까 하는 걱정이 컸다.

자정쯤에 노래방에서 나왔다. 네 사람은 아파트 정문 앞에서 헤어졌다. 리 씨가 1202동 쪽으로 걸어갔다. 얼마 후 경비실이 나타났다. 경비실의 하얀 조명을 보는 순간 노래방에서 있었던 여흥이 깨지고 정신이 번쩍 들었다. 감청색 제복을 입은 사람이 앉아 있었다. 무조건 피하고 봐야 할 공포의 대상이었다.

길을 돌아서 경비실 뒤쪽으로 갔다. 1202동 입구가 점점 가까워졌다. 적진에 침투하듯이 몸을 낮추고 살쾡이처럼 살금살금 움직였다. 다행인 것은 경비원이 텔레비전을 보고 있는지 아무 움직임이 없었다. 잔뜩 허리를 구부리고 경비실 옆으로 지나갔다. 그런 다음 경비실에서 보이지 않게 벽에 거머리처럼 찰싹 달라붙었다. 엘리베이터는 쳐다보지도 않고 계단 쪽으로 천천히 움직였다. 리 씨는 오늘도 감시자의 눈을 따돌렸다는 생각에 안도의 숨을 내쉬며 계단으로 올라섰다.

| 해설 |

'탈북난민'들의 삶의 지속(가능)성

전상기(문학평론가)

1.

정확히 11년 전, 소설가 유영갑은 '탈북난민'들의 고난에 가득찬 북한 탈출기 5편의 중·단편 소설을 묶어 단행본으로 출판했었다. 『강을 타는 사람들』[1]이 그것으로, 탈북난민들이 이른바 '고난의 행군'[2] 시기에 생존을 위해 북한(정식명칭으로는 '조선민주주의인민공화국'

---

1   유영갑, 『강을 타는 사람들』, 북인, 2014.
2   "고난의 행군(苦難의 行軍, 영어: Arduous March, March of Suffering, North Korean Famine in the 1990s)은 1995년에서 2000년 사이에 일어난 조선민주주의인민공화국의 최악의 대량 아사와 전반적인 경제위기를 가리키는 말이다. 이 기간 동안 북한이탈주민이 증가하였으며, 이는 기근 말기에 최고조에 달했다. 기근은 다양한 요인으로 인해 발생했다. 경제정책 실패와 소련 지원의 상실로 인해 식량 생산과 수입이 급격히 감소했다. 일련의 홍수와 가뭄이 위기를 악화시켰다. 북한 정부와 계획 경제 체제는 재앙에 효과적으로 대처하기에는 너무나도 경직적이었다. 북한은 원조와 상업적 기회를 얻으려 노력했지만, 초기에는 관심을 받지 못했다. 사망자 수는 크게 다르다. 전체 약 2,200만 명의 인구 중 24만 명에서 350만 명 사이의 북한 주민이 굶주림이나 기아 관련 질병으로 사망했으며, 사망자 수는 1997년에 최고조에 달했다. 2011년 미국 인구조사국 보고서는 1993년부터 2000년까지의 사망자 수를 50만 명에서 60만 명 사이로 추정했다.
본래 해당 명칭은 심각한 경제위기가 오자 북한정부가 김일성의 항일활동에 빗대어 위기를 극복하자는 뜻을 나타내기 위해 채택한 구호로, 이후 해당 시기를 가리키는 명칭으로 쓰이게 되었다. ─ 이상 『위키백과』에서 인용.

朝鮮民主主義人民共和國, 'Democratic People's Republic of Korea' 약칭 'DPRK', 'North Korea'로도 불린다)을 탈출하여 남한(대한민국大韓民國, 'Republic of Korea' 약칭 'R.O.K', 'South Korea' 내지 'Korea'로도 불린다)에 와서 정착하는 과정을 그리고 있다. 북한에서는 도저히 살 수 없기 때문에 이념이나 체제, 사회 구성의 경직성과 교조적 운영, 대외적 폐쇄성 여부와는 상관없이(아니, 구조적으로나 사회심리적·정서적으로 더욱 더) 남한행을 선택할 수밖에 없었던 바, '(두만)강을 타는 사람들'이 된 것이다.

하얀 홑이불이 깔린 것처럼 개활지는 눈으로 덮여 있었다. 허리를 굽히고 몇 걸음 나아가자 철조망이 앞을 가로막았다. 용철이 절단기를 벌리고 철조망을 밀어 넣었다. 손이 마구 떨렸다. 손잡이를 잡고 눌렀는데 철조망은 잘리지 않고 그대로 있었다. 용철 동무 뭐 하고 있니? 선혜가 나지막이 소리쳤다. 이렇게 어물거리다가는 어떤 불상사가 생길지 몰랐다. 절단기를 낚아챈 그녀가 이를 앙다물고 손잡이를 눌렀다. 뚝! 어디서 그런 힘이 나온 것인지 철조망이 단박에 끊겼다. 선혜가 앞장서서 기어나갔고 곧 강가에 도착했다. 가장자리가 꽁꽁 얼어 있었다. 그곳을 지나 강물이 흐르고 있는 곳까지 성큼성큼 걸어갔다. 그녀가 뒤를 돌아보았다. 두 사람이 뛰어오는 것을 보며 뒤집어쓰고 있던 광목을 둘둘 말아서 목에 걸었다. 그러고는 서슴없이 강으로 뛰어들었다. 강물이 너무나 차가워서 자신도 모르게 헉 소리가 났다. 앞으로 몇 걸음 내딛자 강물이 가슴까지 올라왔다. 의외로 수심이 깊었다. 물살이 거세고 빨랐다. 그녀의 가녀린 몸이 떠내려가기 시작했다. 머리가 강물에 잠겼고 입으로 물이 들어갔다. 두 팔을 아무렇게나 휘저었다. 옷을 넣어둔 배낭이 벗겨져서 속절없이 떠내려갔다. 그 순간 용철이 다가와 그녀 팔을 낚아했다. 얼마간 흘러가다가 반대편 기슭에 다다랐다. 용철이 그녀 몸을 떠밀어 뭍으로 올려보냈다. 세찬 바람이 몸을 휘감아 왔다. 물에 젖은 옷이 얼기 시작했다. 그때 옥주가 기슭으로 올라오려고 애쓰는 것이 보였다. 용철이 뛰어가서 끌어올렸다. 용철 동무 고맙다. 옥주가 겨우 몸을 추스르고 한마디 했다. 선혜가 앞으로 걸어갔다. 그곳에서 지체할 시간이 없었다. 변경대(중국 국경경비부대) 군인들이 언제 들이닥칠지 몰랐다. 세 사람은 중국 쪽의 철조망을 넘어 둔덕으로 올라갔다. 갈아입을 곳이 없어서 그대로 걸을 수밖에 없었다. 다행히 눈은 그쳤지만, 온몸을 에일 듯이 바람이 세차게 불었다. 어느새 옷이 딱딱하게 얼었다. 움직일 때마다 사각사각 소리가 났고 살갗에 쓸렸다. 얼마나 추운지 굵은 쇠바늘이 꽂히는 것처럼 몸이 얼얼했다. 통증은 점점 더 커졌다. 혀가 굳어서 말이 나오지 않았다. 세 사람은 모두 무슨 기계음처럼 이가 따다닥 소리를 내며 부딪쳤다. 선혜가 저 멀리에서 반짝이는 불빛을 향해 움직였다. 얼마쯤 가자 비법월경자를 신고하면 포상금을 준다는 붉은 현수막이 나타났다. 세 사람은 현수막의 내용이 무엇을 의미하는지 모른 채 무심히 그 곁을 지나갔다. 30분 남짓 걸어서 도착한 곳은 남평진(南坪鎭) 외곽지역이었다.[3]

유영갑의 이번 작품집에도 '탈북난민'의 발생 현황은 인용문에서와 같이 여전하다. 북한 사정이 나아졌다고는 하지만 이탈주민의 숫자는 꾸준하다. 통일부 발표에 따르자면 남한에 들어온 '탈북난민'의 누적 입국 인원은 2025년 8월말 현재 3만4천4백10명에 이른다고 한다.[4] 그러니까 '탈북난민'의 문제는 현재 북한의 체제운영, 남북한의

---

3   유영갑 ,「그해 겨울의 두만강」, 6쪽.
4   하채림 기자,「상반기 북한이탈주민 96명 입국… 대부분 제3국 장기체류」,『연합뉴스』, 2025. 8. 24.

분단, 한반도를 둘러싼 4강 내지 6강대국의 이해관계, 국제정치경제학적 난맥상 등이 복합적이고 입체적으로 얽혀 있는 중차대한 현재적 사안이라는 점이다.

오죽하면 고향을 버리고 알 수 없는 미래의 불안하고 위태로운 삶을 선택하는 모험을 감행하겠는가.『강을 타는 사람들』이 5편의 중·단편 작품을 신고 있는데 반해, 이번 소설집『깊고 붉은 사랑』에서는 모두 9편의 단편소설이 수록되어 있다. 그만큼 '탈북난민'의 문제는 현재진행형이자 여전히 풀어야 할 남북한 모두의 중요한 핵심 쟁점이라는 것이 소설가 유영갑의 문제의식이라고 할 수 있다. 유영갑은 이 문제를 자신에게 주어진 소명이라도 되는 양 관련자들을 만나고 직접 북중 접경지대를 답사하고 '고난의 행군' 시기가 지난 다음의 현재 북한 인민들이 어떻게 살아가고 있고 어떤 루트를 통해 국경을 넘어 제3국을 거쳐 남한에 입국하는지, 남한에 입국한 다음에는 하나원에서 교육을 받고 소정의 지원을 통해 남한 생활에 적응하는 과정을 꼼꼼하게 살핀 다음에 그 모든 과정을 소설화한다.

그리하여 그의 소설은 '탈북난민'에 관한 가능한 한 모든 것을 담아내고자 애쓴 서사적 기록물이자 난민들의 고통과 좌절, 열망과 기대, 불안과 환희, 심리와 정서를 온전히 형상화하고자 한 소설적 재현물이다. 35년에 이르는 그의 소설가 이력에서 절반이 넘는 세월을 '탈북난민' 문제에 천착하고 이를 문학적으로 승화코자 한 집념과 열정, 그리고 어떤 소명의식은 실로 놀랍고도 경의에 값한다.

2.

흔히 '탈북난민'들이 남한에 입국하면 여러 지원과 혜택을 받고 남한 생활에 적응하도록 물심양면으로 도움을 받는 것으로 알고 있는데 그것은 전적으로 오해와 무지로 인한 인지적 결과일 가능성이 크다. 남한과 북한이 같은 한민족으로 언어와 풍습이 같기 때문에 남한 생활에 쉽게 스며들 것이라고 치부하지만 사실은 그렇지 않다. 남북한이 분단된 지가 80년이 넘었고 체제와 이념이 현저히 다를뿐더러, 언어의 운용과 역사적·문화적·교육적·사회적 맥락과 연동된 공적이고 사적인 실생활 구어가 마치 전혀 알아들을 수 없는 저 먼 지역의 사투리를 능가하는 외국어로도 들리기 때문에 의사소통에 많은 어려움을 겪기도 하는 것이다. 또한, 탈북난민들의 자주적이고 자존심 가득한 개인의 자아가 긁히고 상처를 입어 재중동포(조선족)들보다도 아래 취급을 받거나 이등 국민 대접을 당하는 경우도 흔한 관계로 남한 사회에 동화되는 것 역시 어렵다는 연구 결과들이 보고되고 있다.[5]

「림옥의 다른 세상」과 「리 씨의 하루하루」에 나오는 림옥과 리철민의 사례가 그 대표적인 증좌이다. 26살의 미혼인 림옥은 '양식을 구하러 중국에 갔다가' '쿤밍'에서 보위부원들에게 잡혀 북송돼 '단련대'에서 혹독한 취조와 고문, 구타, 생존을 위협받는 노동과 형편없는 음식으로 '허약병(영양실조)'에 걸렸다 살아난 경험이 있다. 그녀는 하나원 교육을 이수한 뒤에 한국 정부에서 마련해준 가양동 11평 임대아파트 12층에서 남한 생활을 갓 시작했는데 악몽을 계속 꾼다.

"아악, 헉!"
림옥(林玉)은 보위부 건물 3층 취조실로 들어서자마자 고꾸라졌다. 건장한 보위원이 발로 걷어차고 각목을 휘둘렀다.[6]

---

5 정정애, 손영철, 이정화, 「북한이탈주민의 탈북동기와 남한사회적응에 관한 연구: 적응유연성의 조절효과를 중심으로」, 통일연구원, 『통일정책연구』 통권 22-2호, 2013 참조.
6 유영갑, 「림옥의 다른 세상」, 91쪽.

연길공항에 도착한 후 버스를 타고 화룡시로 갔다. 여관에 숙소를 정하고 나서 소개받은 브로커에게 연락했다. 바로 브로커를 만났는데 협의가 잘 되어서 3일 후에 어머니를 데려오기로 했다. 그날 밤늦게 누군가가 여관 문을 두드렸다. 문을 열자 건장한 남자 2명이 다짜고짜 밀고 들어왔다. "이 반역자 간나새꺄!" 낮에 만났던 브로커가 철판을 긁는 것처럼 카랑카랑한 목소리로 소리쳤다. 그는 브로커로 위장한 보위부 첩자였다. 남자들이 달려들었다. 집기를 내던지며 저항하던 림옥이 화장실로 뛰어들어가 문을 잠갔다. 이대로 끌려가면 모든 게 끝이었다. 남자들이 화장실 문을 발로 찼다. 림옥은 샤워기로 화장실 창문을 깨고 창틀에 매달렸다. 화장실 문을 부순 두 남자가 뛰어들었다. 남자의 주먹이 옆구리를 강타했다. 헉! 뼈가 부서지는 고통이 있었지만, 필사적으로 버텼다. 림옥이 마침내 창틀로 몸을 빼내 저 아래로 뛰어내렸다. 천 길 낭떠러지라도 되는지 밑으로 한없이 추락했다. 쿵! 그녀 몸이 땅바닥에 처박혔다. 어찌된 일인지 그곳에서 기다리고 있던 남자가 달려들어 목을 졸랐다.

"윽! 으윽!"[7]

아직 북한을 이탈하여 남한에 정착한 지 얼마 되지 않기 때문에 고문과 구타의 트라우마에 시달리는 림옥은 매일매일이 괴롭다. 남한 생활이 풍족하고 편안하기 때문에 상대적으로 북한의 기억이 생생한 꿈으로 되살아나는 것인지는 몰라도 그녀의 정신과 심리는 극도의 불안정 상태를 보여주는 것이다. 시간이 해결해준다는 식으로 한마을에 살았던 딱친구 광희는 먼저 남한 생활을 시작하여 행복하고 여유로운 삶을 향유하는 것처럼 보인다. 그런 친구를 보며 림옥은 부러움을 갖는다. 그 불안정한 심리의 이면에는 아직도 북한에 남아 있는 어머니

---

7 유영갑, 같은 작품, 111쪽.

가 걸리기 때문이기도 하지만, 다른 한편으로 살피건대, 아마도 좀더 근본적인 남한과 북한의 체제 대결, 그리고 분단체제의 적대적 공생 구조를 지속·조장하는 양측의 국가(권력)와 냉전의 (세계) 두 축, 그 국제적이고 권역적이며 국가적·국내적 압력 기제, 신자본주의적 호모에코노미쿠스 질서가 모든 거시적이고 미시적인 영역에 착근, 작동되기 때문이다.

이 점에서 리철민의 경우는 북한 사회에서 모범적인 이력을 갖고 그에 상응하기 위해 노력했던 것처럼 각자도생(各自圖生) 생존의 논리에 최적화된 적극성을 체현하는 인물이다. 림옥이 소극적이고 수동적인 생존의 방식을 받아들인다고 한다면, 리철민은 겉보기에는 림옥과 같다고 하겠지만 전혀 다르다.

> 오후 3시경에 일이 끝났다. 두 사람은 인력사무실로 돌아갔다. 소장이 수고했다면서 18만 5천 원을 주었다. 현장에서 일당을 사무실로 보냈고 소장은 소개비를 떼고 나머지를 주었다. 남조선에 와서 일하고 받는 임금이다. 내일 또 나오시오. 소장의 말을 뒤로 하고 사무실을 나섰다. 지폐를 잠바 안주머니에 깊숙이 넣었다. 몸이 천근이나 되는 것처럼 발걸음이 무거웠는데 가슴은 마구 뛰었다. 십팔만오천 원이나 주다니. 입에서 단내가 날 만큼 힘들긴 했어도 이렇게 많이 줄 것이라고는 생각하지 못했다. 일한 만큼 준다더니 맞는 말이네. 이게 자본주의라는 거구나. 지하철역으로 가는 내내 중얼거렸다.[8]

기계적이라고 할 정도의 환경적응력을 탑재한 리철민의 자세와 실행력은 가히 놀라울 따름이다. '대홍단군 농사리 협동농장' 농장원에

---

8 유영갑, 「리 씨의 하루하루」, 237쪽.

서 남한 신자본주의 일용직 건설노동자로의 변신이 삐걱대는 기색도 없이 스무스하게 잘 어우러진다. 북한돈과 남한돈의 환율 차이는 그렇다 하더라도 화폐의 가치에 대해서 능동적이면서도 수동적인 전제 조건을 스스로 체화한 상태에서 노동에 대한 물신적인 생각을 갖고 있다. 이러한 믿음은 자본주의와 사회주의를 거론, 차별화한다고 하더라도 물신주의의 노예임을 벗어나지 못하고 있다는 비판을 감당해낼 수가 없다. 신자본주의 호모에코노미쿠스의 생생한 전범 모델을 자인하는 사태가 벌어진 것이다.

그런 까닭에 리철민이 북한이탈주민임을 숨기고 공사장이나 건설현장에서 몸의 무리를 감당하려고 하는 자기 파괴 행위를 기꺼이 받아들이는 것은 이등 국민 취급을 하는 남한 사회의 그릇되고 편견에 가득찬 아류-선진국가 국민(/시민)의 뒤틀린 자의식이 야기한 책임이 크다. 그럼에도 불구하고 그의 무리수는 북한에 남겨둔 아내와 두 딸을 남한으로 데려오기 위한 브로커 비용을 감안하더라도 신자유주의 운용 논리에 놀아나는 자발적인 노예 수락이다. 봉건적이고 관료주의적이며 가족세습적인 체제의 자발적인 노예에서 더욱 착취적이고 보다 더 거시-미시적인 착즙·가스라이팅하는 신자유주의 노예로 환골탈태하는 행위는 곧 망할 징조를 시현하는 것이다. 이 자발적이고 어마어마한 압박에 놀아나야 하는 '탈북난민'들의 '예정조화' 내지 굴욕적이고 수동적일 수밖에 없는 운명의 구성적인 조건 마련은 '분단체제' 효과의 산물말고는 달리 가리킬 무엇이 없다.

「기억 속의 가시」에서 한봉수가 품고 있던 선배 고석배의 괴롭힘과 이마의 상처나, 「할미꽃 피는 집」의 김세영의 이웃집 할머니 윤경자가 겪은 강화도 철곶마을의 한국전쟁 시기 좌우학살 사건은 마찬가지로 현재의 남한 생활을 껄끄럽게 만들고 언제 어디서든지 일상적인 삶을 휘저어놓을 잠재력을 갖고 있다. 북한의 생활이, 그 기억이 실제 현실의 완강하고 견고한 일상을 비집고 난데없이 들어와 대인관계는 물론, 당사자(와 후손)들의 상호관계에 강력한 흡인력을 행사할 때 현실의 질서는 마구 흐트러지고 혼란과 혼돈의 도가니에 빠져드는 것이다. 역사적 현재와 과거의 생생한 기억이 충돌하고 그로 인해 몸과 마음, 심리가 부대끼는 '탈북난민'들의 일상적 삶은 그것을 모르고 전혀 자신들과 무관하다고 여기며 살아가는 남한 국민들의 삶에까지 은밀하고 체계적으로 맞닿아 언제든 강력하고 무지막지한 현실적 실제 사건으로 화할 동인(動因)이다. 무지와 모르쇠 전략, 무관련성을 호소·부당함을 강변한들 소용이 없음을 명백히 인지해야 한다.

그것이 '탈북난민'의 존재, 한반도 전체를 통찰(/합)하는 잉여, 혹은 결여로서의 남한(/혹은 북한)이라는 분단 (무)의식, 회피하고 떨쳐내려 해도 뒤꼭지에 붙어 떨어지지 않는 한 묶음의 한민족 공동체, 애증과 모멸을 아우르고 녹여내야 할 (구)냉전의 효과적인 표본이자 (신)냉전 작동기제의 폭발력 강한 핵전쟁 인류절멸 시나리오 종식 해법인 세계평화 무드 조성, 인공지능(AI)시대의 국제정치경제학적 지정학의 중심임을 포용·제시해야 하는 시대적이고 역사적이며 인류사적이기도 한 K-철학의 개화와 확산의 모멘텀을 단계적으로, 내지는 두서없이도 실행하고 뭉뚱그려진 채로도 작동해야 할 우리(민족 개개인의) 책무(사명)이다. 이 엄중하고 짜증나는 아픈 손가락, 단절하고픈 얼크러짐을 주시하고 나의 삶의 일부로 항상 염두에 두고 의식하지 않으면 안 되는 이유이기도 하다.

3.

남한의 신자유주의의 문제점 못지않게 북한의 체제 이념과 세습적 권력 유지, 무자비한 통치 방식은 체제 보위적이고 체제 협조적이며 체제 헌신적인 토대 좋은 집안의 사람들조차도 내쫓는다.

〈위대한 수령 김일성 동지를 천세 만세 높이 받들어 모시자〉
도로 옆에 서 있는 대형 간판의 붉은 글씨가 눈밭에서 더 선명하게 보였다. 간판 구호가 아니더라도 상화로동자구 사람들은 수령님을 마음속 깊이 우러러 모시고 살아왔다. 탄을 잘 캐기만 하면 걱정 없이 먹고 살게끔 쌀과 생필품을 배급해 주었다. 그것을 어버이 수령님의 은덕이라고 생각했다. 영생할 것만 같았던 그런 수령님이 갑자기 세상을 떠났을 때 사람들은 땅이 푹 꺼져 천 길 나락으로 떨어지는 느낌을 받았다. 유난히 무더웠던 그해 여름 '빨치산 추도가'가 흘러나오는 상화로동자구의 영결식장에서 가슴을 쥐어뜯으며 폭풍 울음을 터뜨렸다. 땅을 치며 꺽꺽대다가 까무러치는 사람도 있었다. 울지 않는다면 그야말로 반동분자이거나 사상이 불순한 자였다. 너도나도 산에서 온갖 꽃을 꺾어다 영전에 올렸다. 꽃을 꺾어오지 못하는 노인들은 종이꽃을 만들어 바쳤다. 어떤 이는 집에서 닭을 잡아 제사상을 차리고 술잔을 올리며 통곡했다.

하지만 사람들은 이제 수령님을 생각하지 않았고 선전 구호에도 아무런 관심이 없다. 점차 줄어들던 식량 배급은 수령님의 심장이 멎은 지 얼마 안 되어서 딱 끊어졌다. 삶이 정지되었다고나 할까. 탄광이 문을 닫은 지 오래되었다. 광부들은 식량을 구하러 이리저리 흩어졌다. 눈물샘이 바싹 메마르고 가슴은 모래밭처럼 삭막해졌다. 너나 할 것 없이 굶주림에 시달렸다. 북풍 설한의 찬바람을 맞고 있

는 나무처럼 무표정한 모습으로 그저 하루하루를 버티어 나가고 있었다.[9]

　진혁-정미, 조석호-금영, 강영길-최미숙 부부는 '상화로동자구' 탄광에서 일하다 광산이 폐쇄되자 노천갱에서 동발을 세우지도 않고 위험천만한 두더지 굴을 파서 캔 석탄을 장마당에서 팔아 산다. 진폐증을 앓던 강영길이 죽고 언니가 남조선으로 뛴 정미가 협박을 받은 금영의 밀고로 군 보위부에 끌려가 고문·구타를 받고 풀려나 살기 위해 북조선을 떠나려 남편 진혁과 함께 두만강을 건넌다.

　「붉은 길」의 길수의 경우에는 외화벌이 사업소 당일꾼인 아버지와 하사관 양성연대에서 교육을 받고 모범적인 군생활에 당과 상관에 대한 충성도도 높은 사람이었음에도 불구하고 '고난의 행군'이 시작되자 아버지가 죽고 여동생은 가출하여 집안이 풍비박산이 돼서 중국에 사는 외삼촌에게 도움을 받기 위해 북조선을 떠난다. 하지만 외삼촌은 부부가 남조선으로 돈을 벌러 떠난 후라 터무니없이 값싼 임금으로 비법월경자 신분을 감수하며 벌목장에 취직, 근근히 살다 중국인 노동자가 술자리에서 '감히 21세기 태양이자 조선의 어버이이신 수령님과 장군님을 욕하는' 것을 참지 못하고 '치욕스러움과 함께 한순간 피가 솟구치는 느낌을 받'고 싸웠는데 상대방이 중국 공안에 고발하여 북한에 송환된다.

　보안원이 발로 냅다 걷어찼다. 트럭 바퀴에 처박힌 길수가 배를 움켜쥐었다. 탈북자들이 몸을 움찔거렸다. 보안원은 본보기를 보여주겠다는 듯이 각목을 휘둘렀다. 인정사정이 없었다. 길수의 머리가 깨지고 얼굴이 찢어져 피가 흘러내렸다. 그가 생각해왔던 것과는 달

9　유영갑, 「초승달 뜨는 밤」, 144쪽.

리 어머니 당의 품은 하나도 따뜻하지 않았다. 어버이 수령님과 장군님께 온몸을 다 바쳐 충성했다고 자부해왔지만, 지금은 조국을 배반한 한낱 반역자에 불과했다. 길수는 굼벵이처럼 웅크린 채 매를 맞다가 정신을 잃었다.[10]

체제 유지와 지속적인 이탈 방지를 위한 정책과 일벌백계 조치가 충성스런 인민을 반역자로 만드는 사례가 주인공 길수이다. 탈출-체포-처벌과 노동교화-재탈출의 반복 사이클 양상의 대부분 '탈북난민'의 패턴이 이제 길수의 미래가 되었다. 인민들의 생존과 복지에 쓰여야 할 국가예산이 국가보위를 위한 핵무기 개발과 미사일 업그레이드 사업에 쓰이는 악순환이 북한의 사정이다. 우리식 사회주의의 실상이 이럴진대, 외부 사정에 깜깜이로 김일성 왕국의 세습과 체제 우월주의, 주체사상에 놀아나는 인민들이 당하는 집단적이고 순응적인 충성 맹세는 얼마나 허망하고 아이러니한가.

설거지를 마치자마자 권 씨가 이부자리를 펴고 누웠다. 피곤한지 금세 잠들었다. 명화가 등잔불 아래에 누워있는 권 씨를 보았다. 이마 주름이 깊게 패었고 눈두덩이는 쑥 들어가 있었다. 얼굴은 핏기없이 허앴다. 옷깃 사이로 가느다란 막대기 같은 빗장뼈가 도드라져 있었다. 얼마나 말랐는지 비가 오면 그 부위에 빗물이 고일 것 같았다. 숨을 쉴 때마다 얄팍한 가슴이 부풀었다가 가라앉았다. 당증을 멘 열성 충성분자 인민반장으로서 동네 살림을 힘차게 꾸려가던 기백은 어디에도 보이지 않았다. "아버지, 왜 그렇게 빨리 가셨어요." 명희가 한숨을 내쉬었다. 아버지는 어느 기업소의 부문당 세포비서로 일하다가 암으로 사망했다. 그때부터 가세가 급격하게 기울었다.

---
10 유영갑, 「붉은 길」, 139쪽.

권 씨가 장사한다고 빚을 내서 이리저리 뛰어다녔다. 하지만 승냥이 같은 모사꾼들이 득실거리는 장마당에서 사기를 당하고 밑천을 다 까먹었다. 아파트를 팔고 산기슭으로 이사를 했어도 빚은 여전히 남아 있었다.[11]

장마당에서 옷을 파는 도명화는 폐결핵을 앓고 있는 어머니 약값을 대느라 허덕인다. 약값이 워낙 비싸고 내성이 생겨 꾸준히 먹어야 낫건만 형편이 그렇지도 못해 상황이 악화일로를 걷고 있다. 자신도 감염됐는데 잠복해 있는 상태라 모를 뿐이다. 이제 당과 국가는 인민들의 삶과 복지, 생로병사에 모르쇠로 일관한다. 그렇기 때문에 인민들 개개인은 각자도생하여 생존을 이어가야 한다. 그런 명화에게 탈북 브로커 안 씨가 찾아와 3년 전 행방불명이 된 유남철의 소식을 전한다. 남한에 건너가 정착한 남철이 브로커 안 씨를 통해 명화에게 연락해 온 것이다. "난 못 가. 어마이가 결핵에 걸려서 옆에 있어야 하거든. 그리고 뭣보다 당을 배신하고 반역자가 될 순 없어."

명화는 도와줄 테니 남한에 오라는 남철의 제안을 일단 무시하고 장마당에서 옷장사를 하다 감시대상이었던 브로커 안 씨를 도강 현장에서 붙잡아 심문한 보위부에 끌려가 간첩질했다는 자백을 실토하라는 심한 고문을 받고 허약병 3도에 죽음을 가까이 접했을 때에서야 풀려난다. 그 사이 어머니는 사망하고 장마당에서 화장품을 파는 3살 아래의 지현의 도움으로 몸을 추스른다. 남철은 여전히 명화에게 연락을 취해 "나랑 사귀지 않아도 상관없어. 목화가 천국 같은 이 세상에서 살았으면 좋겠다."고 설득한다. 명화는 '이미 당에서 출당되었고 반혁명 종파분자로 낙인이 찍혔다.

진퇴양난에 빠진 상황이 돼서야 명화는 도강했다 연길에서 붙잡

---

11 유영갑, 「깊고 붉은 사랑」, 67쪽.

혀 곤욕을 치르고도 다시 탈출하려는 지현의 설득에 함께 탈북길에 나선다.

"절대로 내 손을 놓지 마오."
하 씨가 명화와 지현의 손을 꽉 쥐었다. 어느 순간 그가 두만강 속으로 뛰어들었다. 몇 걸음 움직이자 벌써 강물이 가슴까지 올라왔다. 강 중심부에 이르렀을 때 발이 땅에 닿지 않았다. 명화는 허우적거리다가 하 씨 손을 놓쳤다. 헤엄을 친다고 양팔을 휘저었지만 거센 물살에 휩쓸려갔다. 두만강이 그녀의 작고 가녀린 몸을 집어 삼켰다. 정신을 잃고 속절없이 떠내려가다가 모래톱에 걸렸다.
"체네 동무, 정신채리라!"
먼저 모래톱에 도착한 하 씨가 널브러져 있는 명화를 찾아냈다. 그가 곧 인공호흡을 하기 시작했다.
희뿌연 달빛이 두만강 개활지에 떨어지고 있었다.[12]

목숨을 건 탈북행렬은 김일성-김정일 시대를 거쳐 김정은 시대에도 간단없이 이어지고 있다. 이는 명백히 북한이 남한과의 체제대결-통치방식의 비교우위에서 실패했음을 보여주는 증거이다. 그렇다고 문제는 끝나는가?

4.

'탈북난민'의 삶이, 그리고 그들의 샴쌍둥이로서 남한 사람들의 삶의 그림자가 짙게 드리워져 있음에랴. 공존공생의 원리가 오롯이 전

---

12 유영갑, 앞의 작품, 88쪽.

제되어 있는 남북한 민중들의 삶이 숙명처럼 작동한다는 점이다. 북한은 남한에게 한반도 삶 전체성의 가장 약한 고리인 동시에 남한 역시 북한에게 그들의 삶 전체를 초과·착취하는 여분/결핍의 실재이다. 이 말인즉슨, 유남철의 도명화에 대한 죄의식이자 끊으려야 끊을 수 없는 사랑이고 북한 인민들의 남한 국민들에 대한 선망 내지 질투이자 망할지도 모르는 세계를 향해 달려가는, 자기도취에 빠져 허우적대는 엉망진창의 사회라는 의미이다.

김일성-김정일-김정은 체제의 거울로서 자리하고 있는 남한 자본주의 역사, 세계 10대 경제대국, K-컬쳐의 본산지, AI 3강국(피지컬 AI의 글로벌 리더)의 가능성이 높은 대한민국의 반면교사, 적대적 대상-애증의 근원인 '우리식 사회주의' 국가 북한-아니, 조선민주주의인민공화국이란 남한의 적나라한 본질이 아니겠는가. 그러니 남한과 북한, 북한과 남한은 태생적으로나 역사적으로나 현재(실존)적으로나 하나다. 실상 하나인 두 체제가 외세와 자체 갈등과 분열, 물질의 본성인 대립적 통일로 갈라져 있다가 그 상태대로 현재에 이르렀으니 이제는 하나로 회귀-돌아갈 때가 되지 않았나 한다. 그 과정의 험난하고 지리한 방법은 크고 작은 시행착오와 인내겠지만 시간의 물리적 거리가 필요한 것은 사실이다.

그 현재적 체현자인 김세영은 두 세계를 한몸에 담고 살아간다. 나이 46세로 온성군 주원로동자구 출신, 아버지 김상우의 유언을 받들어 두 번 탈북 실패와 로동단련대의 혹독한 강제노동 끝에 세 번째 탈출에 성공하여 아버지 고향인 강화도 철산리 철곶마을에 정착, 고모인 김상희가 살던 고향집에서 천연염색 일을 하며 산다. 소목(蘇木), 혹은 단목(丹木)으로 생지(生紙)에 빨간색 염색을 무슨 '자신의 삶과 어떤 인연의 끈으로 연결되어 있는' 듯이 여기며 인사동 한복가게에서 대량주문을 받는 유명한 천연염색 장인이 되었다. 그런데 세영의 작업장이자 집 반대편 건너편 기슭 낡고 오래된 집에 사는 윤경자 할머니가 "뻘건색을 보면 속이 울렁거려서" "다른 색을 염색하든가, 아님 딴 데 가서 해!" 하며 반대한다.

사연인즉, 6·25 한국전쟁을 전후로 두 집안의 남자들, 김상철-김상우-마충식과 윤경수 간의 이념 대립에 따른 마찰로 서로 죽고 죽이는 일이 벌어져 양쪽 집안이 풍비박산이 나고 영원히 씻을 수 없는 원수가 되었다는 얘기였다. 윤 할머니는 마충식에게서 유린당한 치욕과 더불어 큰오빠 윤경수를 잃었고 김상희 고모 역시 마충식과 함께 갑곶리 포구에 총살을 입은 시체로 발견된 큰오빠 김상철과 소식을 접한 어머니가 심장마비로 사망하고 작은 오빠 김상우는 북으로 도주하여 외롭고 힘든 세월을 보냈다. 북에 간 김상우는 의용군에 자원했다가 휴전 후에 국군포로들과 함께 은성탄광에 배치, 작업반장으로 국군포로 광부들을 관리하며 채탄 중대장을 역임했다. 당에서는 남한 출신 의용군 대우를 해줘 잘 지냈는데 유일사상체제 확립을 위한 5·25교시 발표와 더불어 반동반혁명 종파분자 색출작업 대상이 되었고 감시대상으로 전락했다. 그렇게 '고난의 행군' 시기를 겪고 허약병에 걸려 사망하기에 이르렀다.

한평생 피맺힌 가슴을 안고 살아온 윤경자 할머니가 2달 전에 세상을 떠났다.

"부디 좋은 데 가시길······."

장례식장에 다녀온 세영 씨는 마음속으로 빌고 또 빌었다. 그날 저녁 마루에 앉아 멍하니 철조망 저쪽 건너편 개풍군을 바라보았다. 그러다가 어느 한순간 울기 시작했다. 울음소리가 점점 커졌다. 왠지 하염없이 눈물이 쏟아졌다. 커다란 구멍이 뚫린 것처럼 가슴이 헛헛했다. 이중 삼중 당의 촘촘한 감시 속에서 살다가 굶어 죽은 아버지가 불쌍했고, 손가락질받으며 음지에서 숨죽이고 죄인처럼 살았을 고모가 너무나 가여웠다.

이튿날 창고에서 낫을 찾아들고 마당으로 갔다. 허전하고 그립고 쓸쓸한 마음을 추스르려면 뭔가를 해야 했다. 집 초입에 제멋대로 자라 있는 쪽을 베어 큰 항아리에 담고 물을 부었다. 며칠 뒤에 쪽을 걸러냈다. 그 물에 석회를 배합하고 잿물을 넣어서 쪽 염료를 만들었다.[13]

쪽염색을 하는 일처럼 쪽물을 들이고 천을 주무르고 천의 쪽물을 털어내고 세탁기에 넣어 탈수하고 빨랫줄에다 널고 바람에 말리는 과정을 여러 번 반복해서 작업해야 비로소 파아란 색 쪽물이 든 천을 얻을 수 있듯이, 남북한의 통일과 남북한 민중의 상호이해, 남북한 간의 상호교류는 지난하고 시행착오를 수없이 겪어야 하는 시간을 필요로 한다. 김세영의 그 염색 작업과정은 '예성강과 임진강, 그리고 한강이 합수되는 강화만'과 같이 한민족 모두의 많은 인내와 성찰과 배려와 역지사지, 은근하고 끈질긴 노력을 상징적으로 예시한다.

결코 쉽지도 않지만 그렇다고 해결 불가능한 공력도 아니다. 켜켜이 쌓인 앙금과 불신, 적대와 시기와 경멸과 무시, 그리고 실력대결의 역사를 비판·반성·상호 이해하면서 서두르지 말고 신중하되 솔직 담백하게 대화하고 실질적인 조치를 이행해야 한다. 서로를 깔보거나 배제하는 것은 금물(!), 존중하고 아끼면서 받아들일 것은 받아들이고 고칠 것은 고치고 상호 원원하는 방안을 모색해야 한다. 손해도 보고 양보도 하고 칭찬할 것은 칭찬도 하며 장점을 찾아야 한다. "어쩌면 저렇게 파랄 수가 있을까요. 마음속까지 파랗게 물드는 것 같아요."

가을의 투명한 햇빛 속에서 천이 펄럭이는 광경에 눈이 부셨다.

---

13 유영갑, 「할미꽃 피는 집」, 219~220쪽

세영 씨가 철책 너머 개풍군을 바라보았다. 잠시 후 그녀의 눈이 스르르 감겼다. 어떤 미묘한 감정이 밀려들었고 가슴이 시려왔다. 집 뒤 산기슭에 묻힌 망자들의 넋을 위로하는 듯이 새파란 무명천이 드높은 하늘을 향해 너울너울 춤을 추었다.[14]

그리고 덧붙이자면 「깊고 붉은 사랑」의 유남철의 도명화를 향한 마음이다. 언제나 한결같고 끊이지 않는 사랑이 필요하다. 이 진득하고 맹목적인 사랑이야말로 남북한 인민들이 가져야 할 덕목이다. 유영갑이 '탈북난민'들의 이야기를 지속적이고 일관되게 소설화하면서 이룬 성취는 바로 이 점을 유남철과 김세영을 통해서 전달한다는 점이다. 반복적이고 크리셰적인 측면으로 느껴지는 '탈북난민'들의 서사가 왜, 이리도 절절한 현대성을 갖는 것인가는 독자인 우리들이 가져야 할 성찰적 자각인 셈이다. 그러므로 유영갑의 외롭고 진부하기까지 한 작업을 응원하면서 지켜봐야 하는 자세는 '너는 나다'는 격언인 것이다. 이는 유영갑이 우리에게 던지는 묵직한 물음이다. '탈북난민'들의 삶은 지속가능한가, 지속가능해야 하지 않은가, 우리의 삶 역시도 그러해야 하지 않을까?

---

* 전상기(문학평론가) 1964년 충남 부여 출생. 성균관대학교 국어국문학과(석사) 졸업. 중국 산동대학교 교환교수 역임. 성균관대에서 박사학위 받음. 성균관대 국어국문학과 외래초빙교수 및 성균관대 동아시아역사연구소 책임연구원 역임. 공저로 김수영 50주기 기념 시 해설집 『너도 나도 스스로 도는 힘을 위하여』(김수영연구회), 『동아시아 언론매체사전(1815~1945)』, 『동북아 한인언론의 발자취(1945~1949)』 등. 현, 『문학과행동』 편집위원.

---

14 유영갑, 같은 작품, 221쪽.